世阿弥を学び、世阿弥に学ぶ

大槻文藏 監修　天野文雄 編集

HANDAI Live
057
大阪大学出版会

刊行にあたって

大槻文藏

十代の中頃、「あけぼの会」と言って世阿弥の伝書を読む会が電気クラブの一室を借りて行われていて、大倉長十郎さんに誘われて行き始めたのが、私と世阿弥との出会いです。講師は大阪大学にいらした田中裕先生が担当されていて、関西大学の故 堀正人先生もメンバーでいろいろと意見を述べられていました。

岩波書店の日本古典文学大系『謡曲集』の刊行が昭和三十五年、日本思想大系『世阿弥・禅竹』が刊行されたのが昭和四十九年、このあたりから世阿弥とのつき合いが始まりました。と言うと、これまでの五十年ほど、さぞいろいろと勉強し、研究もしてきたように思われるかもしれませんが、そこは読書の遅さ、理解力の浅さにずぼらな性格が加わって、読んでいても一進一退、文字どおり自己流の世阿弥研究でありました。

長い前置きで申しわけございません。しかし、この十年くらいはどうしたことか、勉強心が頭をもたげてきたのか、世阿弥について考えるのが楽しくて仕方がないという心境なのです。そのような時期に世阿弥生誕六百五十年が重なりましたので、よい機会と思い、世阿弥についての二年連続の記念企画を立てた次第です。そこでは能楽の専門家から能楽に関心をお持ちの当代を代表する文化人の方々に世阿弥や世阿弥前後の能の作者の作品について語っていただきました。当初はそのまとめは私家版のような形を考えておりましたが、さいわい大阪大学出版会に出版をお引き受けいただくことになったのは、望外の幸運でありました。書名の『世阿弥を学び、世阿弥に学ぶ』は初年度の企画のタイトルを採用したものです。

さて、世阿弥ですが、正直言って実につき合いにくい存在です。世阿弥に関する刊行物は随分と出ています。しかし、それらは著者の解釈や姿勢が異なるので当たり前のことですが、諸説さまざまで困惑することが多々あります。そこがまたおもしろいところでもあるのですが、本書はそのようなおもしろさが詰まったものと言えましょう。著者が一人の本なら、その方の持論で書かれているわけですが、この本は数多くの方々がそれぞれのお立場から世阿弥論、世阿弥観を語っておられます。なるほど、これほどいろいろな視点から世阿弥や世阿弥の作品は考えられるのか、と改めて感じているところです。

またまた若い頃のことで申しわけないのですが、稽古してもらっているときに、師匠からは世阿弥とか禅竹の名前は出てきませんでした。世阿弥によればとか、禅竹の作風は、とか言われることはありませんでした。今は公演後の打ち上げなどで、そういう話になることもありますが、昔は稽古の段階ではまずありえません。ならば、世阿弥とは無縁で能は舞えるのか、われわれ役者と世阿弥はどこで繋がっているのか、ということになります。

思うに、われわれ役者が一曲を自分のものにするには、なんと言っても台本の読み込みは欠くべからざるものですが、その場合、その作者が誰かということはたいへん大事なことと思います。『野宮《ののみや》』や『熊野《ゆや》』『千手《せんじゅ》』が禅竹作と言われるようになったのはつい近年のことであって、それまでは世阿弥、さもなければ作者不詳でした。それでも先人たちはすばらしい能を舞ったのですが、これからはその能が誰の作かは避けて通れないことなのではないかと思います。生誕記念企画の二年目のテーマを「名作とその作者たち」としたのも、そういう思いからでした。その一部も本書に収められております。

私は能役者です。役者として世阿弥をどうとらえ、どう考えて、それを舞台でどう表現すればよいのか。私と世阿弥のつき合いは、このような自問自答の繰り返しで、それは現在も進行中ですが、これからは本書を手にとられた方々とも世阿弥や世阿弥の作品、それから世阿弥以外の作者の能について、そして「能」について、ご一緒に考えてゆければと思っています。

なお、このたびの記念公演も本書刊行も、ひとえに日頃からご親交をいただいております天野文雄先生のお蔭で、この場を借りまして厚く御礼を申し上げたく存じます。

また、ご講演、ご対談を本書に収録させていただきますことを快くご承諾くださいました先生方に、深く感謝申し上げます。

目次

〈舞台写真〉森口ミツル

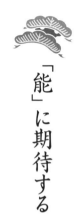

「能」に期待する

鈴木忠志

ただ今ご紹介に与りました鈴木でございます。私が演劇活動を始めた頃には、現代劇では新劇、伝統芸能では歌舞伎と能、それらが優れた俳優を輩出し話題になっていました。その中で私は能にいちばん興味を持っていました。もう五十年も前ですけれども、今日仕舞いを舞われる観世銕之丞さんの父親である観世静夫さん、そのお兄さんである寿夫さんや榮夫さんとは親しくさせていただき、特に寿夫さんと榮夫さんには度々、私の演出したギリシャ悲劇やシェイクスピアの舞台にも出演していただきました。もちろん、東京での現代劇の舞台だけではなく、私の劇団の本拠地が在る富山県利賀村の山奥の劇場の活動にも参加していただきました。合掌造りの農家を改造した劇場「利賀山房」、そのオープニングの時には、寿夫さんには能の『経政』を舞ってもらっています。四十年前のことです。

その親しくしていた観世三兄弟が亡くなってからは、能とは少し縁が遠くなっていたところ、世阿弥や能について何か話さないかと声をかけていただき、久しぶりに有り難いことだと感じています。
今日は、西洋の近代演劇をモデルとして日本に根付いた新劇と呼ばれる現代劇、その演劇の影響下で育った私が、能のどんな所に興味を感じたのか、なぜ能役者に出演してもらい、一緒に舞台を創ったりしたのか、今回はそんなことを話してみたいと思います。

社会の変化と身体の変化

私が能に刺激を受け、自分の演劇活動の未来について考える大事な視点を与えられたと感じたのは、一九五〇年代から六〇年代です。この頃から、日本の社会は急激に変化します。第二次世界大戦が終了して十年後の一九五五年には、日本の人口の五十パーセントが都市に集まる。六〇年代には七十パーセントまでになるんですね。いわゆる、都市化現象ですが、日本は農村型社会から工業型社会に変身していきます。現在の首都圏への一極集中という現象は、もうこの頃から始まりだします。

この時に大部分の日本人の生活スタイルが変化しはじめます。それにつれて身体の感受性が変化していくわけです。それは具体的には何によってもたらされたのかと言いますと、日本人の居住空間の変化と社会全体が使用するエネルギーの質が変わったことによります。

居住空間の変化の象徴的なものは、大都会に出現した団地を想い浮かべてくだされぱいいわけです。当時の日本住宅公団が建設した住宅は木造ではなくコンクリート造りの小さいもので、廊下もなく部屋は畳敷きではなく床の間などもありません。あったとしても小規模なもので、平均的な地方の人たちが、それまで生活していた住空間とは違っていました。三世代にわたる家族が同居できるような大きなものではありません。核家族という言葉がありますが、それに見合ったものでした。それでも多くの日本人は、この空間が近代的な社会に適した住居だと歓迎して受け入れた一面がありました。

もう一つのエネルギーの質が変化したことですが、この頃から第一次産業と言われる農山村の農業と林業の衰退の兆しがはっきりしてきます。人口が都会に集中してしまうのだから当然ですが、社会全体が動物性エネルギー、人間の生身のエネルギーを大切に使う労働から、非動物性エネルギーとでも言いましょうか、石炭や石油や電気によるエネルギーを多量に使う労働を重視するような社会になっていきます。日本全体が経済的な豊かさを獲得することを目標としましたから、工業の生産性を高めたり、そのための労働者が集まる都会を維持管理するために、これらの非動物性エネルギーが必要とされたわけです。必然的に木炭などの需要は少なくなり、また都会に木造建築を作る人も少なくなりますから林業は衰退します。また農産物は輸入すれば足りるという傾向にもなっていきます。なにしろ、農業や林業の仕事は身体的には辛いですから、若者には嫌われますし老人は職場を離れたくなります。こういう社会の流れは現在の原子力発電の存在を生み出すところまで通じていると私は思います。

実際のところ、私の現在の活動も非動物性エネルギーのお蔭で、国際的な広がりと迅速な事務処理を可能にしてくれています。そういう点では、このエネルギーは便利で有り難いものであることを私も否定は出来ない。そしてこの非動物性エネルギーを大量に使って、社会秩序が保たれている国を、私たちは世界の中での先進国と見なしているし、私もそういう国に住んでいるわけです。そういう観点からすれば、日本はアメリカやドイツなどと並んで、世界の最先端を走っている便利な国だと言えます。

これはもう多くの人が知っていることかもしれませんが、宇宙衛星から地球の写真を撮りますと、アメリカとヨーロッパと日本は夜中でも光り輝いているそうです。夜中でも街灯がついていて自動車も走っている。しかし、日本は自然が残っている地域、森林などが少なくなっているので、アメリカやヨーロッパと比べると、暗い所がなく島全体が光っているそうです。現在の日本はいたるところ、非動物性エネルギーである電気に覆われている証拠だと思います。

文明社会と文化の在り方

私が実際の演劇活動を始めたのは一九五〇年代の後半からですが、どうして演劇に興味をもったかというと、演劇は集団で作品を創るということと、身体から出てくる生身のエネルギー＝動物性エネルギーを使い言葉を喋り、他人を喜ばせたり自分のことを理解してもらうことの出来る活動だと感じたからです。集団と身体と言葉、この三つのものを絶えず意識化して自分や他人、要するに人間について考えなければならない活動だと思ったということです。

当時の私は、今から考えると少し安易な図式的な思考だったかなと思いますが、非動物性エネルギーを大量に使用して、人間の集団をまとめている社会を文明的社会、動物性エネルギーを多量に使い人間同士が仲良くまとまっている社会を文化的な社会だと見なしていました。これからの日本はどんどん文明的な社会、別の言葉で言えば、便利で経済的に豊かな社会を目指すだろうが、その文明社会は必ずしも人間関係を豊かで調和のある社会にしないのではないかという疑問を持ったのです。文明社会は必ずしも文化的な社会であるとは限らないということです。

人間関係を楽しむ、あるいは集団に所属する人たちが、安心してその集団に居られるルールのようなものを創る、そのために動物性エネルギーを上手に洗練していく、これが当時の私にとっての文化の在り方でした。

例えば、家族をまとめていくとか、恋愛をするとか、友達や隣近所の人たちと一緒に食事をするとか、自分の子供を学校に通わせ、大人になるまで面倒をみるとか、これらは動物性エネルギーを持続的に使って、人間関係を形成するものです。そしてそこには、集団が創り出した一定のルールがあるわけです。むろんこれは、地域や民族集団によって異なるものですが、ともかく一つの集団が持続的にまとまっている根底には、必ず動物性エネルギーの使い方のルールがあると思います。

昔のギリシャ人は世界でもっとも早く文化的な国を創った人たちだと見なされることがあります。それは、哲学や思想や舞台芸術のように、人間はどうあるべきかを考え、その成果を集団のルールにして共有しようとする態度を、ギリシャ人が世界でもっとも早く示したからだと思います。

それだけではなく、人間の身体の中には粗暴な動物性エネルギーがあります。これを本能的なエネルギーと言っても良いでしょうが、それをコントロールして遊戯として楽しんだのもギリシャ人は早かった。人間の本能的エネルギーをそのままに放置すれば、他人を殺したり、男性ならば女性を強姦したりすることが起こる。それによって人間関係は壊れます。本能的エネルギーは攻撃衝動として他人に向けられることが多いので、このエネルギーをどのようなルールのうちに昇華し洗練し、皆で楽しむようなものにするか、このことを考え具体的な行為に成しえたのもギリシャ人です。ギリシャ発祥の優劣を競うスポーツなどはその証しだと思います。

演劇と非動物性エネルギー

それでは日本という国の文化には何があり、どんな特徴を示しているのかということですが、日本にもユニークな文化は沢山あるわけです。つまり、個人個人の動物性エネルギーを鍛錬し洗練して使い、集団に所属する人たちが共同で長い時間を生き抜くためにルールとして尊重したり楽しんできたもの、文化的な歴史的伝統や習慣ということですが、その中の一つに能という舞台芸術があると思います。能は日本人の集団が生み出した素晴らしい文化遺産であり、これは現代社会がどのように変化していこうとも、これからも大切にしていかなければならないものだと、私は感じています。というよりも、その特徴を絶えず再認識して、人間の生き方を考える時に大事な示唆を与える文化的な財産だと、強く意識していくべきものだと思うのです。

さきほど私は、我々の社会は非動物性エネルギーを多量に使用する文明化した社会になっていると言いましたが、これを別の言葉、時代的な区分の言葉に置き換えると、近代的な社会になったと言ってもいいかと思います。集団をまとめる手段や人間関係のコミュニケーションを素早く果たす手段、そのために非動物性エネルギーが使われる。そして私たちはそれを便利なことだと感じる社会になったということです。そしてこれを、私のかかわっている演劇の世界に即して言いますと、新劇はもちろん、日本を代表する伝統芸能の一つである歌舞伎を含めて、殆どの演劇が近代化の大きな洗礼を受けています。つまり、便利な非動物性エネルギーを利用して、その表現のスタイルを維持し観客に見せるようになっています。

その典型的な例は声や音の在り方に見てとれます。例えばワイヤレス・マイクの使用です。役者たちが胸元の衣装に小型のマイクをつけ、言葉を語ります。また音楽も録音されたものが、アンプという機械によって音量が大小に調節され、スピーカーから聞こえてきます。もちろん、能も近代化の影響が皆無ではありません。

もうずいぶんと前ですが、薪能に招待されたので観に出掛けたことがあります。なんだかシテの声ばかりが大きいので、オカシイナと思っていると、時々ガサガサと装束の擦れる音がするのですね。やはりワイヤレス・マイクを使っていました。私の能に対する観念からすると、トンデモナイことが起こっていました。

観世寿夫との出会い

私が最初に能に驚いたのは、鍛え抜かれた声と身体に接したからです。この世のものとも思えない野太い声が、地面の下の方から響いてくる。特に観世寿夫さんが初めて私の目の前に座って、張扇を叩きながら謡いを始めた時には、実に気味の悪い力を感じたのです。もちろん、それまでに能を観ていないわけではありません。ただ、面と装束を身につけた能役者の舞いを遠くから眺めていたので、その感じはなかったのです。能楽堂ではむしろ、囃子方の奏でる音色や声に注意が集中することが多かったのです。能役者の生の身体を目前にマジマジと見つめたのは観世寿夫さんが初めてだった。

それは祖父が小学生だった私を目の前に座らせ、三味線を弾きながら義太夫を語った時の印象を呼び覚ますものでした。小学生の私は腹から搾り出すような声が怖くて、いつもその場を逃げ出したいと思ったものですが、そんなことをすれば、お灸をすえられるから、じっとしている以外にはなかった。その時にはこれが日本なら、日本はイヤダナーと感じたものです。

もちろん、寿夫さんの場合は逃げ出したいなどとは思いません。私は大人になっていますし、異なるとは言え演劇活動を始めていましたから、むしろこの気味の悪い宇宙人のような声はどうやって創ったのか興味が湧き、寿夫さんの身体に集中しだしたのです。その声の響きの厚みと、それを正座しながら身体から生み出してくる時の姿勢に引き込まれていきました。それから顔です。日常的な表情が顔に出て来ないのです。何かしら身体の中の状態に集中しているらしい。日常では見かけない妙な顔だけれども、素敵にも見えたのです。これは動物性エネルギーを鍛錬して創りあげた、日本人特有の集中した時の一つの身体の表情ではないかと思いました。声を聞かせ身体を見せる集中をした時に現れる身体の表情ということですが、それから私は能に親しみを感じることが出来るようになったのです。というより、能の観方が変わったと言った方が良いかもしれません。

そんな観世寿夫さんとの出会いもあって、私は改めて能楽論の本、『風姿花伝』とか『花鏡』を読みました。そして、観阿弥や世阿弥が何を言いたかったのか、その本音の所に触れることが出来たように感じたのですが、私がそれまで興味を持って読んできた現代の哲学者の考え方を先取りしているような一面もあって驚きました。それも素晴らしい日本語の言い方で人間の存在の本質を伝えていたのです。一言で言えば、見られるということは大変だよ、ということを一貫して言い続けているのですね。

自分以外のものに見られるということは、人間だけではなく動物でも大変なことです。彼らにとっては自分の身体を見られることは生死にかかわります。ですから、動物は見られればすぐ隠れます。他の動物を掴まえる時にも身を隠して近寄ります。

ところが人間は見られないで生活することが出来ない。いつも見たり見られたりする関係の中を生きています。この関係の中での人間の生き方、存在の仕方の一つである能役者の行為がどんなものか、それはどんなに大変なものかが書かれていたのです。

私が当時もっとも感心したのは『花鏡』に書かれていた言葉です。観客席から見える自分の姿は〈離見〉で、自分の眼で見るところは〈我見《がけん》〉だから、観客席と同じ心となって自分の姿を客観化しろ、独りよがりの我見＝主観性を離れ、〈見所同見《けんじょどうけん》〉の境地で自分の姿を想像しろと書かれていたのです。

世阿弥の言葉に即して言えば、「離見の見にて、見所同見と成《なり》て、不及目《ふぎゅうもく》の身所《しんしょ》まで見智して、五体相応の幽姿をなせ」ということです。自分の眼の及ばない所まで意識化しなければ、自分の姿は俗で美しくならない。これを世阿弥は、「目を前に見て、心を後ろに置く」意識状態だと言っています。

これらの言葉は世阿弥の体験から生み出されたものですから、役者のように他人に見られるということを意識的に引き受け、それを職業とした経験を持たない人には、理解するのは少し難しい言い回しです。しかし私は演出家として、いつも役者の姿を見続ける仕事を選んだものですから、私なりに腑に落ちるところがあったのだと思います。

世阿弥から学んだこと

この言葉から私が教えられたことは二つあります。一つは、役者にとって自分の身体を見るということは、視覚的に目で確認することではなく、想像したり感じたりすることだということです。見えないものを見るということだと。世阿弥はそういう能力が十分に鍛えられないと、

鈴木 忠志（すずき ただし）
演出家。富山県利賀村に劇団SCOTの本拠地を置き、世界各国での上演活動や共同作業など、国際舞台に活躍の場を持つ。利賀村には七つの劇場、稽古場、宿舎等があり、世界中から演劇人が集い、活動している。岩波ホール芸術監督、演劇人の全国組織・舞台芸術財団演劇人会議初代理事長などを歴任。著書多数。

能役者の演技は優れたものにはならないと言うのです。そしてもう一つは、自分を見る能力は他人の存在を前提にして発揮される、というより、自分を見る目の前の人との関係の中で身についていくものだと言っているのです。

見るとは見えないものを見ることで、それは目前の他人との関係の中で実践されることだ、この指摘は当時の私には新鮮だった。演劇活動の存在理由を改めて確認させてくれたからです。

役者に演技の指導をする際の貴重な示唆をも与えられました。

確かに私たちの日常生活でも〈見る〉という言葉は、目で対象を確認することだけに使っているわけではありません。恋愛関係の中で悩んでいる人に対して、自分の心をよく見たらとか、相手の人間をよく見たらとか言います。心とか人間の性質は、実際に見えるものではないのにそう言います。

私は演出家ですから、稽古の演技が進展せずに袋小路に入って悩んでいる役者に、何かアドヴァイスをと言われることが多い。そういう時には、まずその役者に自分の判断を聞きます。すると大体、私が客席から見て感じていることとは違う判断をしている。そこで質問します。他人にはどう見えていると思うかと。例えば手足の動きがどういうことになっているか、意識化できているのか、ただ言葉を語る時の自分の望む身体の状態だけに集中しているのではないかと。

言葉を語りだすと、自分の身体の見え方への自覚が薄くなっていく役者を見かけることはよくあります。私たちの日常でも、激しい感情にとりつかれて、言葉を話す人にこの傾向を見かけることが多い。この役者も舞台上での身体所作が、どう他人に見えているかという自覚が、時として消えてしまうらしいのです。自分の慣れ親しんだ身体の癖の渦巻きに巻き込まれてしまう。戯曲の台詞を心理や感情の表現だとして思いを込め過ぎると、言葉は身体と一体のものであるかのようになってしまう。そして言葉は他人に冷静に聞かせ語られるのではなく、日常会話の時のように無意識に顔や手足を動かして話されるようになる。

これは現代劇の役者たちに見かける、見られる身体への意識化の欠落ですが、そこで私も世阿弥と同じようなことを言うことになります。他人に見せる身体と聞かせる言葉との関係が不明瞭なのではないか、他の役者たちが客席から見ていることだし、その人たちの意見や感想を聞いてみたらと。そしてどの瞬間にそうなるのか想像し、自分の身体の状態を改めて稽古で確認してみたらと。

人間はまず身体が他人に見られる。それと共に見えない言葉や音声がある。言葉や音声は身体と比較して客観化することが出来やすいけれど、身体はすべてを客観化することは難しいものです。他人との比較や他人の視線を通して自分を想像すること、あるいは感じる以外に、自分の身体の全体像を見る＝知ることは出来ないものです。この事実を踏まえて世阿弥は、人間は言葉や音声だけではなく、身体の在り方を通して、他人の精神状態とか心の状態をも判断しているから、舞台上での役者には、自分の身体がどうなっているかへの気配りが、もっとも重要なことだと言ったのです。

見えない身体を見ること

我々人間はいつも、見えたもの聞こえたものを通して見えない身体の中のものを見ている。見られることを通して、見えない自分の存在の表情を絶えず想像している。この人間の存在の仕方を遊戯としてとらえ、人工的に楽しむことが出来る意識的な行為が、役者の演技だと世阿弥に教えられたのです。

実際のところ、自分の身体を意識して見せ、さらに言葉を添え、自分の思いを過不足なく他人に理解してもらうのは大変なことです。特に集団で一つのメッセージを伝えようとするのは更に難しい。演劇活動は小説家のように個人芸術ではありませんから、集団の構成員が同じ価値観を共有して、自分たちの伝えたいことを的確に身体と言葉で表現しなければなりません。そして、優れた役者であり続けようとしたら、年齢の変化と共に絶えず変わり続ける自分の身体の意識化を要請されます。演技には他の芸術作品のように完成という概念は成立しませんから、役者は果てしない身体との戦いを生きることになります。

能や歌舞伎が発生したのは封建時代です。役者たちの社会的地位も固定化されていました。能役者や歌舞伎役者はいつも集団で一緒に生活し、集団の構成員も変化が少なかった。だから、舞台上での身体所作や言葉の語り方は比較的統一されやすかったし、どの身体感覚が優れているか、言葉を語る時の音色や音程のどれが正しいかの判断が、集団に共有されやすかった。見えないものを感知する能力は、集団の中で絶えず鍛えられているはずです。ですから、役者の演技の優劣は皆に共有されると思います。

しかし、現代人の意識は違っています。個人の価値観や個性的であることを評価する社会ですから、集団で一つの目標を設定して、それを実現する手段を共有するのはなかなか難しい。ましてや、見えない身体の状態への価値観のことですから、どれが優れたものであるのか、評価の基準を出しにくい。スポーツなどと違って能力の優劣を計量化して、集団の誰にでも説得力のあるものに共有することが難しいのです。

私の職業、演出家の見地からしますと、この役者への評価基準が無ければ、本当は配役や報酬の額を公平に決定することが出来ないのですが、現代劇にはこの基準が存在しないものですから、役者のマスコミへの露出度や演出家の個人的趣味に判断の基準がゆだねられてしまっているのが大方の現状です。

私も演劇活動を始めた初期には、この基準を朗らかに示すことが出来ませんでした。その頃の後ろめたさのようなものは今でも覚えています。ある角度から見れば、演出家というものは集団形成の人事を掌握している権力者ですから、皆が不公平だと感じることをすると集団の運営がうまくいきません。特に外国で仕事をする時には、その感が強かった。オーディションをしてキャスティングはしたが、果たして自分の判断と権力は、正しく行使されたのかどうか、説得力を関係者に与えられたのかどうか、ずいぶんと悩まされたものです。

それが能と世阿弥の著作に触れたお蔭で、何とかこの後ろめたさの世界から逃れることが出来た。私なりの判断基準を、皆が共有できるための役者の訓練方法を創ることが出来たからです。その訓練の過程での成果を基準にして、誰が優れているのかの判断を関係者に示すことが出来る。最近では外国の多くの国で、私の訓練が学ばれるようになりましたので、私の判断が偏見を持たれずに受け入れられ易くもなったと感じています。

診断としての訓練

ここで私の訓練の考え方を簡単に説明しますと、私もまた世阿弥と同じで、見えない身体を見る＝感じるということを問題にしています。世阿弥は目の及ばない身体の部分、例えば背中なども良く見て、優雅な姿を創れと言うのですが、私は見えない身体の内部を良く見る能力を習得しろ、そして安定した力強い姿を創れと言います。私が考案した役者の訓練方法は、その能力を発達させるために考えたものです。

一般的に言って、どんな人間でも生活上の場面で、目的を果たすためには身体が健全に働くことが必要です。その場合に意識しなければならない重要なものが三つほどあります。エネルギーの燃焼と呼吸による酸素の供給、それと重心の支配です。むろん習慣的な日常生活をしている多くの人たちには、エネルギー・酸素・重心は目に見えるものではありませんから、殊更に意識されているものではないと思います。特殊な目的のために身体を強度に活用する人たち、軍人やスポーツ選手、そして舞台俳優のような人たちが意識せざるをえないものだと言えます。しかし、一般の人たちでもこのいずれかが欠乏したり、コントロールに故障が生じれば、社会生活を円滑に行うのが難しくなるのは分かるはずです。

身体のうちのエネルギーの燃焼が多ければ多いほど、呼吸活動により酸素が充分に供給されればされるほど、重心がよく支配され身体行動が安定を保たれれば保たれるほど、日常生活での行動の範囲と多様性は高まり、生命維持の安全性も高まります。舞台上での役者にも同じことが言えます。この三つのものが特殊に鍛錬されることによって、身体は力強く敏捷に動き、声は大きく強くなり、他人への働きかけも効果的により良く果たされることになります。観客へのメッセージの発信力が高まりますから、これらへの意識性を強めるための身体の鍛錬は、演技を成立させるための基礎的な行為だとも言えます。

しかし、先程も言いましたように、これらは見える身体の中にある見えないものです。それをどうして〈見えるもの〉にするのか、客観化することが出来るのかが問われてきます。要するに、役者の身体内部の状態を可視的・可触的に出来るような仕掛けを創る必要があるのです。それは皆さんも大なり小なり経験していることだと思いますが、レントゲンやＣＴスキャンあるいは血液検査をして、医者と患者が身体の内部を観察し共有できるようにすることと似ています。そういう訓練方法が必要だと私は考えたのです。違う言い方をすれば、舞台上から観客に素晴らしい身体が存在していると感じさせるためには、何が必要とされるのか、どの点を鍛錬しなければならないかを診断する仕掛けのようなものを創ったのです。この目的を果たすためには、あなたの身体はここに弱点や障害、あるいは困難がある、それをどのように克服するのか、と問いかけることの出来る場を創ったとも言えます。そしてその障害や困難を乗り越える方法を発見するところに、個人の創造性や才能が発揮されると考えたのです。

こうした訓練の必要性を感じ、それを具体的にする時にもっとも参考になったのが能の演技でした。能役者が鏡の間から橋掛りを通り本舞台に入って来ます。そして激しく舞い狂います。

その時の動きの基本は身体の水平移動です。正確に言えば、足裏を床から離さずに歩行する摺足の技術を使い、身体の重心を水平に移行させている。このような歩行の仕方、上半身を上下動させないで声を出す身体の状態は、私たちの日常行動には通常ありませんから、これはフィクションとして考え出された身体の使い方であり、能の演技の基本文法のようなものだと見なしても良いでしょう。

私も訓練を通じて、舞台の上で演技する前のフィクションとしての身体を創りたかったのだと思います。能の舞台の水平移動のように、日常とは異質の鈴木式舞台における動き方や呼吸の仕方などの基本文法を、集団で身につけることを目指したと言っても良いかもしれません。日常の延長としての身体によってではなく、舞台の上だけで独自に生きられる身体感覚、西洋の身体芸術に例をとれば、クラシック・バレエの基礎訓練のようなものを創ろうとしたのです。

世界に珍しい身体芸術

ギリシャ悲劇や日本の伝統芸能には、神様や幽霊が登場します。これらは実在の人物ではなく、人間の想像力が生み出したイメージですから、現代劇の人たちの演技のように、身体の状態が日常の人間のそれを感じさせるようだと説得力を持ちません。日常の動きや身体感覚を殺して、まったく新しい身体の使い方を発明しなければなりません。その身体から生み出されてくる見えない独自の身体感覚、これを能役者たちは長い期間をかけて集団で蓄積し、観客に珍しい不思議な印象を与えてきたのだと思います。その珍しく不思議な身体が面や装束を付けることによって、人間が想像のなかでしか見たり感じたりすることが出来ないイメージの世界を伝えられたのだと思います。そして能は世界でも珍しい身体芸術の優れた一つの例として存在することになったのです。

ずいぶん前のことですが、喜劇的なタッチで現代人の生態を批評的に描き、多くの若者の人気を呼んでいた劇作家がいました。彼は演出もするのですが、その舞台の役者たちはいつも身体も気分も躁状態のような演技をする。彼は私の稽古場にしばしば遊びに来ていたので、あるとき私は能を観にいくことを勧めたことがあります。名手と言われていた櫻間道雄さんの舞台です。彼が能舞台に初めて接し、何を感じるのか興味があったからですが、観劇後の感想の第一声には私は苦笑させられました。ヘンなお爺さんがソロソロと歩いていましたよ、だったからです。しかし私は、ヘンなお爺さんという言い方には、少し安心もしたのです。

ともかくこの劇作家は、普通のお爺さんが普通に歩いている、とは感じなかったことは確かなのですね。これは私が初めて観世寿夫さんの謡いや、祖父の義太夫を聞いたときの印象に通じるところもあったわけです。まあ、失礼な言い方を承知で言えば、能役者たちの身体の動かし方も声も確かにヘンなのです。もし初めて能に接して、ヘンなものを見たと感じない若者が居たら、むしろその方がヘンかもしれないのです。

正直に言って私も、能の人たちがあまりにもヘンな身体や声をしているから興味を抱いたのです。そして最近では、現代社会の生活から逸脱して存在する、このヘンな身体の素晴らしさを、もっと現在を生きる若者たちに知ってもらいたいと思うようになったのです。

コンピューター社会の脱身体化

最近東京に行く機会があり、久しぶりにＪＲの電車に乗って驚きました。昼間でしたのでそんなに混んではいなかったから、車両全体が見渡せたのですが、座席に座って居る人たち、ほぼ全員がスマートフォンを手にして画面に集中している。三割ぐらいの人は耳にイヤホーンをして、何かを聞いている。しばらく前だったら、一人や二人は新聞や週刊誌を読んでいる人を見かけたのですが、そんな人はいませんでした。

私も劇団員の生活を見知っていますから、スマートフォンがいかに生活必需品になりつつあるかは承知していないわけではないので、これぐらいのことは有り得ることだとは思っていました。ただ驚いたのはスマートフォンに夢中になっていることではなく、電車が駅に停まり乗降客の出入りがあっても、一人として顔を上げて新しく乗車してきた人を見なかったことなのです。これでは犯罪者が入って来て、何か事件が起こっても仕方がないかなと感じるほどの光景でした。目や耳から他人の存在が遠ざかっているのです。

私は演出家として他人の顔や身体を見つめる習慣があるためかも知れませんが、他人の存在や動きに敏感になっているところがあります。人の出入りがあれば必ずその場の入り口を見てしまう。稽古場や劇場での長い生活経験もあるので、同じ空間には誰がいるのかを確認する性向になっているところがあります。だから、自分の身体経験だけからこの状況を判断するのは無理なところもあるかもしれませんが、それにしても、これだけ他人の存在を意識しないでいたら、犯罪は成立しやすいと思わざるをえないぐらいでした。殺人は簡単に起こり得ると感じました。

実際、少し前のことですが秋葉原の街頭ですが、七人の人がアッという間に次々とナイフで刺し殺された事件がありました。この時に私はやはり驚いた。そんなに簡単に人は殺されてしまうものなのかと。殺された人の中には、刺される直前までスマートフォンでメールやツイッターに夢中になっていて、自分の周辺で何が起こっているのかを知らなかった人が居たのではないかと推測してしまいます。

コンピューターが登場して、人間は実際に身体が同じ場所に共存していない人とも会話が成立し、映像で相手の姿を見ることが出来るようになりました。このコミュニケーションの形態においては、動物性エネルギーはほんの僅かしか使われてはいません。人間が直接に出会い動物性エネルギーを十全に使い相互理解を促進したり、人間について考え対話をするような場と機会は少なくなりつつあります。そういう機会が在ったとしても、一つの場に集まった人と人との間には、非動物性エネルギーが介在しているのが現状です。メールではラチ（埒）がアカナイから、面と向かってケイタイ（携帯）してやったというような、少し前までは考えられない日本語が話される時代に入ったのです。

未来に生きつづける能

こうした非動物性エネルギーを多用してコミュニケーションを成立させる社会は、明らかにすべての領域において、脱身体化の傾向を加速させていると思います。そういう社会の到来の中で、演劇はどんな役割を担えるのか、何のために在るのか、これは一生を演劇活動に従事しようとする人の心に、必ず訪れる問いだと思いますが、それでは能という演劇はこの問いにどう答えられるのかということになります。

この答えは私がこれまで話してきたことの中に、十分に示されていると思いますけれども、能という演劇ほど、他のどんな舞台芸術にもまして、動物性エネルギーだけを放出させて、珍しく魅力のある空間を創り出しているものはありません。シテ、ワキのみならず地謡の人たちは自分の生身のエネルギーを使って動き、声を出しています。囃子方も同じです。動きも声も何一つ生身のものでないものはない。非動物性エネルギーの助けを借りて他人にメッセージを伝えてはいないのです。

観阿弥・世阿弥の生きた時代から現在まで、どんな時代の変化にも煩わされず、能という演劇はこの一貫性は維持してきた。実生活では時代の変化に巻き込まれても、舞台の上では身体の可能性に基礎を置いたコミュニケーションだけを追求してきた演劇だと言って良いと思います。社会の変化に媚びて、身体が備えている能力の規模を越える表現空間を創らなかった。むろんその故に多くの若者たちからは、能の舞台は時代遅れで、退屈な舞台芸術だと見なされるようになっている側面はあるでしょう。

フランスの哲学者メルロ・ポンティは、本質とは何かと考える場合、どんな可変的な状況の中に置かれても、変化を蒙らないで持続するものが本質だと見なせばよい、と述べています。この視点を踏まえて言えば、能の本質は人間の身体だった、その身体から湧き出す動物性エネルギーだけを頼りにして、その表現を創り出してきた。ということは、どんな社会にあっても、身体をもって生きる人間の存在の問題だけを、純粋に問い続けてきた演劇、そういう力を所有していた演劇だったからこそ、能は今日まで生き延びてこられたのだと見なすことが出来るのです。

能は非動物性エネルギーを駆使して人間の生活を維持管理する文明の欠陥を、身体という拠点から批判しうる力を、未だ手にしている優れた演劇だと私は思います。能はこれからの世界の人々の未来にも示唆を与えられる、日本の貴重な文化的財産の一つだと思うのです。

能が末長くそのように存在して在ることを願って、本日の私の講演を終わらせていただきます。

世阿弥にどう向き合うか

鈴木忠志
観世銕之丞
天野文雄
大槻文蔵

大槻　みなさま、ようこそお越しくださいましてありがとうございます。今年は世阿弥の生誕六百五十年ということになります。これは明年という説もございますが。我々にとりましては世阿弥という人は、常にいろんな所で能を私たちに、いまもどこか、分からない所から強烈な指示が下りてきているのではないかなと感じるというようなことでございます。私がいろいろ申し上げるよりも今日は鈴木先生を中心にしまして、天野先生、銕之丞先生にお話をいただきたいと思います。

まず最初に鈴木先生。さきほどおうかがいしましたが、三十八年に、利賀村へ行かれたということですので、利賀村のことを中心に、利賀村で寿夫《ひさお》先生とどのようなことが行われたのか、また劇団を指導しておられますが、そのことと能とはどのような関係にあるのか、そこには世阿弥がどのようにかかわっているのか、そのあたりをお聞かせいただきたいと思います。

鈴木　私が活動していますのは富山県の利賀村というところで、おわら風の盆で有名な越中八尾から、あるいは高岡からだいたい一時間くらいの山奥の岐阜県境の過疎村です。さきほど申しましたようにいまは六百人ぐらいの人口ですが、そこに六つほど劇場があるんです。最初の劇場は、観世寿夫さんの『経政《つねまさ》』をオープニングにしたんですね。私の芝居と。それから利賀村の獅子舞。それを同じ舞台でやったんで

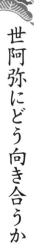

すけれども。まあ私がなぜそういうところに行ったかというと、やはりこれは能から影響を受けたところなんですけど、身体のふるさとがないと駄目だという感じがしたんですね。私、世界中から招待されて行く時にいろんな劇場で芝居をやる。もちろん東京でもしますけれども。しかしそのたびに、いろいろ声を大きくしてみたり照明を変えてみたりとか、その空間に適応しようと思って演出をいろいろ変えるんですが、その時に能舞台のようにですね、ここが自分たちの身体のふるさとであって、その時にはこういう動き方でこういう感覚で舞台に立っているっていうのがありましてね。それを基準にしてこうしたらいいんじゃないかっていうことができるといいと思ったんですね。で、私がどうして歌舞伎の人とか宝塚の人とか能の人とかと芝居をやったかといいますと、特殊な舞台と身体の訓練がやっぱりあるんですね。それぞれ。その特殊な訓練の基準がありますとね、それをこのようにしてくださいってことができて対話ができるんですよ。それが現代劇にはないもんですから。それで観世寿夫さんとやりまして、むしろ現代劇の人よりもやりやすかったんです。

私は最初の頃それほど能にくわしくなかったんですが、この人にはこういう言い方をすればこういうことをやってもらえるんじゃないかとか、これについてはどうなんですかって対話ができるんですよ。基準がありますから。現代劇の人は分からないんです。現代劇の人は、その人がどういう身体の訓練を受けているのか、どういう空間のなかの訓練を受けているのか分からないということが一つありました。そういう意味で、観世さんと出会ったっていうことは、やっぱり基準がある身体ですね。しかし、実際には、動くにも、声を出すにも、それはそのまま使えません。ですから、私は観世さんがこういう現代劇をやったりする時にはちょっと大変だったかなって思います。短い日本語の会話のようなものは。しかし、ギリシャ悲劇のように長いものをやりますとね、いやこれは能役者じゃないとできないなっていうぐらいのものになるんですね。ふつうの現代劇の基準の身体の人がしゃべりますと、もう日常的になって舞台がもたないんですよ。じっとしていられないし、それから声が持続しないんですから、やっぱりある程度劇場様式を固定するということと、そのなかでともかくすばらしい身体のあり方、それから発声の仕方っていうのはどういうものかということが必要だと考えまして。観世さんと共同作業をしましたが、それはたいへん私にとって有益なことでありました。

で、それがどういう劇場かといいますと、合掌造りを改造したものです。合掌造りってほんとに大家族制度ですので、家が大きい。私の劇場は間口三間半、まあ一つは三間ですけれども、それがちょうど能舞台のようになります。で、橋掛りは長くはとれませんけれども、大家族制度で三十人から五十人住んでいるような家ですので大きいんですよ。だから観世さんなんかも言っていました、「目付柱がちょっと太いなあ」と。つまり三メートルの雪が降る所ですので、すごい太い柱なんです。それは芝居用にちょっと邪魔になりますけれども、まあそこで万蔵(現萬)さんの三番叟とか、万作さんの狂言、そういうものもやりましたし、能もやっていただいたりしたんです。

大槻　じつは昨日、私は東京で銕之丞先生のところの銕仙会で『花筐《はながたみ》』の能をさせていただきましたが、ちょうど四十年ぐらい前に、寿夫先生にその『花筐』を稽古していただいたことを思い出しました。帝からの筐の花籠を置きまして、文を広げて読み、それで今度、籠をとる時に、「お前そんな手から先に出したらダメなんだ。気持ちが花籠へ行った時に手が出て、すっと籠を持たないとダメなんだよ。そんなの手から取りに行ったらダメなんだ」と。その時にあとで「新劇でもそうなんだよ。水、飲みたい時にね、手から出したらダメなんだ。気持ちが「水が飲みたい」と思ったら自然に手が出る。手から先に出すからダメなんだ」ということを話されましたが、たぶんそれが鈴木先生とのお話だったと言われたことを、昨日思い出しました。銕之丞先生そのあたりいかがですか。

観世　寿夫の伯父もそうですけれども、父親もよくそういうふうに言っていました。「ここに水があるだろ、取るほうに主体があるんじゃなくてコップの水に吸い寄せられるように掴まなきゃダメなんだと。そういうことが演技なんだ。よく考えとけ」みたいな(笑)。そんなことをよく言われました。

大槻　鈴木先生、寿夫先生とはそのお話を……。

鈴木　ええ、そりゃあもうだいたい能と違って、寿

左より観世銕之丞、天野文雄、鈴木忠志、大槻文蔵（敬称略）

夫さんも二ヶ月くらい（笑）、稽古に参加してくれたんですね。それが岩波ホール第一回公演ですね、それから第三回公演も私がやりました。高野悦子さんという岩波ホールの支配人、彼女が私のところへ来て、もう一度やるっていうもんですからやって。初めは寿夫さんと白石加代子と市原悦子の、新劇、私の劇団、能の人。三者三様の俳優でいろいろやってみたんですが、まあ二ヶ月くらいやっておりますので絶えず議論をしました。それがよかったですねえ。私も勉強になるし。で、ボキャブラリーが違いますから。最初はちょっと分からないところもありますけど、違うボキャブラリーでも感覚についていってるので分かりあえた。で、問題は、さっきも言いましたように、身体のこととか見えない呼吸のこととか重心のこととか、それから気持ちのこととか、そういう演技をするという時にそれが共有できない人と共有できる人がいる。

だから同じ言葉で分かっていたとしてもほんとうは通じていないっていう人はいるんですね。私も時々ありますよ女房と。同じ言葉をしゃべって五十年もいるのに、まだ通じないなあっていう時ってありますけど。いやあ、違う三者三様の言葉をしゃべってるけどよく通じたってことは、驚きでしたねえ。ですからよく議論をしましたし、他人の演技を見ながらおたがいに感想を言ったりしてだんだん調節する。そういう場が当時はまだあったんですね。違うジャンルの人が、また違うものを見て、あなたはどう思うの、僕はこう思うって言って議論していく。これはすごくいい。まあ今の若い人はそういう機会があんまりないと思うんですけど。

＊　＊　＊

大槻　このシリーズはあと五回させていただく予定で、講師はおもに世阿弥を学術的に文献的に研究してらっしゃる方が多いのですが、本日の鈴木先生、それから三回目の渡邊守章先生はそういう学術的・文献的に能を研究しておられる方とは違う見方でのお話をいただけると思いますが、天野先生、さきほどの鈴木先生のお話のなかの世阿弥っていうのはどういうふうにとらえられましたか。

天野　さきほどのお話は世阿弥というより能について、それも能という演劇の演技について、きわめて根源的な内容のお話でしたが、私などは世阿弥が残している多くの演技論に通じるところがあると思って聞いておりました。そこで、世阿弥についての質問ではないのですが、さきほど講師のご紹介のなかで紹介させていただいた「鈴木メソッド」ですね、そのエッセンスを、この際ですからご本人から直接みなさんにご紹介いただければと思うのですが、いかがでしょうか。それがまた、世阿弥が主張している演技にもつながっていくと思いますので。

鈴木　ですから、さきほど言いましたように、一流の舞台芸術、能でもそうですけれども、その人たちを見ていると、要するに見えない身体ですね、呼吸とか重心とか声、エネルギーですけど、そういうものをじつによくコントロールできているということですね。それは、日常とは違う訓練をしているということですね。だけどいま現代劇の人が走るっていうと、ほんとうに走るんですけど舞台で走るっていうのは日常のそれとは違うと。歩くっていうとふつうに歩くのとは違って、たしかに見た目は延長上でやりますけどね、でも舞台を歩くってことはふつうに歩くのとは違うことなんです。つまり、日常を否定して歩くんだよ、と。それで、その半面日常のリアリティのようなものはもっていないといけないよとも言うんです。一度回り道してリアリティってものを得なきゃいけないんですね。で、現代劇の考え方は、そのまま日常のように歩きなさい、悲しい気持ちを出しなさいっていうと、日常の感覚とか気持ちとか身体感覚の延長上に何か加工して上手くやるって考えちゃうんです。だけど一度、そうじゃなくってそれを否定して、否定した身体のルールがあってそのなかでその本質、日常で体験しているような人間のいろんな心情、悲しみの心情でもいいですし、それから感覚でもいいけど、そういうものをその日常とは関係のない形式のなかへきちっと入れるっていうことがね、これがむずかしいことなんですね。

これは才能の問題もありますが。で、日常とは違った鈴木文法っていうものを作らないといけないなあっていうのを能から教わったんですね。ですから、よく言われたことなんですけれども、鈴木さんとこの舞台はふつうの歩き方をしている人は一人もいないって言いますね。それから登退場も全部、ふつうの日常の動きとしてやっていないって言います。事実それはそうなんです。私の演出する舞台での歩き方は十二種類ぐらいありまして。つまり能の摺り足があります、歌舞伎の内股があります、カタカリのわに足もあります。クラシックバレエのつま先立ちもあります。で、必ずこのいずれかになっているんですね、動き方が。で、歩く時は、たとえば私の場合は水平移動です。というような細かいことをいろいろ決めたんです。身体については腹式呼吸ですから、日本語っていうのは二字目が上がって三段目ぐらいまで上がって、四段目にまでいくとだめですからスーッと下りてこなきゃいけないんですが、第一声の時に肩で弾みがつかないとか、その時の呼吸の間隔をきっちり決めるんです。

たとえば一拍半拍で呼吸するかとか。まあ三秒以内ですーっと呼吸するとか。それでこの呼吸のあいだ重心というか、肩が動かないようにって。で、その時にきちっとした彫刻的な絵柄になっているか。というようなことをですね、徹底的にまあやるわけですね。基本的には歩き方から始めて、それから静止した時の彫刻的なあり方の訓練とか、それから発声ですね。だから、たとえば真言宗のお経をあげますと、ずーっと呼吸しながら、セリフをずーっと同じ速度で一音一音を明晰に言っていけるかとか。たとえばラテンの音楽で、パパパパって動いていく身体ででもこの言葉を明晰に言える呼吸でできるかとかですね。とりあえず呼吸のことと、そのラテン音楽に乗ってバッて横を向いた時にちゃんとブレーキがかかってすっと止まれるかとか。あるいは、ぐらぐらしないかとか。それから、力みがどこかに出てこないかとか。で、テンションが上がってきますとだんだん身体が緊張して肩にくるんです。もっと大きい声出せっていうともっと怒鳴るようになってきます。そういうのを全部チェックしていくんです。

ですから逆に言うとレントゲン検査とかCTスキャンみたいなもので、だんだん身体のテンションというかレベルを上げていくと欠陥が出るんです、その人の。で、お前はこのレベルに入るとこの障害、たとえば呼吸が乱れているとか、腕に力が入っているとか、必ず癖として手首をぎゅっと握っちゃうとかですね。それから大きい声で第一音からパッと言葉が出ると思うと必ず弾みがつく、とかですね。そういうことをレントゲンみたいにチェックする訓練なんです。

ですから、こうやればいいっていう訓練じゃないんです。歌舞伎なんかだと、こういうかたちを覚えなさいっていう訓練ですよね。そうじゃなくて、これをやってみるとそうするとこういう欠陥があなたに現れてくると。で、その欠陥はどうやって乗り越えるんですかって。その乗り越え方は、たとえば同じ病気にかかっても症状の出方が違うのと同じで、人それぞれの欠陥、つまり癖は違うんです。そうすると、算数の答えのように一つじゃないから、その乗り越え方は自分でやりなさいと。その乗り越え方に個性があるんだと。ですから、まず自分の欠陥、まあ困難といってもいいです。バリアといってもいい。小林秀雄のように才能とは困難を見つけだす能力のことだっていうふうに考えるんです。それで自分のなかに、この目標を達成するためにはこれだけの困難がある、その困難をあなたはどうやって乗り越えますかっていうことを突きつけるっていう、そういうやり方です。

天野　ありがとうございます。やはり演出家でいらっしゃるので、さきほどのお話でも、世阿弥についても観世寿夫についても、やはり演技というところに最大の関心をお持ちである、そういう印象を強くもちました。お話のなかでしばしば引用された『風姿花伝』や『花鏡』などの芸論は、内容は能作論、観客論、能の本質論などいろいろありますが、やはり演技論が断然多いと思います。音曲についての論も多くありますが、これも演技論です。ですから、現代の演劇人が世阿弥の書いたものを読んで、いちばん関心をもつのが演技論だというのは当然のことだと改めて思いました。

＊　＊　＊

鈴木　もうすこし違う側面で言いますと、それも一つなんですが、いちばん興味をもったのが、こういう言い方は誤解を招くかもしれませんが、宗教心っていうことなんですね。で、これはどういうことかというと、有名な宗教学者のエリアーデという人が言っているんですが、我々の生活世界はだんだん、のべったらな時間になってくる。だらしない空間、だらしない時間になってくる。誰でも同じように。そうするとそれに耐えられないっていうそういう時間・空間に裂け目を入れるような劇的な感覚っていうのは欲しいというふうに思う。で、そのためにたとえば恋人と別れた時間とか、家族のふるさととかがあって、それを彼はどういう言葉でいうかというと、潜在宗教的振舞い、というんですね。人間は日常的には同じような生活をしているけれども、みんな人それぞれの心のなかには潜在宗教を持っているんだと。だからどこかに行ってみたいとかその人独特の心のふるさとがあるんだとこういう言い方をしているんですね。それで私は世阿弥を読んだ時にやっぱりこの人は演じるということを宗教にしたというふうに感じた。生命は、皆一生は終わるけれども能は果てあるべからずというふうにですね。宵・暁の声を使えとか、一期の堺ここなりとやれとかね。これは何を言っているかっていうと、それから何でこういう空間をだんだん作るところへきたかっていうと、このべったらな空間に何か聖なる、聖なるっていうとおかしいんだけれども、何か自分が日常とは違った、自分を精神的にきちっとしてくれるような時間・空間が人間には必要なんだよって世阿弥は言っているって思ったんです。それでこれは山のなかへ行くべきだと、私は思ったんですね。

時々山のなかに行って、もちろん東京でやらないってことじゃなくて、これからの日本はそれがないと駄目なんだと思いました。それで自分の劇場というものを作り、稽古したければいつの時間でも贅沢に時間を使ってやれる空間を置いておこうと。明け方にやる人もいるだろうし、朝早くやる人もいるだろうし、夜やるのがいいっていう人もいるだろうから。そういう稽古場や劇場を作っておいて自由にこれを使えと。それでこれを、お前の心だけじゃなくて身体のふるさとにしろと。世阿弥から受けたのはちょっとそういう、まあ世阿弥が置かれた特殊な境遇がありますね。将軍の寵愛を受けて、見られるということがひじょうに鋭いという状況に置かれた。それから生殺与奪の権は他人が握っている。それからそういうヒエラルキーの社会ができたこともあって、ずっと自分が演じたりなんかしている時に、自分を宗教的にきちっと精神的に持続させる何かが欲しいというのが世阿弥の情熱だったという感じがしますね。そのために一生懸命、演技とか動きとか声の出し方を書いたっていう。あんなことを全部実現しているはずはないと思いますが、しかしこうあるべきだ、こうあるべきだって書いたその情熱の背後には、すごくあの人の置かれた宗教的な情熱があって、それがないと自分が生き延びていけないという思いがあるんじゃないかということにいちばん影響を受けました。

だからまあ技術面のことということより、やっぱり精神面。どちらかというと読んだ時のインパクトは精神面が先ということはあるんですね。実際に寿夫さんとやったりする時そんなことを試せるわけないんですが。寿夫さんも、能をやめてたこ焼き屋になりたいなんて書いていますけどね。人から差別されているようで馬鹿にされているように思われて、終戦直後は。だからむしろ自分は平凡な生活をもちたいと。これは逆の宗教心ですね。もうこういう特殊な世界だけにいたくない、もっと平凡な生活で自分は生きたいっていうのは、逆に寿夫さんはこの世界にずーっといたからまた違う時間が欲しいということで。つまりその二つの時間が人間には必要だっていうことなんですけどね。世阿弥の文章で、そこにいちばん感動したんですね。

天野　その世阿弥の文章ですが、能の舞台と世阿弥の文章、つまり芸論、能楽論ですが、そのどちらに先に出会ったのですか。

鈴木　文章です、もちろん。世阿弥のものはもう早い時期に。まあ宮本武蔵の『五輪書』もおもしろいところがありますけれどもね、日本のなかではですね、まあ実践家の書のなかではやっぱり世阿弥の書は随一だと思いますね。言葉の当て方とか表現の仕方とか、ものの順番のもって行き方っていうのは。この人はよっぽど孤独な人だったなっていう感じがひしひしとしますね。ですから、彼が言っているのは才能が人を連繫するので家柄じゃないよとか。役者は宵・暁まで一生懸命稽古しろとか「一期の堺」と書いてあるのに接した時、高校生か大学生ぐらいの時です、ガラスの表面を爪でキーッってかいているような異様な緊張を感じたんですね。あの文体というか、言っていることに。これはふつうの人じゃないって思った。

それで興味をもって境遇とかいろんなもの調べてやっぱりふつうの境遇の人じゃないし。やっぱり愛読書の一つですね。自分がいままで、七十四年、生きてきたなかで十冊影響を受けたものを挙げろと言

仕舞『玉水《たまみず》』　観世銕之丞

観世 銕之丞（かんぜ　てつのじょう）
能楽師。シテ方観世流。故八世観世銕之亟静雪（人間国宝）の長男。重要無形文化財総合指定保持者。1960年初舞台。2002年、九世観世銕之丞襲名。紫綬褒章、日本芸術院賞など受賞。海外公演も多数。公益社団法人銕仙会代表。京都造形芸術大学評議員。都立国際高校非常勤講師。

われれば、日本では世阿弥の本がやっぱりいちばんインパクトがありました。

＊　＊　＊

大槻　銕之丞先生、鈴木先生に何かご質問を。この際ですのでお聞きになりたいことはおありでしょうか。

観世　そうですね、いま「年来稽古条々」のところのやっぱり十六、七というかそういったところの話というのは、たしかに嫌なんだけども、すごくそれを意識していないとそれが抜けられないというか。すごくやっぱり僕自身もすごくそこら辺の時に苦しんでいて。やはり寿夫っていう人が間近にいて周りの人がもうほんとうに、若い能役者の人たちが少女漫画の目のなかにお星さまがキラキラキラキラってありますよね、ああいう感じで寿夫の伯父なんかを見てるところでもって、オレは能がよく分からねえんだなあって、つまんねえなあってことがとても言えない空気があったんですね（笑）。

　それにましてや身内だし、これは困ったことになったなあと思いながら悶々と暮らしていた時のこと

独吟『足引山』　大槻文藏

大槻 文藏（おおつき ぶんぞう）
能楽師。シテ方観世流。重要無形文化財総合指定保持者。一九四七年「鞍馬天狗」にて初舞台、以降、三老女などで数々の披演とともに、復曲能、新作能にも積極的に携わる。紫綬褒章、旭日小綬章、日本学賞など受賞多数。公益財団法人大槻能楽堂理事長。

で。それでもちろん『風姿花伝』も読んでいましたし。その十六、七という時に、苦しみというかそういったものはすごく感じていましたけど、結局、でも最終的にはやはり自分というものがいま鈴木先生の言われたみたいに二つの時間というか生活空間というそういったものが成り立ってこないと、自分のそういったものの処理がつかない。結局、だからいま日常的に信じている自分というのはほんとうの自分じゃなくて、最初は舞台が嫌だったんだけども、ある時から舞台にいる自分がほんとうはほんとうの自分なんじゃないかと思えるようにだんだんなってくるんですね。何が虚構であって何が実像であるかってことはほんとに分からなくなって。それで舞台の上の自分っていうものに出会えるようになってからもっと舞台に出たいとか、能について勉強したいとかってことが生まれてくる。そのためにはまあ逆にいうと、ある程度自分っていうものを成り立たせるために謡でも舞でも確立しなきゃならないですし。お客さまに許される、認められるっていうとオーバーなんですけども、そこにいていいよっというふうになるようなことがやはり大切というか、自分が自分であることを取り戻せると。そういうふうなことの思いがすごくありましたですね。

鈴木先生のお話をうかがいながら、やはり自分の苦しみっていうのもそんなに無駄でもなかったかなと思うような次第です。

大槻　まあ私も、もうだいぶ年になってきましたけれども、じつに能が好きなんですね。こんなおもしろいものはないし、こんなすばらしいものはないなあと思って自分でやっているんですけども。でもほんと、ちょっと何かの時、たいへん遠い所へすーっと逃げていってしまうような相手でね。いくら追いかけてもどんどんあっちのほうへ行って。追いかけるのをやめるとまた傍へ座ってるような気もするんです。まったくつかみどころがないなんて言っては無責任なんですけれども、厄介な相手だと思っております。

今日は時間も限られてますのでこのへんで終わらせていただきたいんですけれども、鈴木先生は関西のほうにおいでになることは滅多にあられないんですが、今日はほんとうにご無理をお願いして来ていただいて、たいへんよかったと私は感謝を申し上げます。鈴木先生、どうもありがとうございました。

＊　＊　＊

大槻　さきほども申し上げましたように、これから五回にわたって、この世阿弥生誕六百五十年記念の公演をいたします。その折にはそれぞれの講師の先生方においでいただきましてお話や対談をさせていただきますが、これを企画していただきましたのは天野先生ですので、天野先生のほうから意図なり今後の展望をお話しいただいて終わりにしたいと思います。

天野　本日はどうもありがとうございました。

この催しは世阿弥生誕六百五十年記念というのがメインのタイトルになっていて、その横にあまり目立たないと思いますが、「ZEAMIを学ぶ、ZEAMIに学ぶ」というタイトルがついています。このタイトルについては説明する必要はないと思いますが、「世阿弥を学ぶ」という点でいかに多くのものがまだ残されているか、また、「世阿弥に学ぶ」という点でいかに多くのものが残されているかということを今日も強く感じましたし、それはこれからの五回の世阿弥の能の上演と講演やトークでも同じだろうと思います。

本日はその企画のオープニングとして、現代を代表する演出家でいらっしゃる鈴木忠志さんに、六十分にわたって、能や世阿弥についてたっぷりとお話をいただきました。そのお話からも明らかだと思うのですが、要するに能は演劇なんですね。ひと頃、能は演劇かどうかということが真剣に論じられた時期がありました。さすがに、そういうことは最近はなくなりましたが、さきほど鈴木さんも、「能という演劇」という言い方をされています。まさにそのとおりで、能は演劇以外の何物でもありません。私などは、いまは能はどのような演劇なのかということを考える時期にきていると思っているのですが、今日はその貴重な第一歩になったのではないかと思います。今日のお話は少なくとも、演劇のなかで能はどういう位置を占めているのか、あるいはどういう意義をもっているのか、あるいは現代演劇のなかで能がどういう位置にあるのか、どういう価値を持っているのか、ということを深く考える、たいへんよい機会になったと思います。ほんとうにありがとうございました。

■独吟『足引山』、仕舞『玉水』資料

（平成二十五年七月十三日の「講演」と「トーク」の間に演じられた演目についての当日配付のパンフレットから）

『足引山』――詞章と現代語訳

〽足引の山下水も絶えず、浜の真砂《まさご》の数積もりぬれば、いまは飛鳥川、瀬になる恨みも聞こえず、さざれ石の巌《いわお》となる、悦びのみぞあるべき、しかれば、天に浮かめる波の一滴の露より起こり、山河草木《さんがそうもく》恵みに富みて、国土安静《あんせい》の当代なり

〽千代木《ちよぎ》の風も静かにて、朝暮《ちょうぼ》の雲も収まれり

〽いざここに、わが代は経なん菅原《すがわら》や、わが代は経なん菅原や、伏見の里は久方の、天照らす日も影広き、瑞穂《みずほ》の国は豊かにて、民の心も勇みある、御代《みよ》の治めはありがたや、御代の治めはありがたや

この御代は、山の麓を絶えず水が流れるように続いてきて、浜の真砂が積もって山となるほど長く続いています。その結果、当代はあの淵瀬常ならぬ飛鳥川のように定めなき不安定な時代ではなく、人々の怨嗟の声も聞こえません。人々は、このような時代がこれからも永遠に、たとえば小石が巌になるほど長く続くことを、ひたすら悦んでいます。そもそも、この国は、天雲の露のような、鉾の一滴から創造されたのですが、当代はその雫によって山河草木が恵みを受け、国土も安静そのものです。

また、木々に吹く風も音を立てることなく、朝暮の雲もよく収まっています。かの伏見の翁が、「さあ、この菅原の伏見の里でわが生涯を過ごそう」と詠んだ、この伏見の里、わが日本は永遠で、天を照らす日のような大君の恵みも広大です。この瑞穂の国はじつに豊かで、人々も生きる意欲にあふれています。まことにありがたい治世の御代です。

『玉水』――詞章と現代語訳

シテ、ツレ〽いかに弔《とむら》ひたまふとも、受け喜ばじ恨めしや

地〽相別嗔恚《あいべつしんに》の、執心を、相別嗔恚の、執心を、晴らし晴らして、無為楽《むいらく》の、蓮《はちす》の縁と、なりたまへ

シテ〽げにまこと、無為楽の、縁深き、慣ひならば

地〽真如の玉水、濁らじものを、心の月の、明らかならぬ

シテ〽執心は清濁《せいだく》を、分かぬ色かとよ

地〽五濁《ごじょく》の水にも、紅蓮《ぐれん》の氷にも

シテ〽この身を閉じられ、心を砕き

地〽呵責《かしゃく》に従ふ、罪人の、悲しむ声は、松虫や、鈴虫きりぎりす、いたくな鳴きそ、一旦《いたん》の報ひ、天にあがり地に伏して、心も焦がるる閻浮《えんぶ》の昔の、世にまた井手の玉水に、立ち向かへば、気疎《けうと》き鬼の姿は、まことに気疎き鬼の姿は、恐ろしやとて、水の底に入りにけり、水の底に入りにけり

清友と妻の亡霊　お僧がどのようにお弔いくださったとしても、わたくしたち二人がともに成仏できなければ、喜ぶことはできません。ただ、恨めしく思うばかりでございます。

僧　あなた方はたがいに死別したことで嗔恚の思いを抱くことになったのですが、その執心を晴らして、心を無にして、極楽の蓮の上に往生なさい。

清友の亡霊　まことに、心を無にすれば極楽に生まれる慣わしであるのなら、わたくしもこの玉水のように濁りのない悟りに到達することができるはずです。しかし、いまのわたくしの心は月のように明らかなものではなく、なお執心にとらわれています。また、その執心というものは、人の心の清濁にかかわりなく生まれるものとか聞いています。その結果、わたくしはその執心の報いとして、五濁の水や酷寒の紅蓮地獄の氷のなかにこの身を閉じ込められ、苦しい思いをして、さらに罪人として獄卒の呵責を受けています。わたくしがあげる悲しみの声は、さながら松虫や鈴虫やきりぎりすのようです。しかし、そんなに声をあげて泣くことはないのです。これはほんの一時の報いなのですから。こうして、わたくしは天を仰ぎ地に伏すようにはげしく娑婆の昔を恋しく思いながら、この現世にふたたび戻ってきたのです。そうして、井手の玉水に向かうと、そこに映ったのは、まことに恐ろしい鬼の姿です。ああ、恐ろしい。

清友の亡霊は、そう言って玉水の底に入ってしまった。

『足引山』について

『足引山』は、世阿弥の音曲伝書『五音』にみえる、世阿弥の作になる祝言の謡い物です。世阿弥の時代は、貴人の宴席などで謡いを謡うことが多く、予告なしにいきなり所望されることも少なくなかったようで、世阿弥たち能役者はそれに備えて、その場にふさわしい謡い物を数多く用意していたものと思われます。『足引山』もそのひとつです。観世家には、そうした謡い物を十七点集めた世阿弥時代の『四季祝言』が伝わっていますが、これら世阿弥時代の謡い物は現在は謡われてはいません。それが世阿弥生誕六百五十年の年に、期せずして東西で復活されることになりました。ひとつは、さる五月の早稲田大学での能楽学会における『四季祝言』の「夏（夏の祝言）」と『五音』の「敷島」の観世清和氏による披露、もうひとつが今回の大槻文藏氏の『足引山』です。内容はご覧のように、治世賛美の祝言になっています。具体的には世阿弥たちのパトロンでもあり、能についての高い鑑賞眼の持ち主でもあった室町将軍による治世を賛美しています。「いざここに…」は『古今集』雑に収められた読人知らずの歌ですが、現代語訳のように、この「伏見」は「日本」のことです。このあたりは当時の歌学の説が関係しているので、現代人にはきわめて理解しにくいのですが、同様の理解は「金札」にもみえています。なお、曲名は冒頭の文句に拠っています。

『玉水』について

『玉水』は、世阿弥の芸談『申楽談儀』の、風情（所作）を念頭において作書すべきことを説いた条に、「「玉水に立ち向かへば」など書き」と、その一節がみえている能です。この記事からも当時は上演されていたと思われますが、まもなく上演されなくなったようです。内容は、山城の井手の里（京都府綴喜郡井手町）を通りかかった旅僧（ワキ）の前に、生前、契りを交わしたものの、ある行き違いからともに死んでしまった、橘清友（シテ）と里の女（ツレ）の亡霊が現われて、回向を乞うというもので、『通小町』や『女郎花』と同趣の妄執物の能ですが、『女郎花』のように、最後は男女の成仏が明示されないかたちで終わっています。このたびの仕舞ではその終曲部が演じられます。能だと、清友の立働きの場面で、囃子座の前あたりには女が下居しているはずです。

この『玉水』は、『伊勢物語』百二十二段の、

昔、男、契れること誤れる人に、
山城の井手の玉水手に結び頼みしかひもなき夜なりけり
と言ひやれど、答へもせず。

という短い歌物語と、この無名の男女の物語を勅使橘清友と井手の里の女の悲恋物語とした『伊勢物語』の注釈書（『冷泉家流伊勢物語抄』など）に基づいています。作者は世阿弥の可能性もありますが、あるいは世阿弥の薫陶を受けた世阿弥周辺の役者の作かとも思われます。なお、「井手の玉水」は井手にあった清水で、歌枕です。また、このたびの詞章は基本的に観世系のテキストにより、「玉水に立ち向かへば」以下は、金春系のテキストをもって補訂しています。

第一部
世阿弥の人と芸術

世阿弥、その生涯

宮本圭造

能の元祖・世阿弥

ただいまご紹介にあずかりました宮本です。世阿弥生誕六百五十年記念企画のトップバッターとして、世阿弥の生涯について、しかも最近の研究をふまえて三十分で話せ、という難題を与えられました。

能の歴史のなかで世阿弥がきわめて重要な人物である、それは改めて言うまでもありません。戦国時代の能伝書に『聞書色々《ききがきいろいろ》』という書物があるのですが、そこには「世阿弥陀はじめて能を作る。其法度を定て以来、能有《あり》。（中略）能乃根本、世阿弥より也」と書かれています。つまり、能を初めて作ったのは世阿弥で、しかも能のさまざまな規則を作ったのも世阿弥だと、そういう言い伝えが能役者の間に伝わっていたということが分かります。さらに、江戸時代初めの『四座役者目録《よざやくしゃもくろく》』にも、「観阿・世阿ヨリ、色々ノ能ヲ作リ初ル也。（中略）歌道・文道・神道、諸々道ヲ能《よく》ウカガヒ、大方ナル人ナリ。惣《そう》テ、今ニ世間ニモテハヤス好《よ》キ謡ハ、大形《おおかた》世阿ノ作也」とあり、能は観阿弥と世阿弥から始まるものであって、現在演じられているすぐれた能は、そのほとんどが世阿弥の作なんだということが書かれています。

このように世阿弥を能の元祖と位置づける見方が、江戸時代以前の能役者の間に伝えられていたわけですが、世阿弥の生涯については、当時ごく断片的な情報しか知られていませんでした。さきほど取り上げた『四座役者目録』は、江戸時代の文献のなかでは世阿弥の生涯についてかなりくわしい記述が見られるものなのですが、そこには、世阿弥が足利義満の寵愛を受けて将軍家の能大夫となったこと、一休和尚に参学をしたこと、女婿《じょせい》の金春禅竹をあまりに寵愛したために実子と仲違えをし、将軍の機嫌を損ねて佐渡に島流しにあったこと、佐渡島で七番の謡を作り、それが将軍の目に留まって再び京都に召し返されたこと、八十余歳まで長生きしたこと、などが書かれております。この記述のなかには、将軍義満の愛顧ですとか、佐渡への島流しとか、世阿弥の事蹟がたしかにふまえられているわけですが、現在知られている世阿弥の生涯とは大きく異なる点も少なくありません。

たとえば、女婿を愛して実子を疎んだというのは事実とはまったく異なるわけで、こうした誤った伝承をも含んだ「世阿弥の虚像」が江戸時代には伝えられていたということになります。

見直される世阿弥の虚像

その誤った伝承が大きく見直されるきっかけになったのが明治末年のことです。明治四十一年、『大日本地名辞書』の著者としても有名な吉田東伍が、『世子六十以後申楽談儀《ぜしろくじゅういごさるがくだんぎ》』という世阿弥晩年の談話を集めた書物を初めて紹介します。さらにその翌年には、ほかの世阿弥の伝書と合わせ、『世阿弥十六部集』として刊行するんですね。これにより世阿弥の出自ですとか、少年時代のこと、あるいは息子たちのこと、当時演じられていた能のことなど、さまざまな情報が新たに明らかになります。世阿弥の実像を知る大きな手がかりが得られることになったわけです。その結果、世阿弥の生涯についてもいろんな発見がありました。

もっとも大きな点は、世阿弥は能の元祖だと言われているけれども、じつは世阿弥より前の世代にも大勢のすぐれた役者がいたということ。たとえば田楽の喜阿弥、近江猿楽の犬王。こうした先人たちの作り出した能が、世阿弥に大きな影響を与えた。つまり、能というのは世阿弥一人が作り上げたのではなくて、多くの先達がいたんだということが明らかになりました。それでこうした新発見の資料をいち早く活用して世阿弥の生涯をまとめたのが、大正六年に刊行されました横井春野《はるの》の『能楽全史』という本です。この『能楽全史』、刊行されたのは大正六年なんですけれども、じつは原稿が完成したのはそのすこし前の明治四十五年のことです。室町時代の能楽の成立から明治時代に至るまで七百年にわたる能の歴史が千二百ページという大著としてまとめられたものなんですが、驚くべきことに、この原稿を書いた当時の横井春野はわずか二十一才だったんです。まだ早稲田大学の学生で、卒業以前にこの原稿を書き上げたと言われております。二十一才の青年がよくもまあ短時間にこれだけの本を書き上げた、しかも、最新の資料を使って世阿弥の実像にせまる記述をしたという点で、たいへん画期的な仕事だと言えます。

それで昭和に入りまして昭和十三年に、これは現在も研究者がよく参照している能勢朝次の『能楽源流考』という大著が岩波書店から刊行されます。昭和十年代にはこのほかにも世阿弥に関する本が次々に出版されました。まず同じ昭和十三年に野上豊一郎の『世阿弥元清』という本が出ています。この野上博士の著書は、世阿弥の生涯をメインテーマとしてまとめた、世阿弥に関する初めての単著と言っていいものです。その後、昭和十七年には阪口玄章の『世阿弥』、昭和十八年には小林静雄の『世阿弥』、さらに同じく昭和十八年には横井春野も『世阿弥の生涯』という本を出版していまして、昭和十年代に世阿弥本の出版ブームといった状況があったことが分かります。

これは昭和十八年が世阿弥没後五百年とされていたことと関係しているのでしょうけれども、明治末年に世阿弥伝書が発見され、それからようやく三十年を経て、世阿弥の生涯を客観的に語ることのできるいろんな材料が揃い、世阿弥の生涯についてまとめる機運が高まっていたことの表れだと考えられます。注目されますのは、これらの書物のうち、世阿弥に関する最初の単行本である野上豊一郎の『世阿弥元清』は、第一章に「世阿弥の発見」というタイトルをつけているんですね。そのなかで野上博士は、世阿弥の存在というのはこれまで一部の能楽師には知られていたけれども、一般にはほとんど知られていなかった。ところが、『世阿弥十六部集』の刊行によって、世阿弥が日本の文化史上見過ごすことのできない人物なんだということがようやく知られるようになった。つまり世阿弥は、最近になってようやく「発見」されたんだと、そういうふうに書いていています。この「世阿弥の発見」という言葉が示すように、世阿弥の生涯が明らかになったのは、じつはそれほど古いことではなくて、昭和に入ってからと言っていいわけです。

新資料が語る世阿弥の生涯

では、こういう新しい資料によって「発見」された世阿弥の生涯はどのようなものだったのか。まず、世阿弥の父親の系譜が具体的に明らかになりました。世阿弥は観阿弥の息子にあたるわけですが、それまでの観世家の伝承では、その観阿弥は伊賀の武士の服部某の三男だとされていました。ところが実際にはもうすこし複雑な人物関係があるんだということが『世子六十以後申楽談儀』によって分かってまいりました。ここでくわしく述べることはできませんけれども、観阿弥は伊賀の服部氏の孫にあたり、観阿弥の父親は山田猿楽の美濃大夫のもとに養子として入った人物であることが明らかになった。そのほかにもたとえば、世阿弥が十二歳の時、京都今熊野で将軍義満が父観阿弥の能を見物し、それがきっかけとなって義満の愛顧を受けるようになったこととか、少年時代の世阿弥は義満からたいへん可愛がられて、義満の祇園祭見物の時、その桟敷席に世阿弥が同席し、義満から直接盃を賜った、などといったエピソードも知られるようになりました。その後、室町幕府の御用猿楽として犬王や田楽の増阿弥らとともに活躍したこと、ところが足利義教が将軍に就任すると、さまざまな弾圧を受けるようになり、仙洞《せんとう》御所での演能が急遽中止に追い込まれたり、将来を嘱望されていた息子の観世元雅に先立たれたり、あるいは自らも佐渡島に流されたりといった、ひじょうに不遇な時代を送ったことが明らかになってきたわけです。

その後も世阿弥の生涯にかかわる新資料の発見が相次ぎました。まず、昭和十六年に奈良県生駒市の宝山寺の金春家文書のなかから、世阿弥の伝書や手紙、そして世阿弥自筆の能の台本などが発見されました。そのうち世阿弥が佐渡島から娘婿の金春大夫禅竹に宛てた手紙は、佐渡に流された後の世阿弥の消息を伝える数少ない資料であることが明らかになりました。また昭和四十年には、二条良基という当代の文化人が尊勝院というお坊さんに宛てた手紙の写しが発見され、能だけでなく蹴鞠や連歌にも堪能な世阿弥の早熟ぶりが知られるようになります。その手紙には、少年世阿弥の美貌に魅了された良基から「藤若」の名を与えられたことも書かれておりました。さらに、同じく世阿弥の少年時代の様子を伝える資料として崇光《すこう》上皇の『不《ふ》知記《ちき》』という日記も紹介されて、少年期の世阿弥の姿がひじょうに豊かなイメージとともに具体的に明らかになります。

一方、世阿弥の晩年の事績に関しても、大きな発見がありました。奈良県の田原本町に補巌《ふがん》寺《じ》というお寺がありまして、これが世阿弥の菩提寺であることが明らかになったのです。その補巌寺に伝わる土地台帳の中に世阿弥が寄進した田畑についての記述があって、そこに八月八日という日付と「至翁」という世阿弥の法名が書かれていて、世阿弥が八月八日に亡くなったということが分かった。つまり世阿弥の命日がこの土地台帳から知られるようになりました。その補巌寺というのは禅宗のお寺なんですけれども、かつては、世阿弥というのは阿弥陀仏の称号を名乗ることから浄土系の時宗を信仰していたというような説もあったんですが、禅宗のお寺に帰依しているということで、それが完全に否定されて、世阿弥と禅とのつながりが明確になり、世阿弥の伝書や能の作品にも禅とのつながりが数多く指摘されるようになります。

このような新発見が相次いだ昭和四十年代以降、世阿弥に関する新資料の発見は、現在のところ一休止しているといってよいと思います。まあ今後、世阿弥に関して、明治末年の『世子六十以後申楽談儀』の刊行のような、大きなインパクトのある発見というのはおそらく期待できないでしょう。そこで最近では、現在知られている資料をより精緻に読むことで、世阿弥のイメージを更新していこうという動きに変わっておりまして、たとえば、義満の文化圏のなかで世阿弥の活動をとらえ直す、つまり世阿弥が置かれていた時代環境に注目して、彼が生きた時代のなかで世阿弥の生涯を把握するというような研究がもっぱら行われています。資料はほぼ出尽くしているというのが現状でして、そういう意味では世阿弥の生涯は調べ尽くされているとも言えるわけですが、ただじつはまだまだ分からないこともたくさんある。

まず、生年ですね。世阿弥の生まれた年は、通説では貞治二年（一三六三）だとされておりますが、じつは貞治三年だという説もあってはっきりしません。また、亡くなった年も分からなければ、その年齢も分からない。晩年の世阿弥が佐渡島に流されたのは事実ですけれども、なぜ世阿弥が佐渡島に流されたのか、その理由というのもじつははっきりしたことが分からないのでして、世阿弥についてはほんとうに謎が多いんですね。

世阿弥の後継者は誰か

ということで世阿弥の生涯についてはまだまだ再検討の余地が少なくないわけですが、今日はその一例として世阿弥とその後継者との関係についてすこし見ておきたいと思います。世阿弥には少なくとも二人の男子がいたことが知られています。十郎元雅《もとまさ》、七郎元能《もとよし》がそれです。そのほかに、世阿弥の甥にあたる三郎元重《もとしげ》（後の音阿弥）という人物を養子として迎えていたことが知られています。この三人の年齢はじつはあまりはっきりしないのですけれども、三郎元重がいちばん年長で、十郎元雅がその次、いちばん若いのが七郎元能であるというふうに考えられています。それで三郎元重は、十郎元雅が生まれる以前に世阿弥の養子になっていた。つまり世阿弥はもともと男の子がいなかったために、甥の元重を養子に迎えたのですが、その後になって生まれたのが実子の十郎元雅だと、そういうふうに考えられています。そのために、養子と実子のあいだで、どちらが世阿弥の後継者となるのか、誰が観世大夫を継ぐのかという家督相続をめぐるトラブルが生じることになります。そしてさらに、時の将軍足利義教が世阿弥の実子ではなく、養子の三郎元重の方を後援したものですから、世阿弥・十郎元雅親子にさまざまな弾圧が加えられて、晩年の世阿弥に大きな悲劇をもたらすことになるわけです。

現在の通説では、その世阿弥の後、観世大夫の職を継承したのは、養子の三郎元重ではなく、実子の十郎元雅であったというふうに考えられています。世阿弥は応永二十九年（一四二二）頃に出家をいたしますが、応永二十九年というと、だいたい還暦の年齢で、その前後に世阿弥は観世大夫の地位を後継者に譲って、第一線から退くことになります。この間の事情を伝えるのが、世阿弥晩年の談話を集めた『世子六十以後申楽談儀』のなかに見える一つの逸話で、それは、京都の相国寺《しょうこくじ》あたりに住む檜皮《ひわだ》大工の娘が病気になり、北野天神から霊夢を授かるという話です。この檜皮大工が、北野天神に奉納するために和歌を詠みなさい、そして和歌の点者を「観世」にお願いしなさいという夢を見て、世阿弥のところに依頼するのですが、その「観世」が誰のことなのか、すでに出家した世阿弥のことなのか、それとも当時の「観世大夫」のことなのかがよく分からなかった、というエピソードが出てまいります。

この記事のところに、「其比《そのころ》は、はや出家有し程に」とあって、世阿弥が当時すでに出家し、観世大夫の地位を後継者に譲り渡していたということが分かるのですが、それを裏づける資料が『満済准后日記《まんさいじゅごうにっき》』という、醍醐寺座主をつとめた僧満済の日記です。この『満済准后日記』の応永二十九年四月十八日の記事に「猿楽観世五郎・同三郎勤仕、神妙致其沙汰了《そのさたをいたしおわんぬ》。観世入道・牛入道等相副諷諫《あいそいてふうかんす》云々」とありまして、醍醐寺の清瀧宮《せいりゅうぐう》の神事猿楽を観世五郎と観世三郎がつとめ、観世入道と牛入道が後見としてつき従ったとある。この「観世入道」が世阿弥のことで、つまり世阿弥は当時すでに出家をし、演能活動の第一線から退いていたことがうかがえる資料です。それでここに観世五郎と観世三郎という二人の人物が出てくるんですけれども、そのうち観世五郎という人物は、当時観世座の最長老にあたる一人で、十二五郎という人物。そしてもう一人の観世三郎というのが、世阿弥の甥で、養子の三郎元重であると考えられています。この時点ですでに世阿弥は退いて、観世大夫の職を後継者に譲っていたわけですが、通説ではその後継者は十郎元雅であるとされています。ところが、ここには十郎元雅の名前は見えません。その代わりに名前が見えるのが、養子の三郎元重なのです。このことは、世阿弥の出家後に観世大夫の地位を継承したのが、十郎元雅ではなく、三郎元重の方であった可能性を物語るものと言えるでしょう。

醍醐清瀧宮の神事猿楽と観世大夫

そこでもう一つ、世阿弥の後継者が誰だったのかということを伝える資料として、二年後の応永三十一年の醍醐寺清瀧宮の神事猿楽の記録を取り上げたいと思います。醍醐寺清瀧宮は観世座が早くから関係をもっていた神社で、当時、その祭礼で能を演じる権利を所有していたのは摂津の榎並《えなみ》猿楽という、いまの大阪府の能役者だったんですが、実際には観世座がしばしばその代理として出演しておりました。さきほどの『満済准后日記』の応永二十九年の記事も観世座が榎並猿楽の代理をつとめたことを示す記事の一つとなります。ところがその清瀧宮の神事猿楽の責任者であった榎並猿楽の大夫が突然亡くなるんです。それで、そのあとに観世大夫が清瀧宮の神事猿楽の責任者、すなわち楽頭《がくとう》に正式に就任することになる。そのことを示すのが、『満済准后日記』の応永三十一年四月十七日の記事で、そこには「自当年《とうねんより》、観世大夫楽頭職《がくとうしきの》事《こと》中付」とあります。

この「観世大夫」が世阿弥なのか、息子の十郎元雅のことなのか、それとも養子の三郎元重のことなのかは、『満済准后日記』にもはっきりした記述がなくて、よく分からないんですけれども、『隆源《りゅうげん》僧正日記』という、同じく醍醐寺の僧が書いた日記の同年四月十八日の記事には、さらにくわしい記述が見えていまして、そこでは「今年、根本楽頭部類 悉《ことごとく》 死去、無跡々々。仍《よって》 大和猿楽観世三郎為新楽頭《しんがくとうとなる》、子供三人不劣親上手《おやにおとらず》也云々。親観世入道世阿ミ猶相随而《なおあいしたがいて》教訓也云々」と書かれています。この記事でとりわけ注目されるのは、『満済准后日記』では単に「観世大夫」と記していた楽頭の名を、ここでは「観世三郎」と記していることです。現在の通説では、この「観世三郎」は世阿弥のことだとされています。「観世三郎」の名を挙げたすぐ後に、「子供三人不劣親上手」とあって、この子供三人が世阿弥の実子、十郎元雅と七郎元能、そして養子の三郎元重のことだと考えられるからです。

けれども、私はこの「子供三人」は、すぐ前の「観世三郎」にかかるのではなく、後の「親観世入道世阿ミ」にかかる文章として理解すべきではないかと考えております。つまり、「観世三郎」も世阿弥の「子供三人」の一人であり、この時、楽頭に任命されたのは、世阿弥ではなく、あくまでその子どもの「観世三郎」すなわち三郎元重であった、という解釈です。貞治二年誕生説に従えば、世阿弥は当時六十二才でした。この二年前に世阿弥は出家して観世入道を名乗り、演能活動の第一線から退くことになったわけですが、先の『隆源僧正日記』に「親観世入道世阿ミ猶相随而教訓也」、つまり観世入道の世阿弥がなお後見役として指導にあたっている、との記事を重視すべきではないか思います。この記事からも、世阿弥がすでに一線を退き、子供たちの活動を背後から支える後見役の立場にあったことがうかがえるからです。その世阿弥が神事猿楽の楽頭に就任する可能性はかなり低いと言えるでしょう。

そもそも、『隆源僧正日記』の短い文章のなかに、世阿弥について「観世三郎」と書いたすぐ後に「観世入道世阿ミ」と別の名で見えるのは、いかにも不自然です。従来は、神事猿楽の楽頭という職に就くためには、出家名ではなく俗名である必要があったんだ、そのために、ここだけ昔の俗名である「観世三郎」で記録されているんだという解釈がなされていたんですが、これはちょっと無理のある説なんじゃないかと私は思います。このような無理な解釈がなされていたのは、世阿弥の養子の観世三郎元重が、この六年後の永享二年（一四三〇）に、将軍足利義教の推挙によって、その年の醍醐清瀧宮の神事猿楽をつとめたという記事が『満済准后日記』に見えるからなんです。

すでに応永三十一年の時点で観世三郎元重が清瀧宮の神事猿楽の楽頭であったならば、永享二年の神事猿楽で観世三郎が大夫をつとめた時に、わざわざ将軍の推挙による云々とは書かれないだろう、つまり、応永三十一年に清瀧宮の楽頭になった「観世三郎」と、永享二年に清瀧宮神事猿楽の大夫をつとめた「観世三郎」とは別人である、という判断が働いた結果なのです。

けれども、私はこの六年の間に、世阿弥の後継者となっていた観世三郎元重が、一時的に後継者から外されるという事態が生じていたんだと思います。三郎という名乗りは代々の観世大夫の当主が名乗る名乗りで、その三郎という名乗りを養子の元重が受け継いでいるということは、三郎元重が観世大夫の当主となるべき人物と目されていたことをうかがわせます。おそらく、世阿弥も当初、元重の嫡子としての立場を尊重する姿勢をとっていたのでしょう。応永三十年頃にはまだ世阿弥と養子の三郎元重、そして実子の十郎元雅とのあいだには大きなトラブル、家督をめぐる確執というのは表面化していなかったのではないかと考えられます。

三郎元重との確執と世阿弥の晩年

ところが、応永三十四年頃から両者の確執が表面化するようになります。応永三十四年の清瀧宮の神事猿楽は「観世大夫」が楽頭として勤仕したと『満済准后日記』にありますが、これが四月十七日の記事。ところが、そのわずか六日後の四月二十三日の記事には「観世三郎、於稲荷辺勧進猿楽《かんじんさるがく》沙汰之」とありまして、「観世三郎」が京都稲荷あたりで勧進能をつとめた記事が見える。一週間足らずの記録のなかで「観世大夫」と「観世三郎」とが書き分けられていることになりますが、この二人はおそらく別人で、「観世大夫」の方が世阿弥の実子の十郎元雅、「観世三郎」の方は養子の三郎元重である可能性が高いように思います。

つまり、三郎元重に代えて十郎元雅を観世大夫にしようとする動きが、応永三十四年以前に起こり、同時に清瀧宮の楽頭も三郎元重から十郎元雅に代わっていた。それが、三郎元重の分派活動によるものなのか、世阿弥が意図的に三郎元重を排除しようとした結果であったのかは分かりませんが、応永三十四年の時点で、観世三郎元重は、十郎元雅の観世大夫と世阿弥の観世座から排除され、単独の行動を行うようになったものと思われます。正長二年（一四二九）には、観世十郎元雅と三郎元重の座が、それぞれ「観世大夫両座」とも書かれていまして、元雅と元重の観世座が別々に活動していた様子がうかがえるのです。永享二年の醍醐清瀧宮の神事猿楽への「観世三郎」出勤は、その翌年にあたります。

このことは、すなわち、三郎元重の清瀧宮楽頭の新規就任を意味するのではなく、一時的に十郎元雅の手に渡っていた楽頭職を元重が取り戻し、改めて正式に醍醐清瀧宮の楽頭に再任されたことを意味するのではないか、というのが私の見解です。

そこで注目しておきたいのが、元重の分派活動を伝える最初の記録である稲荷辺での勧進猿楽の記事に「青蓮院内々御結構云々」とあって、青蓮院門跡の義円の関与がうかがわれることです。この義円は翌年、足利将軍に選ばれまして、五代将軍足利義教となりますが、義教という人物は三郎元重をたいへん寵愛しまして、永享二年に三郎元重が醍醐清瀧宮の神事能に再び出勤することになったのも、将軍義教の内々の推挙によるものでした。そして、三郎元重を寵愛した将軍義教は、世阿弥と十郎元雅の親子にさまざまな圧力をかけまして、正長二年には、観世十郎と世阿弥の二人を名指しで、観世座の演能から排除するよう指令を出しています。

十郎元雅は、当時まだ三十代そこその若さでしたが、永享二年には京都からかなり遠く離れた、大和吉野の山深い場所にある天河社という神社に所願成就《しょがんじょうじゅ》を祈願した尉面《じょうめん》を寄進する。さらにその翌々年の永享四年には伊勢の安濃《あの》の津で客死するというように、地方を転々としていた形跡があります。それにたいして父の世阿弥は、なお京都に留まり、将軍家の御所に出入りする生活を送っていたようです。おそらく将軍義教が世阿弥を観世座の重要な人物として引き留めていたんだと思います。永享四年正月、室町将軍の御所において能が行われ、「観世大夫」と「観世入道号是阿」が能を演じた記録があります。

これは世阿弥の、現在知られている最後の活動記録なんですが、その世阿弥とともに出演している「観世大夫」は、これまで実子の十郎元雅であると考えられておりました。ただ最近、この「観世大夫」は、当時の活動状況を考えると実子の元雅ではなくて三郎元重のほうである可能性が高いんじゃないか、そういう説が、天野先生によって出されております。私もその説には賛成でして、もしそうであったとすると、世阿弥は永享四年頃、息子の十郎元雅と引き離されて京都で一人寂しい晩年を送っていたんではないかということが想像されます。

しかも足利義教という時の将軍は、特殊な好みをもった人物でして、松囃子という盆踊りみたいな芸能がたいへん好きなんですね。世阿弥の老雅閑寂な芸能にはあまり関心を示さずに、その松囃子ですとか、実馬甲冑を用いた多武峰様《とうのみねよう》の猿楽といった見世物的な派手な演劇を好みました。また、細川家の武士たちが演じる素人能の余興として、世阿弥に能を舞わせたりもしています。このように、ひじょうに屈辱的な晩年を世阿弥は送ることになる。しかも、永享四年八月には、息子の十郎元雅にも先立たれてしまう。

ふつうの人間だったらそれで精神的に折れてしまうと思うのですが、世阿弥はそのような悲劇的な境遇にありながらも、決して能の未来に絶望することはありませんでした。自らの形見として『却来花』という伝書を記し、さらには娘婿の金春禅竹に宛てて、なお懇切に能の道を説く。自らは埋もれ木として苦しい境遇にあっても、能の未来を後進に託すという強い精神力をもっている。そして、しっかりと能の未来を見据え続けた世阿弥という人は、単なる天才であるだけではなくて、人間的にもたいへん魅力のある人物だったんではないかと、そういうふうに私は思っております。

三十分で世阿弥の生涯について語るのはひじょうにむずかしいことでして、ごく断片的な記事を取り上げるに終始いたしましたが、これで私の話は終わらせていただきたいと思います。

『頼政』をめぐって

宮本圭造
田中貴子

『平家物語』の頼政

田中　ではこれから、『頼政』の見どころについて宮本さんと語ってまいろうと思います。私は能の専門家ではありませんので、先に『頼政』の曲の「本説」である『平家物語』についてお話しし、加えて現実の源頼政がどのような人物であったか簡単に触れておきたいと思います。「本説」というのは世阿弥の用語で、典拠という意味ですね。

二〇一二年に放映されたＮＨＫの大河ドラマは『平清盛』で、画面が汚いとか視聴率が低いとかで話題になりました。私は、時代考証を担当している研究者と知り合いでしたので全部見たのですが、『平家物語』が主要な題材のドラマなので当然頼政も登場していました。実際の頼政は亡くなったのが七十七才という高齢なのですが、テレビドラマでは宇梶剛士さんが演じていて壮年にしか見えず、ちょっとイメージが違いました。ドラマでは頼政が後白河院の第三皇子である以仁王《もちひとおう》とともに挙兵しまして、反平氏のため全国の源氏に蜂起を促すというところが描かれていましたが、これは実際にあった事件ですね。以仁王は親王宣下もしてもらえなかった不遇な人で、その不満から反乱を起こしたと言われていますが、頼政も昇進が遅いという不満があったから以仁王と共謀したとも言われます。頼政は平清盛の討伐軍に追われ奈良を目指して落ち延びようとします。ところがその途中、宇治の平等院で敗死してしまうのです。有名な「宇治川の先陣争い」のあった戦いがこれですね。

能『頼政』の頼政

田中　さて、能の『頼政』は『平家物語』の「橋合戦」と「宮御最期」の巻が中心となって作られているのですが、注意したいのは頼政が七十七才という高齢で自害して果てているということです。たいへん心残りな死だったと思います。いまの七十七歳でも後期高齢者ですから、重い甲冑を着て戦うのは辛いことでしょう。勝ち目のない戦に挑み悔しい死を迎えた頼政がどのように演じられるかにご注目いただきたいです。そして、『平家物語』が主要な題材ではありますがそれをそのまま使っているというのではなく、世阿弥の場合『平家物語』に取材した能はたくさんございますけれども、とくに世阿弥は原典から想を得て自分なりに工夫を凝らしているところがあると言われております。まずそのあたりからお話をうかがおうかと思っておりますが、世阿

『頼政』前　多久島利之

弥はずいぶんたくさん『平家』の能を書いていますよね。

宮本　そうですね、現在知られている室町時代以前に作られた『平家物語』を素材とする能のうち、世阿弥作の作品は八曲あります。そのうち『鵺《ぬえ》』は修羅能ではないのですがそれ以外はすべて修羅能の形式をとっています。

田中　修羅能、つまり執念を抱いた武人が出てくる物語ですね。『鵺』は、一般に知られている頼政のエピソードのなかではもっとも有名だろうと思います。弓矢の名手である頼政が、清涼殿に出没して二条天皇を悩ます鵺という怪鳥を退治する話ですが、これは『頼政』には出てきませんね。

宮本　そうですね。『鵺』の方はシテが鵺の亡霊でして、頼政が鵺退治をした話を鵺の立場から語って聞かせるというかたちをとっています。

田中　能では、鵺は退治されて流されてしまう哀れな存在として描かれます。兵庫県の芦屋浜や大阪府の都島には漂着した鵺の死体を祀ったという「鵺塚」がありますから、鵺の祟りをおそれる人々がいたのかもしれません。この話では、頼政は無骨な武人というより和歌を詠む風流人の面もありますし、実際に頼政には『頼政集』という私家集もあります。こうした頼政の性格も能に関係しているんでしょうか。

『頼政』後　多久島利之

宮本　『平家物語』の鵺についての記述のなかには、和歌の徳、和歌を詠むことによって頼政が出世をしたということが書かれていますが、そうしたエピソードは能には直接には用いられていません。ただその、風流人としてのイメージというのはやはり能の『頼政』のなかにもいくらか投影しているのだと思います。

田中　〝風流人頼政〟という描かれ方は、修羅物のなかでも一抹の雅さのようなものを漂わせているように思うことがあります。能で後ジテが出てくる時、頼政は「頼政入道」とも呼ばれますから法体で出てくるんですね。詞章に「不思議やな法体の身にて甲冑を帯し」とありますが、そのような扮装は珍しいものなんでしょうか。

宮本　そうですね。まあ実際に甲冑を着けて登場するわけではないんですが。シテの甲冑姿を見てワキがすぐに「あなたは頼政ではないか」というふうに問いかけるところから見てもたいへん珍しい。能のなかでは『熊坂』の熊坂長範が法体で長刀をもって登場します。それが近いといえば近いけれども、やはりほかの修羅能にはない特殊な出で立ちといっていいと思います。

田中　「名のらぬ前に頼政と御覧ずるこそ恥づかしけれ」とあって、ワキは頼政だと一目で分かるわけですが、それは法体であることのほかに頼政が老人だったことが理由なんですけれども、それは『頼政』の演出方法にも関係するものなんでしょうか。

宮本　そうですね、頼政という特殊な面《おもて》を使います。それについてはまた後でふれたいと思いますが、やはりさきほどのお話にありました「無念の死」ということにもつながっていくでしょうし、このことは能の『頼政』を考えるうえでひじょうに重要なポイントだと思います。『頼政』のいちばん最後で、頼政は

「埋もれ木の花咲くこともなかりしに身のなる果てはあはれなりけり」という辞世を詠んで自害するわけですが、江戸時代には最後の「あはれなりけり」を、「あつはれの義也」と説く説もありました。つまり、人生の最後の最後に、平家にたいして一矢を報いることができたのは天晴であった、と。けれども、これは『頼政』の本質を見誤った解釈で、『頼政』の根幹にあるのは、老武者頼政の無念の思いであって、それが頼政の面にも色濃く表れていると思います。

「扇の芝」のこと

田中　見どころがたくさんの曲ですね。頼政が死ぬ時に扇の芝で自害したと詞章に書かれていいます。ところが『平家物語』を見てみますと、たとえばいちばん手に取りやすい「覚《かく》一本系《いちぼん》」という『平家物語』には芝も扇も出てこないんですが、この部分は世阿弥が作ったのですか。

宮本　かつては世阿弥が作ったのではないかという説もありましたが、現在ではそうは考えられていません。世阿弥より八十年ほど後に三条西実隆《さんじょうにしさねたか》が宇治を訪ねて、そこにある「扇の芝」をもとに歌を読んでいるというのが『再昌草』という家集《かしゅう》に見えますので、その時点で「扇の芝」が実在したことは分かります。残念ながら能の『頼政』以前に実在したかどうかは確認できないんですけれども、八十年後にはたしかにそういう名所があった。さらに能の『頼政』自体が、名所としての扇の芝を前提としないとなかなか理解できないところもあるので、世阿弥が作る以前から名所化していたんじゃないかというのが現在の通説です。

田中　では当時すでに観光名所だったわけですね。

宮本　そうですね。

田中　いまも平等院へ行きますと、とても扇とは思えない広い扇の芝があって、案内板まで立っていますね。

宮本　あの扇の芝っていうのはどういうイメージだったんでしょうね。現在の扇の芝は、かなり大きいですが。

田中　大きすぎますよね。やはり扇の芝を名所に仕立てた仕掛人がいたのではないですか。頼政は反乱を起こした武士とはいってもむしろ歌に生き、義を守るという潔いイメージがありますから、人気が出やすかったのではないでしょうか。前シテが「肩を敷き自害して果て給ひぬ」と語るところで、私は扇についてちょっと妄想してみたんです

宮本　どんな妄想を。

田中　前シテが登場して宇治のいろいろな名所やそれに関係するものをワキに教えるところがありますが、宮本さん、宇治というと何を思い出されますか。

宮本　宇治橋姫ですか。

田中　そう、橋姫ですね。それから『源氏物語』に橋姫という巻もあります。和歌の世界でも宇治はよく詠まれます。『源氏物語』の言葉は連歌に使われますので、中世には必須の教養だったのです。それらのなかでも藤原定家の橋姫の歌は有名ですが、覚えていらっしゃいますか。

宮本　ちょっと思い出せませんけれども。

田中　じつは私もちゃんと覚えてなかったので予習して来ました。「さむしろに衣片敷き今宵もや我を待つらん宇治の橋姫」です。

宮本　「衣片敷き」で、「敷く」というのが出てくるわけですね。

田中　そうなんです。私の妄想はですね、頼政が歌人なので和歌をふまえて扇を片敷くとしたのではないかということです。これは伊藤正義先生が新潮日本古典集成の『謡曲集』

ですでに指摘なさっていたことです。橋姫を待つように衣を片敷いて寝るというのと、無念の思いを抱いて芝を肩敷く姿がダブルイメージされているように感じます。どちらも辛い気持ちを表しているので。扇の芝という語がここに加わることによって、ずいぶん違うイメージが浮かび上がってくるのかなと思いますね。

宮本　まあ能のなかでも扇の芝っていうのは何回も出てきますし。その扇の小道具がひじょうに効果的に使われますよね。能『頼政』の最後の演じ方はいろいろあるようですけれども、シテが扇を下に置いて自害する。で、その後、扇を投げて舞台に扇を残して帰っていくわけです。舞台にはその扇だけが残される。それはあたかも頼政の亡霊が消えてそこに扇の芝だけが残ったという、そういうひじょうに効果的な面もあると思うんですが。

田中　それを見た人は、舞台に残された扇に平等院の扇の芝というイメージが重なっていくんじゃないでしょうか。

宮本　ええ。

田中　そうすると残していった扇っていうのは頼政の悔いや怨念といった気持ちを表していると考えていいのですか。

『頼政』と『忠度』の主題歌

宮本　そうでしょうね。まあ能の『頼政』はなかなかとらえがたい作品であるとよく言われるんですよね。一般の修羅能のように、修羅の苦しみ、修羅道へ落ちた苦しみというのはあまり表面に出てこない。むしろ頼政の敵方にあたる忠綱の宇治の橋合戦の場面を頼政がたいへん生き生きと語っている。それがドラマトゥルギー上の欠陥であると、ちゃんと統一がとれていないじゃないかという人もいるんですけれども、私はそうではなくて、あれはあくまで思いを残して死んでいった頼政の無念を引き立たせるための序曲だと思うんです。

田中　仲綱が頼政の息子で、忠綱のほうが敵方でしたね。足利忠綱。

宮本　はい。下野国の住人です。足利幕府の足利氏とつながっていくわけですね。

田中　坂東武者ですよね。坂東武者にたいして頼政は摂津源氏ですよね。

宮本　そうです。渡辺党を率いています。

田中　渡辺党はあの酒呑童子退治の話で知られる源頼光の家系で、大阪とひじょうに深い関係があります。そうすると、坂東武者と西の雅な源氏という対比があるのかなと思うんです。敵方の活躍を頼政が語るからおかしいとか、統一がとれないというわけではなくて世阿弥はそういうことを考えて作っているということですかね。

宮本　まあ、そうだろうと思います。頼政は最後に辞世の句を詠いますね。能の『頼政』はあの場面を描きたいがために曲が構成されていると言っていいと思うんですが、伊藤正義先生はそれを主題歌と呼んでいます。能一曲に通じる主題歌。世阿弥の作品で、同じように主題歌を軸として劇が展開する作品に『忠度《ただのり》』という能があります。

田中　薩摩守として有名ですね。

宮本　はい。『忠度』では須磨にある若木の桜を中心に物語が展開していく。『頼政』の場合にはそれが扇の芝であって構成がよく似ているんですが、ただ、劇の密度としてはやはり『忠度』ほどには緊密にできていないですね。『忠度』の場合には主題歌が前場にもひじょうに深く響いていて全体を統一していますが、『頼政』では最後の場面にしか用いられていない。ただ、世阿弥自身はやっぱりあの場面を描きたかったんだと思います。

田中　『忠度』も落ちていって死ぬという、頼政と似た末路をたどります。そして彼もやはり歌人ですね。
宮本 そうですね。やはりその歌というのが一曲のなかでひじょうに大きな位置を占めているわけです。
田中 そうですね。この『忠度』の若木《わかき》の桜というのは須磨にあるんでしたね。
宮本 そうですね。地名としても残っていますよね。
田中 若木町という所がいまもあります。この若木の桜は、世阿弥の頃はどうだったんでしょう。
宮本 扇の芝は世阿弥以前からあったんだろうというのが通説なんですが、『忠度』の若木の桜は世阿弥のイマジネーションではないかというのが、まあいまのところ通説になっているんじゃないでしょうか。
田中 若木の桜というと『源氏』の注釈書に出てきますが。
宮本 ええ。それを『忠度』の墓標として設定したのが、世阿弥の創作ではないかというのが現在のところ通説だと思います。
田中 そうすると、ちょっと俗な言い方になりますが世阿弥はそういう流行りのものをうまく取り入れているということにもなるんでしょうか。
宮本 たとえば『実盛』という能は、当時、実盛の亡霊が遊行上人の前に現れたというううわさが流れて、それをふまえてすぐに『実盛』という能が作られたわけです。そういう点で言うと、能はひじょうにタイムリーな演劇であったということかもしれませんね。
田中 そうですね。現在人は能にしても何にしても古い正統な「伝統芸能」であって、襟をただして見ないといけないといった縛りをかけているところがあるのですが、そういうのを外して楽しんだほうがいいですね。

頼政面の「幅」

田中　それでは、具体的に『頼政』の演出方法に触れていただくことにしましょう。面についておもしろいことがあると聞いたんですけれども。

宮本　『頼政』の能の演出でいくつか問題になる点があります。これは面の話とはちょっとずれるんですけれども。『頼政』のなかで「橋合戦」の場面が演じられる。橋合戦というのは、頼政自身はそこには出てこないんですけれども、それを頼政が仕方で語るんですね。みなさん、祇園祭の「浄妙山《じょうみょうやま》」ってご存じでしょうか。あの浄妙山というのはまさしくその橋合戦の場面を描いていて、頼政の味方についた三井寺の堂衆が宇治の橋桁を渡って敵と対峙するわけです。その時に浄妙坊が前にいて、一来《いちらい》法師というのが後ろについて行くんですけれども、その一来法師がぴょんと越えて敵の方に飛んで行ったと、それによって名を挙げたという話があります。これは能のなかにも取り入れられていて『一来法師』という番外曲がある。その後に足利忠綱が宇治川を渡る時に、弱い馬を下手《しもて》にたてて強い馬を上手《かみて》にたてたという場面があり、その場面が頼政の語りによって語られます。

この場面を演じる時に、江戸時代の喜多十大夫《きたじゅうだゆう》という役者は、「下手に」といった時に右手を指し「上手に」といった時に左手を指した。これは忠綱の側からすればたしかに宇治川の北岸にいるので下手が右で、上手が左手になるんだけれども、これは頼政が語っているんだから逆にすべきだという説があるんです。これからご覧いただく舞台がどうなっているのか分かりませんが、古い型付けなんかを見ると、この矛盾を解消するために、「下手に」という時に下を向き、「上手に」という時

田中 貴子（たなか たかこ）
国文学者。池坊短期大学国文科専任講師、梅花女子大学文学部助教授、京都精華大学人文学部助教授などを経て、2005年より甲南大学文学部教授。専門は鎌倉時代から南北朝時代の説話や仏教文学の研究。近著に『中世幻妖　近代人が憧れた時代』。

宮本 圭造（みやもと けいぞう）
法政大学能楽研究所教授。大阪大学大学院文学研究科修了。能の歴史や能面の研究に加え、中世～近世の日本芸能史も研究。著書に『上方能楽史の研究』等。同書により第1回林屋辰三郎芸能史研究奨励賞・第28回観世寿夫記念法政大学能楽賞等受賞。

には上を向け、とするものもあります。能の演技というのは、このように時代のなかでさまざまな変遷を経ているわけです。それはさておきまして、その頼政の面。『頼政』には頼政という専用面を使います。

田中　専用面でしかダメなんでしょうか。

宮本　基本的にはそういうことになってます。

田中　では、家によってはその面がない時もあるでしょうね。

宮本　そうですね。ただ、頼政という面はじつはいろんな表情をしているんですね。まあ猩々だったらだいたいパターンが決まってるんですが、頼政の面にはいろんなバリエーションがあります。

　今日は頼政面の写真を用意してきましたが、このすべてが頼政面なんです。たとえば、**写真1**がどちらかというと無念さが顔に滲み出た、老人であることを強調した面で、**写真2**はむしろ老いてなお気骨稜々とした、武将としての強さを表現した面となっています。

　この頼政の面については、世阿弥自身も興味深い談話を残していまして、『中楽談儀』のなかで、「顔細き尉の面を」その時々に彩色して『頼政』に用いたんだと語っています。ですから、古くは老人タイプの頼政面を使っていたらしいんですが、ある時期から、強い武将としての姿を強調したタイプの面を使うようになったと考えられています。それで、『頼政』にはまた、山姥の面を使うこともあるん

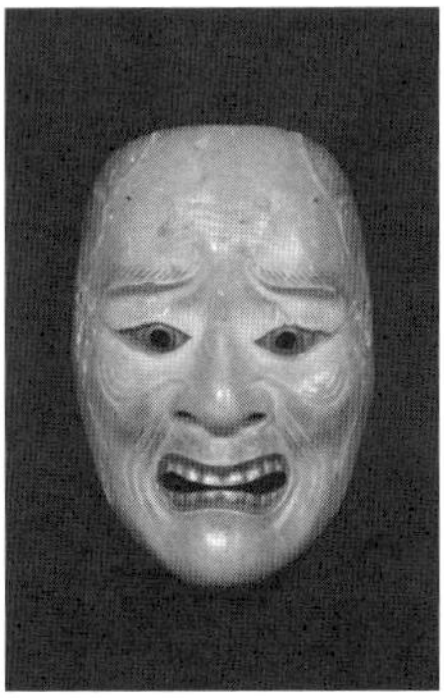
写真1　頼政面
（大槻文藏氏蔵）

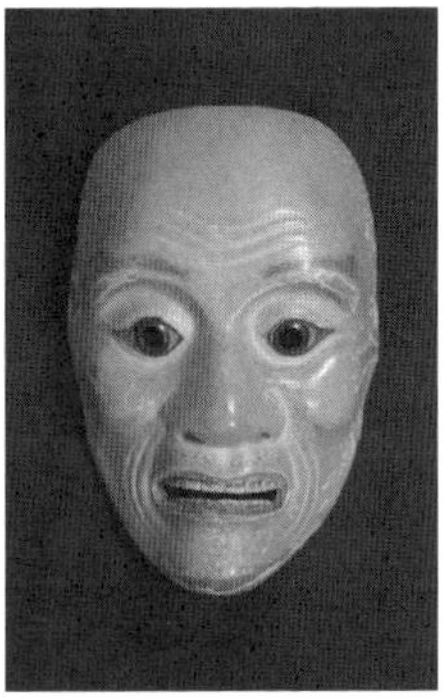
写真2　頼政面
（大槻文藏氏蔵）

です。

田中　山姥は眼に金が入っていますね。

宮本　異界の人物であることを示しているんですが、『山姥』と『頼政』とは能の曲柄はまったく違うんですけれども、面の表情はよく似ております。**写真3**をご覧いただきたいのですが、この山姥面の額のところにホクロのようにポツがついてるんですが、これは鉢巻き留めといって、鉢巻きとか頭巾をとめるためのストッパーなんです。山姥にはこういうものは必要ありません。ということは、これはもともと『頼政』にも転用されていたことを示しています。じつはさきほど文藏先生におうかがいしましたら、文藏先生もこの山姥面をつかって『頼政』を演じられたことがあるそうです。

田中　頭巾をかぶってしまうと上のほうが見えなくなるからということですね。

宮本　そうですね。

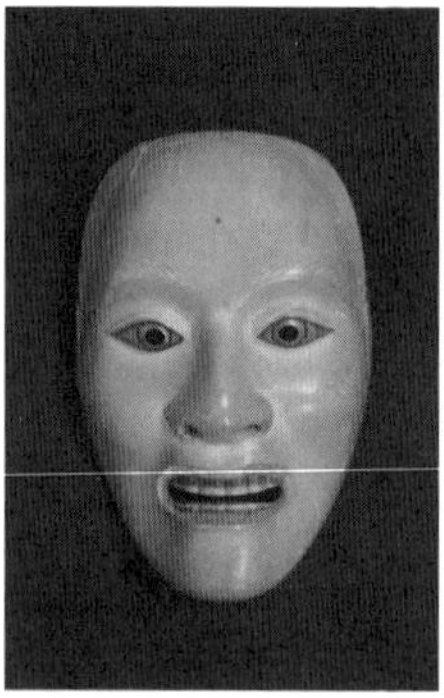

写真3　山姥面
（大槻文藏氏蔵）

田中　老人の面だと頭巾をかぶっても鼻から下のしわが目立つし、よく似てますよね。

宮本　ええ。ちなみに大槻家には、老人タイプの頼政面と、武将タイプの二つのタイプの頼政面があるそうで、今日どちらの面を使うのかはまだ決まっていないとさきほど楽屋でおうかがいしました。実際にどの面が使われるのかは、見てのお楽しみということにしたいと思います。

田中　なるほど。そうすると面にも注目したいですね。いま頃鏡の間でご用意されているのかもしれません。ではそろそろお時間もまいりましたので、これから『頼政』をじっくりと楽しんでいただければと思います。扇の芝に関しましておもしろい話を何かで読みました。十九世紀頃、こうした劇場で用足しなどでちょっと席を外すというような時、自分の座っていたところに扇を置いておくんですって。おもしろいですよね。頼政の真似なんですよ。みなさん決してお立ちにならないようにゆっくり最後までご覧ください。

世阿弥、その作品と芸風

松岡心平

能役者としての世阿弥

私に与えられましたテーマというのは、「世阿弥の作品と芸風」というものですが、今日は鬼を中心にして語りたいというふうに思っております。

世阿弥の芸風というのがどうだったのかというのは、とてもむずかしい問題です。お父さんの観阿弥については、世阿弥がいくつかいい証言を残しておりますのでだいたい芸風はつかめると思うんですね。まず第一に物真似がとてもうまかった。たとえば『自然居士《じねんこじ》』なんかやりますと、昔は『自然居士』は少年僧という設定でやっていたと思うんですが、もうほんとうに少年のように見えたというようなことを世阿弥が言っています。それから嵯峨の女物狂のような女性をやらせるとほんとうに女性がそこにいるんだ、みたいなそういう物真似ですね。二つ目の特徴は謡がとてもうまかったということですね。

しかも編曲の才能もあった。曲舞《くせまい》という、猿楽の世界になかったほかのジャンルの芸能をうまく音楽的に取り入れたわけです。それまでの大和猿楽の音楽っていうのはメロディー中心のものだったらしいんですけれども、そこに拍子が主体の、つまり拍がはっきりしている曲舞を取り入れて、アマルガムというか当時のフュージョンミュージックといってもいいかもしれませんけれども、そういう新しい音楽、謡を生み出してそれを謡いこなしたのです。ですから能楽の謡の基礎みたいなものはおそらく観阿弥が拵えてしまったんじゃないかなと思っています。つまり、お父さんの観阿弥は物真似がうまくって謡の天才だったということですね。それではその息子の世阿弥はどうだったか、ということですが、その証言というものはあまりないわけなので、世阿弥が書いたもののなかから私たちが探り出していくしかないんです。それでもたとえば心敬という世阿弥よりすこし後輩の文学者、和歌や連歌の達人ですけれでも、その心敬が『ひとりごと』というエッセイで世阿弥について、彼の能の作品はすごかった、と言っています。つまり能のテキストのすごいものを書いたというほめ方なんですね。心敬は世阿弥のパフォーマンスをほとんど見ていなかったかもしれないんですけれども、つまり世阿弥の甥の音阿弥だとか金春禅竹に関してはこれは芸がすごかったと証言しているんですね。それにたいして世阿弥に関しては能作がひじょうにすぐれていてこんな人はいまだかつてないみたいなことを言っているわけですね。だから世阿弥の芸そのものはなかなかよく分からない。観阿弥と世阿弥とそれから息子の元雅、それから甥の音阿弥（三郎元重）という、その四人の芸を比べてみたらどうなんだろうかというふうに思った時にひょっとして世阿弥は芸という部分に関しては、すこし弱かった可能性があるかもしれません。まあ元雅の芸についてはよく分かりませんけれども、甥の音阿弥がとても芸達者であったことはたしかで、義教それから義政といった将軍たちがとにかく音阿弥を寵愛して、彼は当時のスーパースターであったわけですね。おそらく観阿弥もまたスーパースターであって、世阿弥はその面ではちょっと劣るかもしれない。

しかし、世阿弥という人はとてもマルチなタレントでありまして、能のテキストも書くし、座の運営や座長として座のプロデューサーとしての仕事はきっちり果たすし、それから、役者としてももちろん頑張るし、さらに評論ですよね、能楽論を書く、批評家としてのすばらしさみたいなものも光っていて、そのうえ演出家としても優れていただろうし、とにかくこんなマルチタレントな演劇人っていうのは世界でほとんど世阿弥しかいないといってもいいぐらいの人間だと私は思っています。しかし、その時に世阿弥のいちばんのウィークポイントは何かというとそれは芸の側面であったかもしれないなあと感じています。とはいっても、犬王という先輩役者が世阿弥の前にいて足利義満がこの人をものすごく寵愛していましたが、そういう人と拮抗するぐらいの力、すこし落ちるかもしれないけれども、ほぼ匹敵するくらいの二番手の位置に世阿弥はつけていて、もちろん芸の面でも優れていたことはたしかだけれども、世阿弥のほかのすごい才能からするとそういう役者としての力量というところが、まあものすごい高水準な比較ではありますけれども、すこし落ちていたかなあというような気もするわけです。

では具体的にどういう芸であったかということですね。観阿弥は、十体にわたるというふうに世阿弥が言っていますけれども、要するにすべての能の演目を全部こなしていくことができるようなタイプの人だったと思われます。これにたいして世阿弥はどうだったかということを考えた時に、まず、重要なのは身体的な条件ですね。お父さんの観阿弥は大男であったと、これは世阿弥がはっきり書いています。たとえば『融《とおる》の大臣《おとど》の能』で地獄の鬼を演じたりすると大男が「ゆらりきき」として、大ぶりだけどもシャープで迫力があったみたいなことを世阿弥は書いているわけですね。

ところがどうも世阿弥のお母さんが小さかったのかもしれません、世阿弥は小男であったようなんですね。これは『史記抄』という禅のお坊さんが書いた記録のなかにそういう証言が残っています。世阿弥は五十代の頃に東福寺の岐陽方秀《きようほうしゅう》という当時の優れた禅僧の弟子であったようで、岐陽を囲むサークルの中に世阿弥がいて、それをまだ若い禅坊主が見ていて、その禅坊主が老人になった時に『史記抄』の作者、桃源瑞仙《とうげんずいせん》にそのことを語って、それが『史記抄』に書きとめられたわけです。ですから又聞きみたいな情報ではあるんですけれとも、ただその世阿弥を見ていた禅坊主もなかなかすばらしい人間だったようで、その人の情報っていうのは信用していいんではないかと考えられています。

それによると世阿弥は「躬長短小」であった。つまり背が低かったというふうに言っているんですね。そして「起座足踏《きざそくとう》して節を成す」というふうにも言っていまして、つまり立ち上がって歩く時、その動作が節度があってきびきびとしているっていうんですね。それに関してその禅坊主は、世阿弥の本芸である猿楽の芸が彼の日常の挙措動作《きょそどうさ》にも表れていて、それであいうきびきびとした動作になってるんじゃないかとコメントしているわけです。それに、もう一つ重要な情報がそこには含まれていて「禅寂《ぜんじゃく》の一嘯《いっきゃく》に供す」、つまり禅の精神に富んだ笑いを世阿弥が岐陽方秀たちの一座に提供しているというんですね。世阿弥はたぶん空気を読むことにものすごく長けていてその場その場をちゃんと読めてその場にいちばんふさわしい話題を提供し場をなごませることができた、そういうタイプの人間だったと思うんですね。

「禅寂の一嘯を供す」の「一嘯」というのは笑いのことです。世阿弥は禅の精神に通じるような笑いをその場に提供していたわけでして、これは、世阿弥の太鼓持ち的な側面を伝えると同時に、禅についての深い理解度をも伝える重要な情報です。でも芸風ということからすれば、小男であったということと「起座足踏にして節を成す」、その歩く動作がとてもきびきびとしていて、猿楽の芸がそういう日常の動作に表れてきているんじゃないかという、そのあたりが興味深いですね。

「鬼」能が流行していた時代

今日の能、これからご覧いただくのは『恋重荷』という鬼の能なので、鬼の芸の話に移りたいと思うんですけれども、そこで世阿弥の足が利くということと、世阿弥が追究していく鬼の能っていうのがじつはかなりクロスするところがあるのではないかということをお話ししたいと思います。

『恋重荷』は卑賤な老人が高貴な女性に恋をしたけれどかなわず、それで自殺してしまい、鬼となって出てきて女性を責めるという鬼能です。『恋重荷』のような能を含めて鬼能というのは猿楽の中心芸であったと私は思っています。これについては『能を読む』という角川学芸出版から出した、天野さんなどと一緒に編集しているシリーズの第二巻に「鬼と世阿弥」という論考を載せましたのでご覧いただければと思います。そこで述べたことは、猿楽の芸の根本に鬼の芸というのがあったんじゃないかということです。猿楽と鬼の芸が結ばれた場としては、私は修正会《しゅしょうえ》・修二会《しゅにえ》という寺院の法会を考えています。ふつう修正会のしめくくりの行事として追儺《ついな》（鬼やらい・鬼追い）が行われるんですけれども、その鬼追い、二月三日の節分の鬼追いを頭に描いていただければいいんですが、その時の鬼追いの鬼の役、しかも追われる方の鬼の役を猿楽の人たちが担っていたんじゃないかと私は考えています。猿楽が修正会と結びつく十世紀頃から鬼の役を猿楽の人が演じていた。もちろん仮面を着けて鬼の役をやっていたということが重要です。それ以前の猿楽の人たちの芸は、いまのお笑い芸人に近いわけで、仮面などはもっていなかったし、使ってもいなかった。ところが猿楽が修正会の中で重要な役割を果たすなかで、まず鬼の仮面と接触するわけです。猿楽が鬼の面と接触し、しかも呪術性を濃厚にもってくるプロセスが、やがては仮面のパフォーマンスとしての「翁」を生み出していくのだと、私は考えています。とすれば「翁」よりももっと古くから猿楽の芸人は鬼の仮面を着けていたわけで、鬼が彼らの芸の根本になるのは、こういう歴史的経緯があるからだと考えています。鬼の芸というのは猿楽の人たちにとって重要なものだったので、世阿弥の時代に至っても広範に鬼の能というのがはびこっているということになるんだろうと私は思っています。

鬼の芸について、世阿弥の興味深い主張がうかがえるのは、世阿弥が娘聟の金春禅竹に佐渡から送った手紙です。たぶん金春禅竹のほうから、鬼の能を自分はやりたいんだけれども鬼の能はどうすればいいかというようなことを世阿弥に聞いているんですね。その時に佐渡から世阿弥がどう答えたかというと、君たちはまだ若いんだから鬼の能をやってはいけない、若い時分に鬼から猿楽の道に入ってやっていくとけっしていい役者にはなれないから鬼から始めてはいけない、もうすこし中心的な芸を自分でマスターしたうえで鬼のほうに入って行きなさいということを言って、禅竹を諭しているわけです。そのような世阿弥の発言は七十才すぎの晩年になされているわけで、世阿弥がどのようにしてそういう考えに達したかということを考えていかないといけません。鬼の能や芸ということで言うと、世阿弥の周りには鬼の芸だけで勝負している役者というのがたくさんいたと思います。

たとえば十二五郎《じゅうにごろう》（十二権守《じゅうにごんのかみ》）という人がいます。これは世阿弥より六つぐらい年上で、世阿弥と同じ結崎座《ゆうざきざ》の有力なメンバーの一人なんですが、この十二五郎はもうほとんど鬼専門の役者として自分のキャリアを築いていっています。足利義満が北山第《きたやまてい》で政治をとっていた頃を「北山の時分」と言いますけれども、その頃に北山第で世阿弥と十二五郎が共演することがよくあって、その時に十二五郎は世阿弥から鬼の能を作ってもらったり、鬼の能の演じ方についてのアドバイスをもらっているんですね。そこで彼は開眼して鬼の能の役者として一段とすばらしくなっていくということがどうもあったようなんですね。時移って足利義教の時代になった時に、世阿弥たちはもう無視され始めるんですけれども、音阿弥と十二五郎が足利義教の前で共演してそこで十二五郎の「狂ひ能」が目を驚かしたと当時の記録に残っています。「狂ひ能」はほぼ鬼の能と考えていいと思うんですが、それを足利義教はひじょうに気に入った。でも、十二五郎は奈良の役者であって、世阿弥の頭越しに京都に呼び出されているわけです。そのことをわびる書状が世阿弥のところに送られていて、またそれは感謝状でもありますが、『申楽談儀』のなかに残っているんですね。

その手紙でおもしろいのは、十二五郎は、自分は文字が書けないから代筆してもらったというふうに言っているんですね。つまり世阿弥のようにちゃんとものが書けて、しかも文学や宗教についてのものすごい知識を仕入れている能役者が出てくるというのはとても奇跡的なことだったわけです。世阿弥のまわりにはそういうふうに字も書けないような、だけれど役者としてはすごくおもしろいというような人たちが、うようよいたんだろうと思います。で、そういう、うようよいる役者が何を演じていたかというとたぶん鬼の能が中心でしょう。だから十二五郎のような鬼の能で成功した能役者というのは、たぶん当時の一般的な姿だったんじゃないかとさえ私は思っています。ふつう役者がキャリアをたどろうとすると鬼の能から習い始めて鬼の能で終わってしまう、そのような役者がとても多い時代だったと思います。

ところが、世阿弥は七十歳になって二十歳くらいの金春禅竹に鬼能をやってはいけないと言っている。それから世阿弥は自分は三十代で名声を得てからというもの、激しい鬼の能はやっていないということも言っています。世阿弥は鬼の能を砕動風《さいどうふう》と力動風《りきどうふう》の二つに分けるんですけれども、激しい鬼が演じられる力動風なんてものは、もう自分たちのレパートリーではないみたいなことを公言していくのが世阿弥のスタンスなんです。

世阿弥の「鬼」能観とその変化

でもおもしろいことに、こうした世阿弥のスタンスが、かなり無理な主張であったことを裏づける例が『申楽談儀』に出ています。『たうろうの能』というのがあります。これについて天野さんが「蟷螂《とうろう》」、かまきりという虫の能だと提言されていて私もそれでいいんだと思うんです。かまきりという虫の物真似をする芸っていうのを世阿弥は少年時代にやり、お父さんの観阿弥がワキを演じているんですね。おそらく観阿弥が『たうろうの能』のテキストを書いたんだろうと思いますが、その能が終わった後、観阿弥がおまえさんの芸というのは金春光太郎《みつたろう》の芸に似ている、「失せては出で来たる」風体をするところが金春光太郎に似てるねということをいうわけです。「失せては出で来たる」風体っていうのがどういう芸であったかというのはあまりよく分からないんですが、かまきりの能について、世阿弥は「狂ひ能」に分類していますから、やはり力動風の鬼の能の一種であったと考えていいと思うんですね。

つまり、世阿弥はそういう能を子どもの頃お父さんをワキにして主演している。世阿弥は、鬼の能を自分はやってこなかったみたいなことを老年になって若い人には言うんだけれども、じつはそれはウソであって世阿弥自身もやはり鬼の能しかも力動風鬼をやっていた。もう一つおもしろいのは、『風姿花伝』の「年来稽古条々」の「七歳」のところで七歳くらいの少年が

「怒れること」でおもしろい演技をするようだったらそこを伸ばしてやれと、世阿弥が言っているんですね。で、怒れることっていうのは何かというと、これは飛出《とびで》だとか癋見《べしみ》のような怒った表情をした鬼の面を着けてやるような鬼の能のことですね。そういう種類の能を七歳の少年がうまくやるようなことがあったらそこを伸ばしてやりなさいと世阿弥は言っているんですが、これは私の深読みかもしれませんけれども、世阿弥自身がたぶん怒る演技が七歳の頃からうまくてそれをお父さんの観阿弥が伸ばしてくれた、その経験をそっくり次世代に伝えようとしているような気がします。そして、その延長線上で『たうろうの能』のような力動風というか、かまきりの物真似をする力動風の鬼の能を、観阿弥自身が書き下ろして、息子の世阿弥にプレゼントした、ということだろうと思います。かまきりだから鬼ではないと考えられるかもしれませんけれども、じつは面を着けたりすると鬼の一種になるんですね。七歳の頃からたぶん世阿弥は十二五郎なんかと同じように鬼の能の演技を始めていてそういう環境で育っていく。

だけれども実際世阿弥が大きくなって、五十過ぎて世阿弥なりの演技論みたいなものを作っていくところではその鬼を外してしまうわけですね。その頃世阿弥が作り上げた演技体系を「二曲三体」と言いますけれども、これは歌と舞という二曲の基本がまずあって、それから「三体」という基本的な物真似をマスターする。老人と女性と男性の物真似が三体です。この二曲三体が基本であって、鬼の能というのはじつは男性の物真似の派生風という位置づけです。男性の演技の派生としてまず砕動風という鬼の能があり、さらにその外に力動風の鬼があるというわけです。つまり役者が稽古していく筋道というのはまず老人と女性と男性であって鬼の能は最後になります。鬼を演技論・稽古論の体系の中心から外しているわけです。

もう一つ、芸位論においても世阿弥は鬼を中心から外します。『九位』という芸位論の体系がありますけれども、これなどを見ると鬼の能というのは下三位、要するにいちばん下の芸位でしかありません。芸を九つの品等にランクづけするなか、上三位、中三位という上から六つの品等がすばらしいのですが、下三位は、最下位のランクになっています。しかも『九位』の芸位のうち「中初・上中・下後」という稽古の順番を世阿弥が指定していまして、それによると真ん中の三位（中三位）のところから稽古を始めてさらに上のクラスに行ってから下三位の鬼のところに戻ってきなさいと言っています。それは逆に言えば、鬼から役者のキャリアを始めてはいけないよということです。それが、『九位』の重要な主張でもあるわけです。つまり、世阿弥自身はとても鬼が得意でほかの役者と同じように鬼の演技のなかで自分を形成していったんだけれども、人生の途中でこれからの能役者は鬼から入ると駄目になるということに気づいて、それで自分より年が下の役者にたいしては鬼から始めちゃいけないということを強く言うわけですね。

それでも『九位』のおもしろいところは、名人になると「却来《きゃくらい》」ということができるというふうに言っています。要するに「上三花《じょうさんか》」に遊んでいる名人が「下三位」に遊んで鬼の芸をやったりすることは許されているわけです。世阿弥みたいに名人になりますと鬼の芸はバンバンやっていいというお話です。「却来」の考えによって世阿弥自身は、鬼の能をバンバンやるんだけれども若い連中は鬼から入っちゃいけないっていうことを金春禅竹なんかには強く言っているというわけです。

「足が利く」世阿弥

ということで、今日これから演じられる『恋重荷』でも砕動風と力動風という二つの鬼の問題が出てきます。力動風の鬼というのはこれは冥土の鬼ですね、閻魔大王みたいなものが出てきて罪人を責めるとか、そういう演技を舞台でやるのが力動風のパターンですが、世阿弥は、そういう強い鬼ではなくてもっとそれを和らげたような砕動風の鬼（人間の心をもつ鬼）が得意だったと思われます。そして、そのことがさきほど申しました、禅のお坊さんがウォッチして証言してくれた、世阿弥は足が利いたっていうところにつながるんだと私はにらんでいます。つまり、起座足踏して節を成すっていうひじょうにきびきびとした動きができる、足が利く世阿弥、それは彼の芸のなかにも十分生かされていたのではないか。世阿弥は『二曲三体人形図』のなかで、砕動風の鬼の足使いの演技について、くわしく説明していますが、そうした足使い、足踏みの演技こそ、世阿弥の十八番だったと思われます。

ところが世阿弥自身は『申楽談儀』のいちばん最後のところで、自分は観阿弥より劣るところがあるというようなことを独り言ふうに言っています。えっ、それは何ですか、と息子の元能が尋ねたら、それは自分は足が利くというところがお父さんの観阿弥よりも劣っているところなんだと世阿弥は言うんですね。解釈のむずかしいところなんですが、世阿弥は足が利いて体がキレるタイプの演技者であって、しかも小男ですしそういう芸がひじょうに得意であってそれは能で言うと砕動風の鬼の足づかいの演技なんていうのが、おはこなんですね。でも、世阿弥はそういう足が利くっていうっていうところがかえって自分の欠点なんだ、と認識しています。なぜかというと世阿弥自身が、そういう足づかいの演技、鬼の演技で成功していくんではなく、犬王のあたりから導入してきた天女の舞のような舞を中心とした美しい演技のなかで美しい幽玄な能を作っていくというのを理想としていたからです。そういう美しい能の体系のなかから鬼というのはどうしても外れてしまいますし、世阿弥はあえて鬼を外そうとするわけです。でも鬼の演技というのはほとんど猿楽の歴史そのものですからどうしてもそれはいろんなところに顔が出てくるわけですし、世阿弥も全面的には否定はできない。それに世阿弥は老人になると鬼の芸に帰っていくというところもあるわけです。

それにしても、世阿弥はやはり、自分の長所である「足が利く」芸風というのが、ややもすれば鬼の芸へと流れていってしまうことにたいして、そこがお父さんの芸に劣るコンプレックスと意識していたんですね。このへんは、彼の役者としての複雑な意識でとても興味深い告白だと思います。お父さんの観阿弥は大男ですし、力動風の鬼みたいなのを得意としていたと思いますから、たとえば面でも大癋見みたいな大きな癋見面を使う。ところが世阿弥が用いるのはたとえば『鵜飼』なんかだと小癋見になるわけです。すこし小ぶりの癋見面ですが、怒った表情の面ではあります。いま観世宗家に残っている赤鶴《しゃくづる》作とされる小癋見の面なんていうのはとてもシャープで、精密な演技がその面からは要求されるようなそういうタイプの面ですね。

そういうのを世阿弥は使いこなしていくわけです。ですから、鬼の能のなかでも世阿弥らしい鬼というものを彼は追究していったんだろうと思います。

ということで、世阿弥は、足が利く演技が中心となる「砕動風」の鬼の能をたくさん作っていくわけですね。そこで『恋重荷』に関しても、やはり「力動風鬼」、「砕動風鬼」の問題は出てくるでしょう。さらに『恋重荷』の場合には『綾鼓』という先行作らしきものがありますからこれとどういう関係にあるのか、それも重要ですね。ともあれ世阿弥は、鬼の能だらけのところから離脱して美しいものを、たとえば『井筒』のような能を作っていく方向にいくんだけれども、鬼の能を切り捨てることはもちろんできないし、それをうまく自分の稽古論・演技論の体系や芸位論のなかに組み込んでいって、役者が稽古する時に鬼から入っちゃいけないということは子どもたちにはっきり言って、そしてこの稽古法は現在の能役者まで生きてきている。いずれにせよ、そういうふうな鬼との格闘というのが世阿弥の一生を考える時に大きな視点の一つになるかなと思っています。

世阿弥の『高砂』と禅竹の『賀茂』

作品についてはそんなに言えませんでしたけれども、たとえば世阿弥が作った神能の一つに『高砂』という能があります。これなどは神の能でもやはり舞が中心になりますね。ところが、金春禅竹が作ったと言われている『賀茂』という神能がありますけれどもこれは別雷神《わけいかづち》が飛出の面を着けて、つまり鬼の面を着けて神として出てきて、舞は舞わないで、ハタラキだけで見せます。

世阿弥は『風姿花伝』の「物学（物真似）条々」の「神」のところで神というのは鬼がかりにどうしてもなるけれども、まあそれは仕方ないかもしれないということも言っています。でも、世阿弥自身は飛出なんかを着けるようなタイプの鬼がかりの神能というのは全然作っていないんですね。つまり飛出なんかを着けてしまうともう舞が舞えないわけです。『恋重荷』なんかでも舞わないですね。それでも『難波』なんかだと悪尉の面を着けて楽《がく》を舞うというふうなかたちはありますが少数例ですね。世阿弥はやはり「邯鄲男《かんたん》」だとかそういうすこし和らげられた神の面を着けて舞を舞うという美しい能の方へ歩んでいくわけです。これにたいして次世代の金春禅竹がそういう鬼系の神能みたいなものを復活するということはあるんですけれども、全体としては能は世阿弥が目指した美しいもののほうへ動いていく。そして、鬼を演じるにしてももっと人間のほうに主題を移行させて人間の精神とからんで鬼を展開させていく方向に能をもっていったのが世阿弥だろうと思っています。

『恋重荷』をめぐって

松岡心平
田中貴子

『綾鼓』と『恋重荷』

田中　私は説話の研究が主なのでどうしても『恋重荷』の出典の話というのに惹かれてしまいます。現在出典と言われていますのは平安末期の『俊頼髄脳《としよりずいのう》』という歌学の本で、そのなかの説話にひじょうに似たものがあるんですね。『恋重荷』に共通するのは、高貴な女性に下賤な老人が恋をするという部分です。どういう話かすこしだけご紹介いたしましょう。筑前の木のまろ殿にいる庭掃きの老人が、たまたま御簾が風に吹き上げられた時、中で食事をしていた妃の姿をかいま見て恋に落ちるんですね。まるで『源氏物語』の女三宮を見た柏木のようなシチュエーションです。そこで妃は芹《せり》を召し上がっていたっていうんですけれども、老人は恋の思いをなかなか捨てることができずに、芹を摘んでその御簾が吹き上げられたところに置いておいたという話です。「芹摘み説話」と呼び習わしています。その恋は結局実らないんですけれども、これが直接の出典というふうに考えてよろしいんでしょうか。

松岡　それは『恋重荷』というよりもむしろ

『綾鼓《あやのつづみ》』という、先行作ととらえていいと思いますけれども、『綾鼓』のほうがむしろそちらに。

田中　近いということでしょうかね。

松岡　ええ。

田中　『綾鼓』と『恋重荷』の関係なんですが、『綾鼓』の前に『綾太鼓《あやのたいこ》』という能があったようですね。いまは残っておりませんけれども。順番としては『綾太鼓』から『綾鼓』、そして『恋重荷』でよろしいんですか。

松岡　いや、どうなんでしょうね、そのへんがよく分からないところなんですけれども、世阿弥は『三道』で、「恋重荷、昔、綾の太鼓なり」と言っていますね。『綾太鼓』と宝生や金春の『綾鼓』との関係はよく分かりませんが、やはり近いんでしょうね。そうすると、世が大きく言って、『綾鼓』のような世界から、世阿弥の翻案によって『恋重荷』が作られた、ということでしょうね。その『綾鼓』の話が芹摘み説話をふまえているっていうことなんじゃないでしょうか。

田中　そうですね。『綾鼓』をご覧になったことがある方はお分かりでしょうが、よく似た話です。老人は庭掃きなんですね。ところが『恋重荷』の老人は庭掃きではなく菊の下葉取りとなっていまして、お掃除する仕事だと思うんですけどすこし表現が異なっていますね。そういう点では『俊頼髄脳』の説話は『綾鼓』のほうと縁が深いと言えます。この、庭掃きの老人が身分の高い女性に恋をするっていう話ですが。

『恋重荷』の原話について

松岡　これはどうなんでしょう、日本発の話なのか、それから『俊頼髄脳』は院政期ですよね、だいたい十二世紀ぐらいにできたものと考えられますけども、それ以前に何かもとの話があるのか、ないのか、そのあたりはいかがでしょう。

田中　はっきり分かってはいないのですが、延慶本『平家物語』にはよく似た天竺の話が載っています。「術婆迦《じゅつばか》」という名の漁師が后の宮をかいま見して恋に落ちるという話があるんです。それが日本でもずいぶんたくさんの文献に取り入れられていて、十三世紀くらいにできた『宝物集』という説話集や『源氏物語』の注釈書などにも出てきます。これらは恋による煩悩や后との密通といった事例の一つとして列挙されるものですが、能との関係で言えば「身分違いの恋」という部分に注目されていると思います。牧野淳司さんの論文によると、この術婆迦説話が后との密通という物語を誘発するのだそうで、身分の低い男を庭掃きの老人にしたというのも日本独自の工夫かもしれません。

松岡　そうですね、それともう一つは芹というのがおもしろいですね。芹ってレバニラ定食の韮みたいな、どちらかというと精力剤みたいなイメージ。そういうのを皇后様が食べているっていうこと自体がちょっとミスマッチなんじゃないかなと思うんですけれども。

田中　そうですね。おっしゃるとおり芹とか韮とかにおいの強いものを禁忌とする例は多いですね。もちろんレバニラなんか肉食も加わるから仏教では二重に禁忌になってしまいますよ。落語で、高貴な女性が御簾の向こうで芹を食べている姿を見る話があったような気がします。

松岡　それはやっぱり芹を食べているから下賤の老人も自分との親近感みたいなものを感じたとか、そういうことなんですか。

田中　よく覚えていないのですが、そんなことだったかもしれません。三遊亭金馬の「七草」のマクラではなかったかと思うのですが。ただそこでは、高貴な女性は妊娠しているということになっていました。
松岡　妊娠しているからやはり精力剤みたいなものとして食べているってことなんですか。
田中　あるいはいつも食べなれてないようなものが欲しくなったということかもしれませんね。
松岡　あ、なるほど食べものの趣味が変わる。
田中　食事姿にはスキがあるので、男はふと思うんじゃないですか、いつもは手が届かないような女性でもいけるんじゃないかと。
松岡　そこで食いつけそうだっていう(笑)。
田中　もしかしたらこんな男でも、オレにでも機会はあるんじゃないかって。
松岡　それで芹を摘んできてプレゼントする。
田中　でもその後芹は見向きもされなかったわけです。かわいそうな話なんですよね。
松岡　いやその芹の話もさることながら、『綾鼓』だと、ふつう鼓は皮が張ってあってそれを鳴らすわけですけれども、それが綾で張ってあるから鳴らないということですよね。
田中　鳴るわけがないようなものを鳴らしてみろっていう、いじめの話ですよね。
松岡　でもそのいじめ度は『綾鼓』と『恋重荷』ではどっちが強いんでしょう。
田中　私の感覚では『綾鼓』のほうがいじめの度合いが強いように思えるんですが。
松岡　私はね『恋重荷』のほうがいじめているんじゃないか、つまり『恋重荷』っていうのはお前さん私に恋をしているんだろうそれ重荷なんだよっということを、なんかもう話のなかで組み込んでいるわけですよね。
田中　そうですね、たしかに。
松岡　それを見て貴婦人はもう笑っているわけでもっといじめが激しいんじゃないかと私は思っちゃうんですけど(笑)。
田中　これは感覚の違いなんでしょうか、それとも経験の違いなんでしょうか。

松岡 心平（まつおか しんぺい）
東京大学大学院総合文化研究科教授。世阿弥および能を中心とする日本の中世芸能・中世文学を専門とし、『宴の身体　バサラから世阿弥へ』、『中世芸能講義』等、関連著書多数。全四巻の『能を読む』シリーズの編集委員。財団法人観世文庫の理事も務める。

難題のタイプをめぐって

松岡　まあそれともう一つ重要なのは『恋重荷』だと重荷を、高貴の身分の女性が難題を与えるわけですよね。

田中　そうですね。

松岡　それでその難題のタイプとして綾鼓というのと恋重荷というのがあるわけですけれども、『恋重荷』の場合はそこで女御が見るわけにいかないわけですよね、持ち上げても。しょうがないから百回ぐらいそこらへんをぐるぐるしてたら女御が見てくれるのかもしれないということになるわけですけれども、『綾鼓』の場合は打ったら音が聞こえるから遠くにいる女御にも聞こえるというとてもおしゃれな設定だと思うんですよ。ところが『恋重荷』っていうのはちょっと設定がダサいんじゃないかって。こんなこと言っちゃこれから『恋重荷』やるのにまずい。

田中　『恋重荷』と『綾鼓』ですけれども、三島由紀夫が『近代能楽集』では『綾鼓』のほうを書いていますよね。あれは最後にポーンと鼓が鳴る音が印象的です。その音が、高貴な女性への男の復讐を意味しているのでしょう。それから、『ドグラ・マグラ』で有名な夢野久作、彼は喜多流の師匠でもあったのですが、『あやかしの鼓』という小説を書いています。どちらも似た内容ではあるんですけど、二人とも『恋重荷』のほうは見向きもせずに『綾鼓』を好んで翻案している。なぜなんでしょう。

松岡　だから私はやっぱり『恋重荷』のほうはちょっとダサい。で、なんでダサいかというとそれは文学から世阿弥が発想して『恋重荷』という翻案を作っていたところにそもそもの問題があるんじゃないか。つまり恋の持《も》夫《ぶ》だとかそういう文学的イメージから発想していますよね。

田中　恋の持夫という言葉は、平安中期の『狭衣物語』に出てきますね。

松岡　ところが恋重荷というものはどうも日本文学のなかを探してもどこにも直接的な出典は見つからないので世阿弥の発案かもしれません。基本的にはやはり恋の持夫だとかそういう話、つまり文学的な発想で、恋の重荷というか石を綾羅錦繍《りょうらきんしゅう》で包んでそれが重くって恋重荷だあってことですね。ところが『綾鼓』というのは鼓を打つわけですね。しかも音が響けば遠くにいる女御にも聞こえるから遠さの問題というのは解消できるわけでとてもおしゃれな趣向だと思うんです。そこに三島由紀夫とか夢野久作だって食いつくんだと思うんですけれども、『恋重荷』はそもそもの発想がそういう文学的なところから来ていて、それは趣向としては演劇的な発想から組み替えるんじゃなくて文学的な発想から組み替えているところがとても世阿弥らしいんだけれども、ちょっと難点なのかなっていう気がするんですけれども（笑）。

田中　『恋重荷』では、難題が綾羅錦繡で包んだ重荷という物体となって現れるので、恋の重荷が実体として印象的ですね。「恋の重荷」という言葉についてはご存じのように大谷節子さんが指摘されていて、『古今集』の「人恋ふることも重荷とになひもてあふこなきこそわびしけれ」という歌にあります。そこからインスピレーションを受けた、言ってしまえば頭でっかちになっているところがあるので、舞台にかけた時にあまり効果的でないかもしれないということですかね。

『恋重荷』前　齊藤信隆

『恋重荷』の古演出

松岡　そうですね、そういうふうなところをちょっと感じるんですけれどもね。ただし今日の演出、これからご覧いただく演出では、そこが活かされるわけですね。いままで『恋重荷』というのは観世流で江戸中期ぐらいからやられてきた演出というのがずうっと現在までつながっているんですけれども、そうではない演出、桃山期から慶長期ぐらいの古演出ですね、それが見つかって、今日はその古演出での上演ですね。

田中　実際に女御の肩に荷を負わせてしまうという演出ですよね。

松岡　そうですね。しかも荷物が、今日ご覧になったら分かりますけれども、二つあるわけですね。ふつう宅配便は一つだと思うんですが。

田中　昔は宅配便がないですから（笑）。それに、二つないと担わせるのがむずかしい。

松岡　つまり二つ荷物があってそれを棒でもって渡してそれを担うわけですね。狂言にも『文荷《ふみにない》』があってその場合恋文は軽いんだけれども文の内容が濃くて重いからというので、二人して担ぐんですね。『恋重荷』のパロディーとして『文荷』っていうのができているわけですけれども、逆に考えるともともとの『恋重荷』はやはり担ぐほうだったと考えられるわけですね。しかも、肩をかえてどうのこうのという言葉がいまの『恋重荷』のなかにもありますから。世阿弥のねらったのは女御にその重荷を背負わせるところですね。現在の演出のように持ち上げるだけ、というのはどうもそぐわない。

田中　たしかに、邪淫の者が墜ちると言われる衆合地獄で苦しむ男が、自分の恋をもてあそんだお前にも罪があると言って女御の肩に重荷を乗せるほうが生々しいでしょうね。詞章の中に「いや立たんとすれば盤石におされて　更に立つべきやうもなし」という箇所がありますが、ほんとうはこれが重荷を女御に乗せた時のセリフだったのかもしれませんね。

松岡　いまの観世流などの演出だと重いものが乗っかってきて動けないという言葉だけは

あるんだけれども具体的な演出っていうのは何もないわけですよね。

田中　そうですね。

松岡　で、それが『妙佐本《みょうさぼん》』と呼ばれている慶長期の演出資料の発見によって、後の場になると男は亡霊になっているから軽々とその荷物を上げることができるという設定になって、そしてその荷物を女御の肩にほんとうに乗っけてしまう。たとえば拷問なんかで膝の上に重いものを乗っけてっていうのがありますよね、ああいう演出でもいいのかなって思って(笑)。そういうのはダメなんでしょうか。

田中　いやいや、あれは江戸の刑罰ですからたぶんその前にはなかった。

松岡　そうですか、中世にはないですかね(笑)。

田中　どうなんでしょうね。網野善彦さんたちの『中世の罪と罰』にはなかったように思いますが。

松岡　いや、全世界的にありそうだけど。

田中　『谷行《たにこう》』みたいに石子詰めにするといった刑罰はありますけど。重いものを担わせて肉体的に責めるっていうのは実際にあったんでしょうね。

松岡　でもそこが衆合地獄と重ねられるというのは中世の地獄の呵責劇に通じますね。地獄の責め苦を舞台にたち上げてそれを見せるというパターンの地獄劇というのが鬼能として多かったんですね。たとえば『融の大臣の能』のような観阿弥がやった能では冥土の鬼が出てきて、それを観阿弥が演じるわけですけれども、融の大臣が地獄に堕ちてきたのを冥途の鬼が責めるというそのシーンが舞台で展開される。最後は救われるっていうようなかたちになるのだろうとは思いますけれども、そういう地獄の有り様を舞台で見せるということが中世ではさかんに行われていて、そういう流れのなかで、『恋重荷』の呵責の演出が発想されたのでしょうね。そういうことからすると『恋重荷』の世阿弥時代の演出っていうのは、その『妙佐本』のかたちだと思いますけれども、実際に重荷を女御に乗っけて地獄的な有り様を見せるっていうところが世阿弥のもう一つのポイントだったのでしょうね。発想は最初は文学的だったかもしれないけど地獄の有り様を重荷として地獄の責め苦として見せるという演出を考えたところは中世的で、世阿弥はやっぱりすばらしいと思うんですけれどもね。

田中　地獄絵がだんだんと広まってきて、お寺などで地獄絵解きがさかんになるのが十五、十六世紀ぐらいですけど、その前にも地獄絵ってありますよね。世阿弥がたとえば地獄絵からヒントを得た可能性はないんでしょうか。

松岡　あると思います。世阿弥のちょっと前かもしれませんけれども『求塚《もとめづか》』なんていう能には『九相詩絵巻《くそうしえまき》』の引用もありますし。あれは地獄の描写が如実ですよね。

田中　リアルでこわい。

松岡　地獄の演劇みたいなものをいかに和らげて美しい世界にもっていくかという作業を世阿弥はもっぱらやったと思うんですが、『恋重荷』の場合は地獄の責め苦に関するものはちょっと古いものに戻っていくというか。だから『綾鼓』の責め苦の演じ方と『恋重荷』ではやっぱり『恋重荷』の

『恋重荷』後　齊藤信隆

ほうが責め苦に関してははまっている感じがあります。
田中　多少どぎつい感じがしますね。
松岡　それで今日の演出では『妙佐本』のようにつまり二つ荷物があるかたちではやらないけれども、一つの荷物を持ち上げて女御にかけるような動作はなさるということですね。
田中　なさるようです。私は今日の演出がどんなものか、いまからわくわくしてるんですけれども。
松岡　これは村上湛《たたう》さんが整備された演出で現行の観世流のかたちと古い演出のかたちを接合してやられるというふうに聞いたんですけれども。
田中　女御の後を追い求めるようなしぐさもありまして。
松岡　そうですね。立ち回りというところがありますけれども、立ち回りで女御が。
田中　橋掛りまで逃げたりするんですよね。
松岡　そうですよね。女御が精神異常になっちゃうんですよね。憑き物に憑かれて精神的に変になってしまってふらふら動くっていうそういうシーンを立ち回りで再現するのかな。
田中　なるほど。

力動風の「鬼」としての『恋重荷』

松岡　もう一つそういう責め苦の問題と美女が悩乱するっていう問題もありますよね。
田中　それについては小田幸子さんが書かれていましたけれども、たしかに女性が悩乱する姿にエロティックな美を感じるというのはあったようです。そういうちょっと下世話な興味もあったのかもしれませんね。
松岡　そうなんですね、といっていまの能の演じ方でやるとそういうところはまったく感じられないですよね。ところが、『綾鼓』なんかはいまの宝生流でやっているのを観たりすると男性の手が女性の唐織の胸のところへぐっときてそれでなんか引っ張るっていう。

田中　胸ぐら摑んで。

松岡　あれとてもセクハラっていうか、もう見ちゃいられないみたいな感じが私などはしますけれども。

田中　いまふうに言えば、セクハラでストーカーですね。

松岡　ですよね。で、そのへんは昔はそういうところをもっと強調してやっていた可能性があるんじゃないかな。

田中　それはやっぱりあると思いますね、見せ場でもあるわけですから。ただ世阿弥にしてみれば、そういうところをあえて見せ場にしたくないという気持ちがあったんじゃないでしょうか。だからその世阿弥の葛藤によって、地獄の責め苦のべたな表現と、それを審美的に洗練しようとするところがあい混じった曲というということになるわけですね。

松岡　そうですね。『恋重荷』に関しては、さきほども言いましたけれども、地獄の責め苦を再現するということでは、どちらかというと力動風の鬼の世界が再現されているんですね。ところが『恋重荷』はやはり人間が鬼になるということですから、世阿弥の分類では砕動風の鬼ということになる。力動風の鬼というのは閻魔大王のようにもともと地獄にいるような鬼で、人間が鬼になったような場合は砕動風になるんですね。

田中　『三道』でもいっていますよね、『恋重荷』とか『船橋』は砕動風なり、って。

松岡　『三道』という応永三十一年に世阿弥が書いたもののなかで、自信をもって世の中に勧めるというか後輩たちに勧める曲として二十九曲ほど挙げているんですけれども、そのなかに『恋重荷』が入っていて、「砕動風鬼」に分類されています。世阿弥も『恋重荷』を得意にしてやっていたと思うんですけれどもね。

田中　いろいろ複雑な側面がある能なんですけれども、私は昔『〈悪女〉論』という本で書いたせいで身分違いの恋っていうものが気になります。その時に調べたのが『今昔物語集』に出てくる紺青鬼《こんじょうき》ですが、これも清和天皇のお母さんである染殿后に恋をしたお坊さんなんですよ。坊さんは后を一目見た時から恋煩いに苦しんで、ついに鬼になって后の寝所へ踏み込んで行くと、今度は后が物憑きになるんですよね。この物憑きというのは『恋重荷』の女御の悩乱姿にちょっと似ていると思うんです。

『恋重荷』と『綾鼓』の終曲部のことなど

田中　それからもう一つは、『俊頼髄脳』にある京極御息所が「志賀寺の上人」という年老いたお坊さんに恋をされるという話です。志賀寺の上人はほんのすこし手を見せてくれたらそれでいい、あなたのことをお守りしますと誓うんです。能とは時代が離れていますけれども、『俊頼髄脳』の志賀寺上人は『恋重荷』と似ています。

松岡　終曲のところが二曲ではずいぶん違いますね。

田中　違うんですよね。

松岡　『綾鼓』だと鬼はもうぜんぜん。

田中　もう憎い憎いで終わっちゃう。

松岡　また出てきそうな感じで（笑）、池のなかに消えていくわけですけれども。

田中　そうですね、あれは全然恨みが消えていませんよね。

松岡　ところが『恋重荷』だとなんか最後は自分が守り神になってあげるよって、あれはどう考えたらいいんでしょう（笑）。

田中　昔はそのラストがあまりに唐突でその

ために愚作だといわれていたそうなんですけれども、さっきおっしゃったように責め苦の様子をどんなふうに書くか、あるいは老人が鬼になってしまう心理状態をどのように演出するかというところにかかってくるんじゃないでしょうかね。

松岡　それでさっきのお話ですけれども、そういうストーカー能っていうのは能のなかにたくさんあって。

田中　ありますねえ。

松岡　『通小町』がまさにそうですよね。

田中　そうですよね。

松岡　それで『通小町』では深草少将なんて百日通っている。まあ百日めに駄目になっちゃうんだけども。

田中　小町は何も悪いことしていないはずなのに、百日通えというのが男をもて遊んでいるように見えるのでしょうか。

松岡　ですよね。それで小町がまた冥界に入っても、冥界のなかで深草少将は煩悩の犬となって取りつくわけですから現世と来世まで、現世だけのストーカーならまだいいんだけれども来世までストーカーをやってしまうっていう、これはもうどうやって罰していいか分からないような。

田中　定家葛もそうですね。

松岡　定家葛もそうですよね。それでそういうストーカータイプの能というのはとても多い（笑）。

田中　多いですね。不思議なことに女性ストーカーというのはあまりない。

松岡　『道成寺《どうじょうじ》』がそうですね。

田中　ああ、そうですね、でもほかはどうですか。『道成寺』以外に女性が男性をストークするというのはあまりないんですよ、不思議なことに。『鉄輪《かなわ》』は呪いをかけますが。

松岡　そうですね。

田中　現代とはかなり感覚が違いますから箇

単には言えないんですけれど。男性が一目惚れして恋が募っておかしくなってしまうさまは描かれるんですが、女性のほうの内面は全然分からないわけです。これはどう考えられますか。能の一つの特色なのか、あるいは人間の恨みといった感情を表すには老人や、男性のほうがよかったのか、そのあたりはどうお考えですか。

松岡　どうなんでしょうね。私もだからそのあたりをおもしろいなあと思って観てるっていうことなんですけれども。

使用面をめぐって

松岡　それともう一つ、面の問題が大きいと思うんですね。

田中　大きいですね。女面はバリエーションがあまりない。

松岡　やっぱりこういう悪尉《あくじょう》というのはものすごくいかつい、一種鬼の面だと思いますけれども、この面を見ているだけでこの能はいいんじゃないかなあと私なんかいつも。

田中　それはどういうことでしょう。

松岡　いや内容はどうでもよくって、あのいかつい面を着けてやっているだけで見ててもしろいんですよね。

田中　白頭《しろがしら》を着けるとまた雰囲気が変わりますよね。

松岡　面だけ見ていてもおもしろいということもあるかなあという感じがしたりもするのですが。

田中　尉から悪尉へ変わるというんですね。

松岡　その悪尉は見ていてあきない。

田中　それは見どころですよね。今回どんな面を使われるかというのは私は聞いていないのですが。

松岡　いやあ私も聞いてないんですけれども。

田中　悪尉系ですよね、やっぱり。

松岡　たぶんそうだと思うんですけれども。
田中　じゃあ面の選び方にしてもほんとうに怖い感じがするのか、それともそこに一抹の男性の悲しみを見るのか、解釈によって変わりますね。
松岡　でもやっぱり悪尉系でそういう悲しみってのはどうなんでしょうね。『道成寺』の女面の般若なんていうのは、馬場あき子さんが言ってましたが、小面を秘めていて繊細な表現になっているんですが。
田中　そうそう、人間から異類への変化が分かりますからね。
松岡　『道成寺』の原作の『鐘巻《かねまき》』の能ではまだ女が残っているんですけれども、『道成寺』だと完全に毒蛇に変わってしまう。『鐘巻』だとまだ女が残っているので、鐘をつくづく見上げるところなどはジーンとくるわけです。世阿弥はそういう女性の鬼に関してはあまり追究していないと思うんですよ。
田中　そうですね、不思議です。
松岡　『葵上』なんて犬王の得意曲で近江猿楽の曲ですから。それに、『道成寺』だって金春系の能ですし女の鬼に関しては、まあ世阿弥は『山姥』みたいな鬼は作っているんですけれども。
田中　『山姥』はまた違いますもんね。
松岡　ちょっと違うものですよね。だから、世阿弥はどうも男の鬼をもっぱら追究している。まあ世阿弥自身がそういう猿楽の人間としてほんとに高貴な女性に危険な恋をした経験があるんじゃないかみたいな説を唱える方もある……。
田中　いらっしゃるみたいですけれどもね。
松岡　ですけれども、まあそのへんは想像でいろいろ考えられるということかもしれない。
田中　そのへんはもう想像というより妄想になってしまいますね。世阿弥というのは小男と言われていますから、力動風より砕動風の鬼のほうがうまいということになりますと、女鬼じゃなくて男鬼でじわーっとやるほうが似合っていたかもしれない。

松岡　そうですね、でもね、やっぱり小男だと大きな面だと面に負けちゃうということがあって、だから大癋見は使わないんですよね。小癋見を使う。ちょっと小ぶりな力動風鬼的な小癋見を使って、それをシャープに使っていくというほうに世阿弥は賭けていくんだと思うんですね。対して『恋重荷』なんていうのはとても大きな面を着けるわけで小男の世阿弥が大きな面でどうやって演技したのかなあって考えてみるのもおもしろいかなと思うんですが。

田中　身体的なはたらきが違うということもあるかもしれませんね。

松岡　そうですね。世阿弥は『錦木《にしきぎ》』だとかそういう鬼の能を作りますけれどもそういうのはやっぱり舞を舞ったりとか、ふつうの鬼の世界を和らげて自分に合ったような能を作っていると思うんですね。『恋重荷』の場合に関しては、『綾鼓』はあるんだけれどもこういう悪尉物は一つはどうしても自分で作っておかなきゃいけないからこいつは絶対やるぞみたいなそういう意識だったのかなという気もします。そこでの世阿弥のポイントは後の場で地獄の責め苦をやるという演出で、それを見つけて「やった」とは思ったでしょうね。オレは天才だみたいに世阿弥は思ったかも。

田中　ほんとうでしょうかね（笑）。

松岡　それでも最初の発想に文学的なところが見えてしまうのが、世阿弥の長所でもあるし弱点でもあるかなあという気がしてしょうがないんですけど。

田中　そうすると、今日みなさんにご覧いただく『恋重荷』は世阿弥のいいところと、もしかしたら欠点になるかもしれないようなところのギリギリの限界を追究していく、すこし実験的な能といっていいのでしょうか。

松岡　と言っても、世阿弥自身はやはり、二十九曲のなかで『恋重荷』を砕動風鬼のいちばんトップにもってきていますから、彼にとっては自信作だったんじゃないかとは思います。

田中　いままでいろいろなことをお話ししてまいりましたけれども、みなさんもこれからご覧いただきます曲で世阿弥の工夫したところを中心にご覧いただければと思います。とくに後場ですよね。後シテのほうの工夫がどうなっているかというところ。

松岡　それと前の場のワキの語りも昔のテキストをすこし活かしているところがあって。いまのかたちだと老人の恋の執心をとめるために女御が考えてこういう、いじめというか難題を与えたんだみたいなことが最初にアナウンスされるのですが、そういう設定は、昔にはないんですね。だから、そういう設定がない昔のいい本文が今回の演出では活かされると思いますね。

田中　では、いつも観るのとはすこし違う舞台をお楽しみいただけるということで、たいへん楽しみですよね。

松岡　楽しみに観たいと思います。

世阿弥、その理論

渡邊守章

異文化の中で見た能――一九五七年初夏、パリ

ご紹介にありましたように、私は能の世界から見れば局外者です。ただ自分にとって、能あるいは能・狂言という芸能の意味はすごく大きいということは言っておかなければならないでしょう。この点に関しては、観世寿夫とのつき合いが大きかった。寿夫とのつき合いのなかから、世阿弥に接してきた。いまは違うかもしれませんけれど、私が能を観出した頃、一九四〇年代の終わりから五〇年代の初めぐらいには、世阿弥のテクストをさっと読めるエディションはなかった。もちろん能勢先生の『世阿弥十六部集』などはありましたし、後になって買うわけですが、世阿弥に直接触れることはないまま、一九五六年に、初めてのパリ留学をするわけです。その翌年の五七年に、有史以来初めての能・狂言のパリ公演というのがありました。喜多実先生と矢来の観世喜之先生が団長、事務局長で、観世流と喜多流の混成軍団でした。その

先乗りとして観世栄夫さんと喜多節世さんが見えた。栄夫さんは、まだ喜多流に属していて、後藤栄夫だったと思いますが、上掛りも下掛りも両方できるし、能楽堂以外の劇場で演出もできるというので、一種のコーディネーターのような役割を担っていたのだと思います。

文芸部というか、プレスへの対応などは、丸岡明氏がついていました。これは何度も書きましたから、その裏事情は簡単にすませますが、現在と違って、同時翻訳の装置などはあるはずがなく、字幕さえも出せない。丸岡さんが、その二年だか前にヴェネチアのビエンナーレへ能が参加した際に作った英語の「解説書」のようなものをおもちで、これを配ってくれと言われる。しかし、当時のフランスの劇場では、パンフレットなどを売る係は、同時に案内嬢でもあって、劇団がもち込んだ資料など配ってはくれない。そこで、謡本から、小段ごとのレジュメのようなものを作って、まあ、そんなものなら配布してくれましたが——ただし、一等席のお客だけです——舞台の下手に、小学校の学芸会か何かのように、「めくり」を置いて、舞台の進行に合わせてそれをめくる、というようなことをしましたが、これがたいへんで、何しろ能は、簡単にカットしますから、全然間に合わないとか……、とにかく本番もたいへんでしたが、最大の問題は、日本大使館におけるプレス向けのレセプションで、何がたいへんだったかというと、その頃の大使は、NHKの会長から駐仏大使になられた古垣さんでしたが、大使がチャイナ服でお出ましになり——そこまでは個人の趣味と言えばそれきりですが——フランスの日本学者で、ちょうどすこし前に、世阿弥の『伝書』を仏訳したルネ・シフェール先生という方が紹介されて、能とはどういう演劇なのかを説明されると思っていましたら、いきなり、「質問のある方は質問してくれれば答えます」という挨拶。それで一座が白けたどころではなく、フランスの新聞で劇評を担当している人々に、ひじょうに悪い印象を与えた。何しろフランスは、劇評を書いていてアカデミー＝フランセーズの会員になれるほど、劇評の位置づけは高い国ですし、なかでも『ル・モンド』という、インテリ向けの夕刊紙の劇評担当のロベール・ケンプが、この公演について、歴史に残るような酷評をした。私には、いまでもトラウマになって残っているような事件でした。

そこで、シフェール訳・世阿弥の『伝書』というのを改めて読みましたが、とにかく、世阿弥の言説は日本人には分からないどころか、そもそも読まれていない――これは、一九五七年時点では事実ですが――だから、「幽玄」などと言うと、いきなり「禅」をもち出して、世阿弥とも何とも関係のない「韜晦」をする。そもそも世阿弥自身は、「幽玄」について、「若いダンサーの魅力」のことも指しているのだから、日本人は、まったく読みもしないで崇め奉っている、というのですね。『ル・モンド』の記事が不当に酷かっただけに、これはまた、ショックでした。しかし、フランスに世阿弥を学びに来たわけでも、「フランスにおける能の受容」の研究をするために留学したわけでもありませんから、世阿弥の原典に当たるようなことは、先延ばしにして、一九五九年の春に帰ってきました。ただ、パリ大学の指導教官の先生が、クローデルをやるなら、「クローデルと能」というテーマがいい、と言われたのですね。たしかにその時点では、クローデル・アーカイヴもまだ整理の最中で、詩人の長男のピエール氏のおかげで、このテーマについても論文が書けるような未発表データ、つまり『日記』とか、『朝日の中の黒い鳥』という日本文化論の自筆原稿とかは調べられましたから、そのことは、日本に帰って来てから、日本語でもフランス語でも論文は書きました。しかし、最初の対仏中の調査で、とにかくもっとも大きなショックを受けたのは、『真昼に分かつ』という、クローデルが一九〇〇年から一九〇六年まで領事だった中国南部の福州で体験した「人妻との姦通事件」とその破局をもとに書いた戯曲『真昼に分かつ』の草稿が読めたことでした。

どうも私は、二つのことを同時にやっていないと気がすまないところがあるようで、「クローデルと能」に集中したわけではないのですが、自分の研究テーマとしては大事にしまっておいた。いま申しましたように、大学院の修士の二年の時に留学した関係上、帰って来てから修士論文を書かねばならず、そこで、『真昼に分かつ』の草稿研究で論文を仕上げたのです。そういう事情ですから、「世阿弥学」に深入りする余裕はありませんでした。そして、一九六〇年春、ジャン＝ルイ・バロー劇団の最初の日本公演という事件が起きるのです。

フランス語訳の世阿弥伝書

バロー来日がきっかけで、観世寿夫さんとつき合うようになったわけではなくて、寿夫さんは、当時は「前衛芸術に強く惹かれていた時期」でしたから、「新帰朝者」である渡邊守章に関心をもって、銕仙会で対談をすることになったのです。こちらは、能狂言の世界を個人的に知るようになったのは、これが初めてでしたし、いま申しましたような、クローデルとの関係でも、つき合っておきたいと思ったのですが、寿夫さんの関心は、その頃は、ベケット、イヨネスコといった、当時は「アンティ・テアートル」などと呼ばれ、後に「不条理劇」という呼称が一般的になる劇作家たちでした。私個人としては、その頃は、とにかく「クローデルをなんとかしなければならない」という気持ちでしたし、ジャン＝ルイ・バローによる『繻子の靴』の再演は、帰ってくる数か月前に観て、いずれはこの作品と取り組まなければなるまい、と思っていたところですから、寿夫さんの関心のヴェクトルとは食い違っていたのです。

その頃、ということは、一九六〇年四月から五月にかけて、後から思えば、「六十年安保」の闘争が激しくなる直前だったのですが、学習院大学の鈴木力衛先生のお手伝いで、バロー劇団の日本公演に、通訳としてかかわったのです。観世寿夫という人と、舞台の現場にかかわるかたちで親しくなったのは、この時が初めてだったと思います。招聘した日本サイドは、バロー演出・主演の『ハムレット』が演目に入っていましたから、当時の「ハムレット役者」の芥川比呂志とバローの対談を組んだりしましたが、バローのほうは、シフェール訳の『世阿弥伝書』を読んで来ていて、観世寿夫と会うことをたいへん楽しみにしていました。栄夫さんや当時の静夫さん（後の八世銕之丞さん）も、寿夫・バローの対談に立ち会っていました。その時、知ったのですが、梅蘭芳の京劇の日本公演（一九五五年）の時にも、この方々は、京劇の役者と交流をしていたのです。

バロー劇団の巡業は、大阪フェスティヴァル・ホールが初日だったと思いますが、バローは、開幕の前に、幕前で挨拶をするのが好きで、この時もそれをやりました。しかし、同時通訳の設備も、字幕を出す装置もない時代のことですから――しかも、バローの言葉は、こういう挨拶でも、結構凝った表現を使うのですが、原稿などくれていない――そこで、鈴木力衛先生と私が、舞台袖に控えて、マイクで、一段落ずつ通訳をする、という事態になりました。この時、いちばんまいったのは、バローは、演出ノートなどを出版しているだけではなく、戦前の「呪われた芸術家」の典型であるアントナン・アルトーの弟子をもって任じてもいますから、かなり高級なスピーチをした。この巡業には、日本と縁があるということで、クローデルの台本にダリユス・ミヨーが曲を付けた『クリストフ・コロンの書物』なども入っていて、この作品についてバローの紹介は、直訳すれば「味わい深いクローデルの宗教性」とでもなるでしょうか。ここまではよかったのですが、夫人のマドレーヌ・ルノーさんの出し物として、十八世紀の瀟洒な喜劇『偽りの告白』をもって来ていた。それについては、「マドレーヌ・ルノーの幽玄」と言ったのですね。もちろんフランス語式に発音しますから「幽玄」は「ユーゲンヌ」となるのですが、しかしこれにはまいった。どう考えても、十八世紀の喜劇もルノー夫人の演技も、日本語で「幽玄」と呼ぶものとは結びつかない。なぜこういう誤解が起きたかというと、それがシフェール訳の『世阿弥伝書』の生み出した誤解の典型なのですね。さきほどから、何度も申していますように、何しろ「日本人には、世阿弥の説く幽玄などはまったく分かっていない」と宣言して、ではどう訳しているかと言うと「微妙な魅力」と訳すのがよいと言うのです。しかし、日本語で、いきなり“yugen de Madeleine Renaud”と言われては、通訳はお手上げです。幸い、私はシフェール訳を読んでいましたから、どこからこのような誤解が生じるのかはすぐ当たりがつきました。ただ、通訳の言葉として「マドレーヌ・ルノーの幽玄」と直訳したのでは、聞いている方は分からないに決まっている。どのように訳したかは覚えていませんが、頭に血がのぼったことだけは覚えています。

そういうことがあった後で、東京公演に移り、その合間を縫って、青山の銕仙会で、寿夫さんとジャン＝ルイ・バローの対談があったわけです。

その冒頭で、バローが寿夫さんたちに聞いたのは、「あなた方は《オーミのスクール》か、《ヤマトのスクールか》」と言う質問で、通訳兼司会役の私は、一瞬、何を聞いているのか分からなかったのですが、「ああ、近江猿楽と大和猿楽」の対比のことだと分かって、そう説明しましたが、これは十五世紀の話ですから、観世三兄弟が口を揃えて「ヤマト、ヤマト」と答えるという、いまでは信じられないようなことから話は始まりました。しかし、観世寿夫とジャン＝ルイ・バローはひじょうに意気投合して——そこには、青山の銕仙会舞台で、バロー劇団の人だけを招いた特別の演能をして、その時の寿夫さんの演目が『半蔀《はじとみ》』でしたが、これがたいへん美しく感動的だった。マドレーヌ・ルノーは、寿夫さんの舞台を観て、「彼は絶対に禅だと思う（禅の修行をしている）」などと言って、周囲の共感を得ていましたが、ともあれ、これが縁で寿夫さんは、一年間、バローが身元引受人となって、当時バロー劇団の拠点劇場となっていた「オデオン＝テアートル・ド・フランス」に留学することになったのです。

フランスという第三項を介して、かつその対部として、世阿弥の存在があるという関係で、観世寿夫と私のつき合いは始まるわけなので、その意味では、世阿弥の発見を、私は観世寿夫に負っているといってもよいと思っています。

世阿弥生誕六百年の行事

表章さんの岩波「日本思想大系」版の『世阿弥 禅竹』が出るか出ないかの時でしたから、これが出て、やっと世阿弥のテクストをきちんと読む気になったのです。それから、中央公論社の『日本の名著』というシリーズが出て、『世阿弥』の巻は、山崎正和、観世寿夫の共同作業の現代語訳で、一般読者の関心を引くには、効果があったように思います。ただ、私としては、寿夫さんから、その時の作業の過程を聞いていましたから、やはりこれだけでは困るという思いもありました。同時代の能楽研究の先端が、それに見合った出版物になったのは、いま申しました岩波書店の「日本思想大系」の一巻である『世阿弥・禅竹』で、加藤周一氏の「世阿弥論」と、表さんのすごく詳しい注がついていました。ただ、素人が読んで、そう簡単に分かるものではありませんが、とにかく世阿弥の言説の拠って立つ地平のパースペクティブとか、奥行きとか、あるいは深さ・浅さといったものは、世阿弥のテクスト同士を突き合わさなければ分からない。世阿弥の「テクスト」を突き合わせて読む以外には、世阿弥論なり、世阿弥に依拠した能楽論なりは、成立しないはずです。そういう作業の地平が、まさに表さんの校閲と注解によって、ようやく可能になったのです。

こういう地平で、寿夫さんは「世阿弥主義者」などと、必ずしも好意的ではないニュアンスを含めて言う人もいるくらい、世阿弥の書いていることをヒントにして、実践的に能役者としての考えを深め、それを自分の演能に生かしていったのです。シフェール教授が、現在の能は世阿弥時代の創造性を失っているかのように言って、演能時間の長時間化をあげつらう、と言うようなレヴェルではまったくなかった。そうではなくて、世阿弥の伝書や能作のなかで語られている、いわば理念的な、あるいは理想的な能の形を現代に取り戻す、創造の作業だったからです。こうして寿夫さんとのつき合いが親密になった時期に、ちょうど「世阿弥生誕六百年」（一九六三年）に巡り合い、その幾つかの記念行事に加わることになりました。その一つが、香《こう》西精《さいつとむ》先生の調査で、世阿弥の菩提寺だということが明らかになった奈良の補巌寺《ふがんじ》で、生誕六百年祭のお供養をするということがあり――私自身は、その年に東京大学の助手に就職したばかりでしたが――いくつかの記憶に残るような印象的なことがありました。家内の里が、その頃は生駒にあったので、補巌寺のお供養の後、当麻寺へ参って、その夜は家内の実家に泊まっていただき、当時は生駒の聖天様（宝山寺）に、金春大夫家の文書があったので、家内の父に頼んで、寿夫さんと一緒にそれを見せていただく、というような経験もしました。

私は東京の赤坂の生まれですが、お稽古ごとというものは、やったことがない。ですけれど、やっぱり稽古をしてもらわないと分からないことがあると、この頃、考えるようになり、世阿弥生誕六百年を期して、お稽古をしていただこうかと思い出したのです。寿夫さんという人は、素人の弟子を取りませんが、一クラスだけ、舞台に関係のある人のための稽古をするクラスがあって、ちょうど私も赤坂に住んでいましたから、青山の銕仙会が近いということもあって、二年ほど習ったことがあります。ただし、『鶴亀』とか『高砂』のさわりだけを教えるのではなくて、いきなり最初から『半蔀』で始まるんですね。『半蔀』という能は、バロー劇団に見せた因縁のある能でしたし、私としては好きな能でしたが、何しろ「拍子当たり」まで教えてしまう。これはたいへんですよね。しかもあの方の声の幅というのはすごくありますから、こちらはどのくらいの音で行けばよいのか、それも分からない。じつは、ちょっと恥ずかしいので、まず女房を先に派遣したんですね。それで「今日何を習った」と聞きましたら、「こういうのをやらされた」と言って出した謡本が『半蔀』なんですね。「えー、いきなりこんなものからやったの。やってごらんって」と申しましたら——まあ女房の話をダシにするはよくないのですけれど、彼女はドレミ音階の人ですから、ドレミ音階で『半蔀』を謡うのですね。これを笑わないで聞いているというのは、やっぱりプロはすごいと感心したりもしました。それで覚悟を決めて、その次から私も行きました。こうして『半蔀』をあげて、その次はなんだというと、「『半蔀』にはツヨ吟がありませんから、今度はツヨ吟の入っているものをやりましょう。『融《とおる》』をやりましょう。」いきなり今度は『融』なんですね。

こうして『融』を挙げたところで、私としては二度目のフランス留学の機会を得て、例の一九六八年の「五月革命」の時などは、パリにいたわけです。「五月革命」が終息した時に、当時のクーヴ・ド・ミュルヴィル首相が、あれは「自動車事故のようなものだった」と発言して顰蹙を買ったのですが、われわれ夫婦は、五月革命の後でオランダ旅行に出たその帰り道に、北の高速道路で、文字どおりの自動車事故にあい、半年近くふつうの生活に戻れなかった。しかし東京の同僚が、たいへんな思いをしているのに、いつまでもパリで静養しているわけにもいかないというので、「大学紛争」が一段落着いたあたりで、日本に戻りました。一九六九年の二月で、東京に帰って、当時話題になり始めていた、所謂「アングラ演劇」――「小劇場運動」と言うほうが正しいのですが――それを発見して、かなり刺激を受けた。ちょうどこの頃、能狂言の中堅・若手の何人かの役者を中心に、「冥《めい》の会」というグループを作って、ギリシア悲劇や、不条理劇などをやろうという話が起きます。

そうなると、やっぱり演出家と役者が、役者が先生で演出家が弟子という関係はよくないので、お稽古は残念ながら中断しましょうということになり、「冥の会」では、第二回公演として、観世寿夫主演のアイスキュロス『アガメムノーン』を、寿夫さんの王妃クリュタイメーストラーで、一九七二年に、それから第五回公演として、セネカ作の『メーデーア』――エウリピデスのではないですよ――それを寿夫さんのメーデーアで、一九七五年に演出して、大学教授と演出家という二股道を行くことになったのです。その後、お稽古を再開をしないままで、寿夫さんが亡くなってしまった。ですから寿夫さんとつき合っている間は、世阿弥の話はしょっちゅう話題になりましたが、それをいちいち原典にあたって確認するほどには、熱心な「世阿弥主義者」ではありませんでした。むしろ、寿夫さんが一九七九年に亡くなって、その喪失を埋めようとの想いから、本気で世阿弥を読むようになったのだと思います。

世阿弥のテクストと向き合う

一九八三年に、たまたま一年間、大学の派遣でフランスに行くことができて、四度目の長期留学をするわけですが、——三度目は、一九七五年から一九七六年まで、パリ第三大学（新ソルボンヌ）の演劇研究科の客員として滞仏した時で、この時に寿夫さんの「世阿弥座」の巡業があり、当時バローが拠点にしていたオルセー劇場で、その手伝いをしました——その頃、私が「本業」でやっていたのは、ステファヌ・マラルメという十九世紀末の、きわめて難解な詩人の散文——詩人自身が「批評詩」と呼んだものです——その注解と翻訳を雑誌に連載していました。それが一段落ついたところでしたが、それと並行して、平凡社の『百科事典』——これは全体の編集を加藤周一先生が仕切っておられて、私は「演劇関係」の事項の責任者の一人になっていましたが——誰も「演劇」という項目を書こうとしない。結局、私が書くことになったのですが、それ以前に刊行されていた『百科事典』の「演劇」の項目を見ると、驚くべきことには、西洋演劇史のレジュメのようなものか、多様な舞台芸術をただ列挙するだけかだったのですね。「日本の演劇」というのは「演劇」ではないみたいなことになっていて、これは困ると思った。つまり西洋演劇にも日本演劇にも通底する、ある種の「理論的な枠組み」を作らなければならないと痛感しました。

そういうわけで、この「演劇」の大項目を書く仕事をパリにもち込んだのですが、同時に、東京大学の教養学部長でいらっしゃった能研究の小山弘志先生のご注文で、東大出版会の新しい講座『日本の思想』の五巻目、「美」のための論文として、「間《ま》」のことを書いてくれと言われました。「間」が、一種の流行みたいになっていた時期でもありましたから、問題の所在が分からないわけではないが、論文を書くだけの資料をもってはいけないから、むしろこの際、「世阿弥論」を書かせていただけないか、と申し上げましたら、「世阿弥でいい」というお返事だったのです。そこで私は、表さんの『世阿弥 禅竹』と、それから世阿弥伝書の『総索引』と、ほかに何冊かの本や雑誌を持ってパリへ行って、まあそれも研究のうちには違いないのですが、わざわざフランスまで行って、世阿弥論を、四百字詰め原稿用紙にして九十枚、書いたんですね。これが講座『日本思想』の第五巻「美」に載った、私の、まあ初めての「世阿弥論」でした。「講座もの」ですから「抜き刷り」をくれます。その「抜き刷り」を、表章さんとか、横道萬里雄先生とか、そういう方たちにお送りして、天野先生の論文も『文学』か何かでお読みした記憶があるので、天野先生にもお送りしたと思います。これは私の記憶違いだということが、今回はっきりしたのですが、いただいたお返事のなかに、「〈儀理〉というのを〈科白劇〉と取っているのはおもしろいと思う」と言われたものがあったのです。どうも何かの勘違いで、そのお返事の主が天野先生だとばかり思っていたのですが、それは違うというお話でした。

フランス文学の専門家でクローデルをやっている、と紹介されれば、「クローデルと能」というテーマがすぐ浮かびますが、これはあまりにも何度も書いたり喋ったりしているので、今日は、立ち位置をすこし変えようかなと思って、この「美しきものの系譜――花と幽玄」と言うタイトルで、後に筑摩書房から出した『演劇的欲望について――こえ・ことば・すがた』と題する評論集に、巻頭論文として入れた、私なりの「世阿弥論」を種にしようと思い立ったわけです。

ただ、二つだけ前説的に申し添えておかねばならないことがあります。一つは、前説に振った「クローデルと能」というテーマにかかわるのですが、ここは大槻先生の能舞台ですから、ぜひとも言っておかなければならないことは、一九二二年（大正十一年）の十月に、詩人大使のクローデルが、東京で初めて能を観て、いたく感動するという、大げさに言えば「事件」が起きます。その能というのが『道成寺』で、シテが大槻十三、つまり文藏先生のお祖父様だったのですね。「クローデルと能」については、最初の留学から帰って来た時点で、小山先生のお勧めで書いた論文から始まって、学会誌にフランス語でも書きましたし、ある時点での総括は『虚構と身体』という評論集（一九七八年）に載せてもありますから、今日は立ち入りません。

もう一つは、私のレパートリーのなかには、現代フランス思想もあって、とくに、哲学者のミシェル・フーコーとは、共通の友人があったことも幸いして親しくなり、『性の歴史（一）』などを訳していたりもします。そのフーコーという人は、思考や言説の、単に方法と言うだけではなく、「手付き」というか「視線」というか、つまり、仮説的な命題を、まさに「仮説」として立てて、従来とは異なる「見方＝視線」を手に入れなければならないと説くのです。それは別の言い方をすれば、「テクスト」の「関係性」の内部で意味を決定していく手法だとも言えます。つまり、一年間の予定でフランスに四回目の長期滞在をした際に、「世阿弥のテクスト」

だけを拡げて、そのテクスト空間でどのような運動が見えるのか、どのように現実の作業が言説化され、またそれが現場に送り返されてどのような確実性と可能性を開くのか、ということを、「世阿弥の理論的テクスト」だけを読み込むことでやってみようと思ったのです。「意味」が決定されていく「舞台」というか「劇場」を、そこに立ち上げて見る、と言ってもよいでしょう。まさにミシェル・フーコーのお蔭で手に入れた手法であり、「キー・ワードの意味内容をあらかじめ規定せず、その通念的了解を批判しつつも宙づりにして、議論を進める方法」と、「美しきものの系譜――花と幽玄」で説明している方法であり、マラルメやクローデルと並んで、世阿弥の言説が、私の思考と方法の内部で「戦略的な」働きをもちえた謂れであり体験であったこともそこにありました。

　テクストを、そこに織りなされてくる「関係性」の舞台で、読み直してみること。話が、だいぶややこしいことになりましたから、すこしお勉強的なことから始めましょう。世阿弥の有名な定義に、近江猿楽と大和猿楽の違いを説くところは、『風姿花伝』の冒頭ですから、覚えていらっしゃる方も多いと思います。そこでは、近江猿楽は「幽玄」が第一で、「物学《ものまね》」は二次的な意味しかもたない。それにたいして大和猿楽は、「物学・儀理」を第一として、「物数を尽くして、しかも幽玄の風体たらん」というくだりです。そこで出てくる「儀理」と言う言葉、これが問題なのです。表先生の説明というか現代語訳は、「言葉のおもしろさ」となっている。しかし、「言葉のおもしろさ」といっても、お笑いをやってるわけではないのですし、それから「おもしろい」といってもいろいろな「おもしろさ」がある。しかも、どうして「儀理」という言葉が「物学」とセットで説かれるのか分からないではないか。そう思っていたところに、いまお話ししている『講座』の別の巻に、東北大学の方が書いていた論文があって、そのなかで「儀理」のことが書いてありました。つまり中世では、近世つまり江戸時代以降の「義理」の使い方とは違って、漢語の文字どおり、「儀＝正しい」、「理＝ことわり」、「正しいことわり」という意味で用いられたと書いてある。これは「目から鱗」の思いでした。

と言うのも、能勢先生という方は偉い方で『世阿弥十六部集評釈』の注を見ると――その時は『十六部集』は見ませんでしたが、後で読み直してみると――、「筋道」と書いてあるんですね。「正しい筋道」と書いてある。そうすると世阿弥の言いたいことは、「物まね」つまり「役者が自分ではないものになる」という作業を言う――私はその作業を、「代行＝再現型演技」と呼ぶことにしているのですが、「自分ではない人物を、その人物になり代わって再現する」ことです。分かりやすい例で言えば、ハムレットを演じるということは、私はハムレットではないわけですから、作者が設定している「ハムレットという虚構の存在」があって、それをここで、「現実であるかのようにして再現して見せる」ということです。簡単に言えば、「役を演じる」ということです。「虚構の役」を演じる。ここまでは簡単ですが、世阿弥は、「物まね」となんで「儀理」という。しかし、「儀理」を「正しいことわり」、「筋道の通った言葉の使い方」と考えれば、これが大和猿楽の根本にあったということは、現代の演劇作業から考えても、容易に納得できる。「物真似」と対になるのだから、それはやはり「言葉」のことだろう。やっぱり「言葉の使い方」が「筋道が通っている」、つまりおもしろそうだったら何でも使って言う、ありがたそうに思えることとか、美しく見えそうなものなら、何でも使えばよいというのではなくて、やはり「筋道の通った言葉の使い方」をすることが重要だ。これは必ずしも単なる「台詞劇」を想定しているわけではなくて、そこには、和歌であれ漢詩であれ、そこに使われる言葉としては筋が通っているということでしょう。そのうえで、「幽玄の風体」だという。

世阿弥のこの「命題」が、私の「美しきものの系譜――花と幽玄」という九十枚の論文の出発点になっているのですけれども、ああ、やはり世阿弥って偉い人だなあと思ったんですね。つまり、父観阿弥から引き継いだ演技の技法なり、手口なり、もうすこし偉そうに言えば「方法」なりがあったはずですが、それをもう一度考え直す。その際、驚くべきことには、世阿弥は、ただ勘とか経験則とかに頼るのではなく、言葉で取り返していく。言い換えれば、世阿弥という人は、「言葉を大事にする人だ」ということを、まず第一に抑えて置かなければいけないなと思ったのです。

能作と演能において、そこが近江猿楽と違うところだというわけです。つまり近江猿楽は「言葉は言葉、舞は舞」とするという指摘が別のところに出て来ますよね。身体にかかわる表現の二つ、「言葉」と「舞」とが、それぞれ別々に働いていて、一つの統一体になっていないと世阿弥は考えた。それは言い換えると、世阿弥が父観阿弥から引き継いだ大和猿楽という芸能は、近江猿楽にくらべると、元来よほど野暮ったくて、おもしろみがないということではないか。そういう芸能が、都へ進出して行った場合、猿楽では近江猿楽という華麗な芸風のものが流行っている、ジャンルは違うが、当時大流行の田楽もあった。田楽というのは、今日いらしてる方は、まさか黒澤明『七人の侍』の最後に出てくるあの田植えの傍らで太鼓を打っているようなものだとは思われないと信じますが、まあ誰でも引く『太平記』貞和《じょうわ》五年の「桟敷崩れの大田楽」の記事を見れば分かるように、田楽という芸能は、ほとんど当時のメディアの耽美主義的なところの集大成のようなものだった。白粉を塗って、よい匂いを発散させながら踊る美少年の集団歌舞などというものは、要するに室町時代のジャニーズですからね。これが「官能的な美的洗練」の見本だった。しかしそれを「劇」でやろうとすると、なかなかそううまくは行かない。都に近い近江猿楽のほうが、美的洗練という点では、大和猿楽よりは遥かに勝っていた。それは想像がつきますよね。ですから、世阿弥としては、取れるものは、どこからでも取ってくる、しかし、無方針というか、無原則というか、そういうことはしない。大和猿楽を「野暮ったさ」として足を引っ張りそうな「物学・儀理」は、あくまでも守るべき原理として立てながら、しかし、「かかり」、つまり演技や演能の効果が「幽玄」でなければいけない、と定義するわけです。

おそらく世阿弥の文化的・文学的教養からすれば、「物学・儀理」を「幽玄」にする方法は、近江猿楽から、場合によっては田楽からも取ってくるのですが、しかしその際に、ただ「幽玄」ならいいとはしない。「幽玄」を仮に「上品な美しさ」としておくと――「上品な美しさ」というのは表さんの訳語なのですが、私はそれでは弱いと思う。やはりこれは「優美艶麗」ぐらいは言って欲しい。私としては、「幽玄」は「優美艶麗」と読むのですが、では優美艶麗といってもいろいろな優美艶麗がある。美少年俳優だって、松岡心平がいつも言うように、世阿弥が自分で書いている『二曲三体人形図』の「童舞」を見れば分かるように、「稚児」のかたちをしているわけでしょう。白粉を塗って、茫々眉毛で、口紅をつけて、というのは、ただ「可愛い」なんてものではない。やっぱり「優美艶麗」のほうに近くなるはずです。このことについては松岡心平君がいろいろと書いていますから、ここで繰り返して言いませんが、そういう文脈のなかで、「儀理」はどのように働くのか。ただ綺麗なものを、美しいものを、官能的なものを、「ショー」として仕立てていくというのだったら、片方には田楽が売り物にしたあの過激な官能性があるし、猿楽のほうでも、「舞事」に優れた近江猿楽がある。したがって、都の芸能としては後発の大和猿楽には、それだけでは太刀打ちができない。そこで大和猿楽がもっている「強み」は何か。野暮ったいと言われようと、「物真似」をきちんとする、それと「儀理を立てる」、「儀理」をきちんとする。つまり「言葉の整合性」をきちっと活かすということだと、世阿弥は考えたのです。

ですけれども、そこで説かれた「物真似」の話題は、後まで出てきますが、「儀理」という言葉は、あるところから姿を消すのですね。だから研究者は、もう「儀理」なんかどうでもいい、「儀理を立てる」ことはあるまいと思うのでしょう。しかし、伝書をよく読んでいけば、ある時点から――比較的早いのではないかと思いますが――、「儀理」の代わりにほぼ「和歌」の言葉が前面に打ち出されてくる。たとえば今日の『班女《はんじょ》』という能をご覧になれば一目瞭然ですが、和歌と『和漢朗詠集』の継ぎ接ぎ――二十世紀の終わりの方だったら、『コラージュ』とでも言ったであろうような引用が、沢山出てきます。「儀理」という、なんとなく内実の分からない言葉の代わりに、もっと意味の広がりの大きく、かつ深い「和歌の言葉」を前面に打ち出すべきだと、戦略上も思ったわけです。

「問い」を立てること

「言葉」の重視を、「和歌の言葉の引用」と言う局面だけでとらえるのも正確ではないでしょう。ただ、和歌を引用して、美的洗練だというような浅はかなことは、世阿弥は考えません。世阿弥の頭のなかでは、とくに能作者としての世阿弥の頭のなかには、「儀理」すなわち、言葉で筋道を立てる、筋道の経つ言葉の使い方をする、という配慮は常にあります。その証拠は、いくつもありますが、まず世阿弥の能作術ですよね。世阿弥の能作術は、禅竹とか、後から来る作者の能作術や、あるいは遡って、観阿弥以前の能作術のように、おもしろいから、美しいからと言って、何でも使ってしまうというのとは違って、「物語」的に言っても、筋道が通っていますよね。つまり世阿弥の「能作術」と言える局面が歴然とある。『三道』という「能作書」を書くわけですが、驚くべきことは、この議論なり理論を纏め上げるのに、お手本というものがないのですよね。「幽玄」についても、世阿弥の能にとってのお手本は、彼自身が再構成していった、言わば「批判的な」お手本なのです。世阿弥時代に、別の領域でこうした理論書はないのですから、世阿弥が自分の実践を反省しつつ、すべて彼の考えた方法に従って書いた。そこで、私が今日話そうと思うことにようやく入るんですけれど、つまり世阿弥という人は、「問いを立てる」。「問題」をとらえるというだけではなくて——つまり、問題が出てきたから、それを解決する手段を考えるという、いわば、「現実対応型」の思考ではない。これでは先に進まないだろう、だから、「起きるかもしれないこと」を「問い」として立て、それにたいして考える。「問い」の先取りだと言ってもいい。

これはよく言うように、「馬鹿な考え休むに如かず」ということもある訳で、「問いの立て方」が下手だったら意味がない。大学の論文の指導や何でも、結局「問題の立て方」は決定的なのですよね。世阿弥は、驚くべきことに、「問いの立て方」が優れている。日本の思想史というような狭い視野ではなく、「日本語でものを考える」、しかも「芸能を考える」という時に、世阿弥ほど自分の言葉で自分の経験を全部そこに注入して、かつ経験したこと、経験していないことまで想定して、「問題を立てる」ことができた人はいない。こんなことは、あまり世阿弥の専門家の方はおっしゃらない。自明の理だと思うからおっしゃらないのかもしれませんが、我々のような素人にとっては、これは由々しいことです。つまり世界の演劇史を見ても、世阿弥ほどの理論書を書いた人は一人もいない。西洋美学系の学者は、相変わらずアリストテレスの『詩学』だけが根拠で、「アリストテレス曰く」で全部片づくように思っている。しかし、アリトテレスの『詩学』は、もうギリシャ悲劇が終わる頃、エウリピデスがおしまいの頃になって書いているわけで、アリストテレスの『詩学』があったからアイスキュロスの『アガメムノーン』ができたり、ソポクレスの『オイディプース王』ができたわけではない。ローマ時代のホラチウスも同じですし、十七世紀フランスの演劇も、古代ギリシアの『詩学』をモデルにしたさまざまな議論がありますが、ラシーヌが、ギリシア語ができて、アリトテレスも原典で読めたから、あれらの傑作を書けたわけではない。

ところが、世阿弥にしてみれば、規範になる作品はまずないか、あるいは作られつつある。そのなかで、能作についての「問い」を立てていく。しかも「問い」を、整合性のあるかたちで立てていく。そしてそれを、生産的に解いていく。私は日本思想史の専門家じゃありませんので、日本の思想史にも偉い人は沢山いるとは思いますが、少なくとも芸能の歴史のうえで、これだけ理論化ができた人は、世阿弥以外にはいない。これだけの理論家はいない。これだけは断言できると思います。つまり「問題形成」という、いささかややこしい言葉をもち出しますが、フランスの哲学者のミシェル・フーコーが、いつも言うことです。「問いの立て方」がよくなければ、そもそも駄目だ。その「問いの立て方」が有効であるためには、「視線をずらす」ことが必要だという。そういう意味で世阿弥は、「問いを立てることができた演劇人」であり、「実践家」であり、かつ「理論家」であり、そして世阿弥の立てた「理論」が、また「実践」の現場に戻って来て検証されるという、この「往復運動」ができた類まれな人だったのですね。ですから、今日いらしてる方は当然お読みになっているでしょうけれども、この岩波「日本思想大系」『世阿弥　禅竹』をお読みになるよりは——それはそれで、現在でもきわめて有効な作業だと思いますが——何年か前に出て、私もだいぶ提灯をもちましたけれど、早稲田の演劇博物館の館長をこのあいだまでなさっていた竹本幹夫君の——この方は、表さんのもっとも優秀な弟子です——、彼が角川の文庫で出した『風姿花伝・三道』という本は、もしまだお読みになってなかったら、是非是非お読みくださない、千円もしない本ですから、コーヒー一杯ですみます。

この本は、まさに表学派の一種の成果を見るのにふさわしいということがあるのと、私がほめたのはそこだけではなくて、現代語訳がちゃんと読むに堪える。表先生という方は偉い人でしたけれども、世阿弥伝書の脚注のようにしてついている現代語訳がよくない。世阿弥の原文を読んでいるほうがよく分かってしまうのですから、困ります。さきほどの「幽玄」とか「儀理」の話にしても、「儀理」を「言葉のおもしろさ」などと現代語訳をされる。「言葉のおもしろさ」だけで「儀理」が説明できるのでしたら、誰も困りません。あの碩学に伴う「現代語訳」がよくないんです。この話は、これ以上立ち入りたくはないのですが、一つだけ言っておきたいことは、入学試験の「国語」がよくないのですね。たとえば古文の問題で、「大意を書け」というのと、「現代語に訳しなさい」というのでは、まったく違う。「き」と「けり」とは、訳しわけられないといけない。およそ、そんな現代語は、誰も使わないにしてもです。表先生は、あまり入試にはかかわっておられなかったと思いますが、それでも、表先生の日本語訳は同じ類のものです。幸い、竹本君の現代語訳は、初めて「リーダブルな現代語訳」になっている。そういう意味でも、ぜひこの本をお勧めいたします。

世阿弥は「問題形成ができた人」。そして「言葉への配慮」がひじょうに鋭く、かつ広く豊かであった人。そして同時代としては、例外的な古典文芸の教養をもっていた人。しかし教養だけならもてますけれども、それを創作に結びつけるのはたいへんですよね。それで、世阿弥の書いた作品、今日の『班女』もそうですけども、それがいつも世阿弥の書いたとおり――と言うか、世阿弥が前提としていたとおり――にやられているとは限りませんし、演出のうえで言えば、世阿弥の時代とは変わってしまっていることはいくらもあります。ただ、幸いにも節付けは残っているわけだし、テクストも残っているわけだから、「劇詩人としての世阿弥」というのは、現行の能からも想像はつく。私も、創作能を二番、観世栄夫さんとともに作りましたが、そういう「能の本」を書いていると、「ああ、やはり世阿弥ってうまい人だなあ」と思うんですよね。それで今日の『班女』も、『班女』という能は、あまり私は観ていなくて、得意な能ではないんですが、ご指名ですから、仕方がありません、昨日、映像を見ながら読み直して、ああうまいなあと思うんですよね。あんまりうまく書きすぎてるから、浅井君には悪いけれども、やるほうはたいへんなんじゃないかな、などと余計な心配をしたりしました。ですから世阿弥という人の書いた能、作った能、たとえば『井筒』なら『井筒』、そして彼が書いた「伝書」、まずは『風姿花伝』と『三道』、『花鏡』というもの――『申楽談儀』でもいいですよね――いきなり『九位』とか『五位』とかという、禅の公案みたいなことを書いてあるものばかり読んでいくと、フランス人が馬鹿にする日本人の「禅かぶれ」みたいなことになるでしょう。もちろん世阿弥は、禅にかぶれたという以上の影響を禅から受けていますが、そちらにいきなり行くのではなくて、もっと「現場の世阿弥」というものを、つまり劇作家であり、もちろん役者であり、それで一座の棟梁であり、作家である、作曲家である、作舞家である、しかのみならず、まあ番頭がいたわけではないでしょうから要するに座の棟梁、ということは集団の指導者ですよね。これだけだってたいへんだと思いますよ。そのうえで、この二十点に及ぶ伝書を残した人。しかもその伝書は、専門家にしか分からない特殊な「ジャルゴン」や「ミスティフィケーション」のためかというと、そうではない。専門家ではない人が読んでも、少なくとも、演劇にかかわる者が読めば、それがそのまま役に立たなくても、「ああこういう問題の立て方があり、こういう解き方があるのだな」ということが分かる。つまり、それらの問いを、一種の「集合体」として活かすことができた人。これは私の知る限り、世界中にいない。

というわけで、私にとって世阿弥という人は、フランス文学などをやっていても、いつも指針、あるいは指標、あるいは目標になってくれる。世阿弥が書いた能の言葉は、ある韻律をもった日本語として、私は何の因果かフランス文学のほうでは韻文、つまり「十二音節の定形韻文」で書かれた十七世紀の悲劇を、六篇も訳して、そのうちの五篇は自分で演出してやっている。ラシーヌという悲劇作家のことですけれど。もうすこしみなさんがご存じのところだと、エドモン・ロスタンの『シラノ・ド・ベルジュラック』、あれも定型韻文ですからね、十二音節の。目下は、十九世紀の最後のほうに、フランス文学のなかでも最も難解だと言ってもよいステファヌ＝マラルメという詩人の『詩集』の個人訳を、岩波文庫で出すのですけれども、そういう時に、音声化できる定形韻文、但し七五調で書くわけにいきませんしね、五七で書くわけにもいかない。そうなった時に、ヒントはやはり世阿弥の能のテクストにあるのですね。ですから、そういうフランス文学などという外道のようなものをやっておりますが、世阿弥に負うところはひじょうに多い。という訳で、生誕六百五十年を機に、是非是非、世阿弥を読み直してみる、あるいは読んだことのない方はぜひ竹本君の本をお読みになると、「目から鱗」ということがいっぱいあるのではないかと思います。

『班女』をめぐって

渡邊守章
田中貴子

「引用のゲーム」としての『班女』

田中　このところ朝晩すこし涼しくなって秋の気配がただよってまいりましたが、今日の『班女』という曲はそんな季節にぴったりといってよいでしょう。『班女』は扇が重要な小道具となる能なんですけれども、夏の扇が「秋」になるといらなくなって捨てられるように、「飽き」られた女が捨てられるということと掛けてあるひじょうに象徴的な能です。渡邊先生はフランスの文学や芸術がご専門ですが、『班女』は何回もご覧になっていると思いますけれども、西洋には捨てられた女性が自分の思いを述べるという文学が多いように思いますがいかがでしょう。

渡邊　捨てられた女の嘆きというと、まあ、オペラならば、すぐヴェルディの『椿姫』を思い出しますよね。ただ、あのオペラは、原作がフランスの近代戯曲の始まりだと言われた小デュマ――アレクサンドル・デュマの子供の方で、親父さんの方は、『三銃士』とか、そういう「剣劇もの」を書いて大当たりをとった人ですが――ちょうど十九世紀の真ん中で、当時の高級娼婦を主人公にして、その悲恋物語を書いたわけですね。「高級娼婦」と言ってもなかなか分からないと思いますが——われわれだって、まったく書物の知識だけです——金持ちのパトロンを何人かもって、パリの高級な繁華街に、お屋敷のような住まいで、それを一種の快楽のサロンのようにして、仕切る訳です。江戸時代の吉原のような、組織された売春装置ではないのですが、始めは、十八世紀末の大革命や何かで、没落した貴族が、「昔取ったなんとやら」で、高級サロンを開いたのだそうです。

したがって、『籠釣瓶《かごつるべ》』の八つ橋のように、いくら権勢を誇っても、所詮は「売り物・買い物」だというような存在が、吉原という「都市の周縁部に囲い込まれた場所」に君臨するのとは、全然違うのですが、やっぱり「高級娼婦の恋」というと、日本では、こういう「制度」を思い出さざるをえないでしょう。フランスの場合は、大革命で一挙に「共和制」が確立したわけではありませんが、貴族のサロンが、新しく政治の舞台に躍り出た平民階級の人々にも開放されたようなものだったのです。

ですから、この班女のようなステータスは、古典主義の時代の劇作には現れません。「捨てられた女が、去った恋人を想って狂乱する」という話ならあり得ますが、それでも、やはり女王の悲恋——たとえば、ラシーヌの『ベレニス』——のようなところが限界でしょうね。それから『班女』といえば「扇」というほどに、「扇」は確かにキーになる小道具ですけれども、それ以上に、『班女』の物語自体が、中国の古典に出てくるような故事に重ねられている。ただシテの社会的ステータスからすれば、あれは街道の宿の遊女でしかないわけですよね。

田中　野上《のがみ》の宿の長者のところにいる遊女、花子ですね。野上は現在の岐阜県不破関で、交通の要衝です。

渡邊　世阿弥のすごいところは、「本説」のない物語を、『和漢朗詠集』をはじめとして、彼が知り得た漢詩や和歌を鏤めて、それで一つの美しい悲恋物語を書いてしまったことです。最後は、恋人同士の再会でめでたしになるんですが。それで、能では「本説」というわけですけれども、本説がないんですよね。本説はないけれど、本説のイメージはあって、それが「扇」という、能の演技には欠かせない「小道具」であり「オブジェ」である物によって、物語のテクストを織りなしていく。世阿弥のすごいところは、「本説」つまり「典拠」がない（らしい）物語を、古今東西の「恋の詩歌」の言葉で、言説で、「織り上げて」しまったところだと思います。そういう意味では、これは、かつては能の詞章を貶す時に使われる比喩だったと思いますが、「錦の綴れ織り」の見本かもしれない。

田中　本説のイメージというのが扇と深くかかわるのですね。さきほどお話があった『和漢朗詠集』には、大江匡衡《まさひら》が中国の班婕妤《はんしょうよ》の故事について記した漢詩が収められていますが、具体的にいうとこれがそのまま使われているのではありません。

渡邊　そうですね。

田中　班婕妤は前漢の成帝の寵愛を別の女に奪われて嘆くのですが、花子の場合はライバルがいません。

渡邊　それでやっぱり、舞台をご覧になれば分かるように、ひじょうによく書けている。

『班女』前　浅井文義

一見する——というか、一読しただけでは——班女という役は、前段で出て来て、すぐ追い出されてしまうだけで、後段になると、今度は物狂いで出て来て延々と恋を語るわけですから、ひじょうにアンバランスに思えます。にもかかわらず、すこし注意深く読むなり、優れた舞台を観ると、全然そのアンバランスを感じさせないところが、世阿弥のすごいところだと思うんですね。だから当世風にいうと「引用のゲーム」と言ってよいような「書き方」をしている。その意味では、さきほど「錦の綴れ織り」という、能の詞章について言われる伝統的な批判を引きましたが、まさに「引用のゲーム」であるからこそ、能作術の、一種の極意のようなものがうかがえるのだと思います。

田中　『朗詠集』のなかの扇についての漢詩や和歌がちりばめられています。

渡邊　ほとんど変形しないで、そのまま使っているわけですからね。それが明治以降の「西洋型近代主義」の地平に置かれると、創造力の欠如、独創性のなさとして、顧みられなくなる。

田中　「綴れの錦」と言われるゆえんですね。

渡邊　「繋げただけだ」と考えるヨーロッパ型近代文芸の言い分は、分からなくはないけれども、しかし、そのヨーロッパ型の美学でさえも、二十世紀の七〇年代以降は、「脱構築」という、分かりにくい訳語をつけた、ある種の前衛的な作業に刺激されて、「引用のゲーム」と「そういう作業」そのものが、文学でも美術でも、建築でも、重要視されてくる。このように見直していくと、『班女』のような作品の、おもしろさが分かるのではないでしょうか。

「形見の扇」に「生きる」班女

田中　むしろ「引用」という観点から言えば、現代の実験的な小説とつながるかもしれないですね。引用といってもたんに切り貼りするのではなく、『班女』の物語に有機的に絡まるように作られています。それが舞台にのせられると、先生がしばしば言及される身体感覚とか、役者の身体という問題とかかわるのでしょうか。

渡邊　能作術のうえでは、「本説」があって、それを能で読み直す。その際、「本説正しく、詰めどころ」がなくてはいけない。ただ引用の織物を作ればよいわけではないので、班女が「物狂い」になるという後段の、登場人物としての状況とアクションに結びつかなければいけないのですね。それに「物狂い」は、たんに精神疾患という訳ではなくて、芸能の根幹に繋がる行動様態なのですよね。

『班女』後　浅井文義

田中　そうですね。精神疾患と言ってしまうとそれこそ近代的な解釈になってしまいます。そうではなくて、世阿弥の言葉が身体と結びついた結果として物狂いが生まれたわけですね。物狂いと言いますと、たとえば『隅田川』は子どもを思って母が物狂いするわけですが、『班女』の場合は会いたくても会えない恋人の「不在」にたいして「狂う」。いささか生々しい女の情みたいなものが出てくるわけですが、このところはかなり読みどころがありますよね。いろいろな言葉や技法が使われていて。

渡邊　元雅の『隅田川』や、『弱法師《よろぼし》』でもいいのですが、元雅の能では、「物狂い」は、明らかに「制外者」のドラマ――ほとんど実存のドラマ――に焦点が当てられていますが、世阿弥の『班女』の場合は、やはり違う。あくまでも、「形見の扇」に繋ぎ留められた、そういう「狂気」なので、班女はそれをあくまでも生きる。その意味では、「形見の扇」というオブジェに集約された――というか、恋の情念が、形を取った――後シテは、彼女の分身として「悲恋の綴れ錦」を繰り広げるのではなくて、それが彼女自身にほかならないのですよね。観阿弥から世阿弥が引き継いだ、「芸能者としての物狂い」を、「物狂い」の契機となっているオブジェ、つまり「扇」に収斂させるという、一種の離れ業をやって見せるのです。

田中　実存ではなくて、あくまで「扇」という象徴というわけですか。

渡邊　「恋しい想い」が「狂気」に隣接するという意味では、世阿弥晩年の傑作『砧《きぬた》』を思い出しますが、『砧』は、きわめて論理的に書かれているでしょう。夫への執心を紛らわすために砧を打ち、そこから「蘇武の故事」が引き出され、さらに「七夕」の儀礼へと変換されていく、といった、「詩劇」としての見事な展開と深化があります。元雅は、そういう「詩劇」と言ってもよいような方向は選ばなかったように思います。もっと直截に、「狂気」が舞台に顕現するような能作術を選ぶ。いささか古くさい言葉で言えば、登場人物の「実存」を見据えるということが、やはり課題だったんだろうと思います。ですから同じように、「ものに憑かれて魂があくがれ出る」といっても、たとえば『弱法師』の場合のように、あれほど過激な、物狂いと言うべきか、恍惚=トランス状態と言うべきか、そういう身体的局面を正面に出すわけでしょう。
田中　明らかにトランスしてますよね。
渡邊　しかも、その「トランス状態」が、「梅の香を嗅いで」という、つまり嗅覚というのは人間の五感のなかで、もっとも動物的な機能を介して起こしてしまう。それは、やっぱりすごい人だったんだと思いますよね。それに比べると世阿弥のほうは、やはり「幽玄至上」ということがあるものだから、世阿弥の幽玄至上の悪口を言おうとするには『班女』はいい見本かもしれない。
田中　そうなんですか。たとえば先生だったらどんな悪口をおっしゃるのでしょう。ご覧になる方の参考になりますので、すこしだけ。
渡邊　いや悪口を言う気はありませんし、私はよく書けてるなと思って感心しているのですけれども、元雅だったら遊女の実存の悲惨、それを書くと思う。つまりあのように扇を抱いて泣いてばかりいるとか、しかもそれを、中国の古典を始めとする「詩歌の記憶」で、まさに「錦の綴れ織り」のように、「幽玄」な内的風景に変容させてしまう。
田中　遊女の身を超越して、むしろ天女とか女神に近いような感じなのでしょうかね。
渡邊　つまり、恋人と交わした「扇」を常に手に持って、恋人のことを想って泣いている。この「扇」という、なんと言ったらよいか、つまり中国と日本の古典に歌われた「恋する女」の内心の風景の等価物ですよね。その「扇」が紡ぎ出す「詩歌の文章」という飾りを、たんに「悲恋の女性」の「衣装」としてとらえるのではなく、「扇」によって紡ぎ出されていく「詩歌の飾り」そのものが、「悲恋の女性」にほかならないような書き方をしている。まったく違う地平の話ですが、フランス文学で「扇」を詩の主題にするのは、十九世

渡邊 守章（わたなべ もりあき）
東京大学及び放送大学名誉教授。京都造形芸術大学舞台芸術研究センター前所長。同客員教授。専攻、表象文化論（フランス文学、演劇）。演出家。主要著書『ポール・クローデル――劇的想像力の世界』、『越境する伝統』。主要訳書『繻子の靴』『マラルメ詩集』。主要演出作品ラシーヌ『フェードル』。

紀末のマラルメあたりからで、もちろん、東洋趣味、とくに日本趣味（ジャポニズム）が浸透していく時代ですよね。
田中　生身の体ではなくてエッセンスに昇華するわけですね。ジャポニズムの扇と言えば、クロード・モネのその名も「ラ・ジャポネーズ」が思い出されます。この絵は生身の女性ではなく、主眼は日本の着物をまとって扇を手にする女にあるわけですから、扇の象徴性という点でちょっと『班女』のあり方に似ているように思います。

渡邊　そうですね。

田中　それが班女の見どころというふうに考えていいでしょうか。

渡邊　なんじゃないかと思いますね。だからやっぱり言葉がすごくよく書けているように思います。

世阿弥による劇言語

渡邊　世阿弥の能は一般に、さきほども言いましたように、「物まね・儀理」を根本にするという、その「儀理」のほうですが、「儀理」は「正しいこととわり」だということを前提にして、世阿弥は、「和歌の言葉」への配慮へと視点をずらしていきますよね。和歌の言葉にはもちろん漢詩文も入るわけですけど、そういうものをはめ込んでいくことで、新しい「舞台の言葉」のあり方、つまり「役者が舞台上で発して効果を上げる」ような言葉の使い方を考えるわけでしょう。そういう意味では、能作術的に世阿弥の作品としてもっとも典型的なのは、やっぱり『井筒』だと思います。典型そのものだから、舞うほうはたいへんなんだと思いますね。

田中　そうでしょうね。生身の身体を消去して「舞台の言葉」へ同化するわけですから。

渡邊　それから、外国人に「能作術」を説明するには、たいへん分かりやすい。映像を見せながら解説をする場合などですね。ただ、実際に舞台で見せると「序ノ舞」がありますから。しかも前段には長い「居グセ」がありますし。この「居グセ」と「序ノ舞」は、能の見所のほうからすると、つまりお客のほうからすると、やはりバリアですね。

田中　バリアとして立ちはだかっていますね。緊張や集中を強いられますし。うまくいくと見所と舞台とがいい感じに一体化してはくるんですけどね。
渡邊　そうですね。でもだいたい九〇パーセントは寝ちゃうんじゃないですかね（笑）。
田中　ああ、睡眠にはいいわけですよね、冗談ですが。先生、ちょっと『班女』に戻しましょう、お話を（笑）。
渡邊　『班女』は「中ノ舞」ですね。
田中　『班女』は複式夢幻能ではなくて、世阿弥の作品でめずらしい気がします。そもそもあれは夢幻能にはできないですよね。
渡邊　そうですね。
田中　花子が幽霊になってしまったら、吉田少将への恨みを述べるか、あるいは「好色の罪」で地獄に堕ちた自分を弔ってほしいというような曲になりますから。
渡邊　「複式夢幻能」を世阿弥が完成したと、何の本にも書いてありますが、世阿弥が複式夢幻能だけを能作術の理念的な姿だと思っていたとは思えないですよね。正確な年代は分からないにしても、『班女』も『井筒』も、だいたい同じくらいでしょ、六十代の作品でしょう。だから世阿弥の劇作家、能作者としての拡がりは結構広いんですよね。「鬼の能」は書かないようなことを言っても、『野守《のもり》』を書くし、それから『鵺』みたいな「怪獣物」も書いてしまう。だから複式夢幻能だけで世阿弥を切るのは、ちょっと短絡的でしょう。
田中　世阿弥の一面しか見ていないということですね。先生がさきほどの講演でおっしゃっていた劇作家であり、演出家であり、自分の身体をもって舞う役者、としての三つの面が揃った世阿弥の総体として見るべきだというお考えなんですね。そうすると、複式夢幻能は世阿弥の一部にすぎないと考えていいんでしょうか。
渡邊　「複式夢幻能」で世阿弥のすべてが語られるようには言えないような気がしますね、

寿夫さんのお考えとはちょっとずれるのですが。

『近代能楽集』のことなど

田中　『班女』はいろいろと見どころがあると思いますが、やっぱり後場がおもしろいと思うんです。でも、吉田少将がワキで出ますがあまり重要な働きをしていないように思うのですが、あれはどうなんでしょう。

渡邊　あれは変ですよね。

田中　変ですよね。もともとワキじゃなくてツレで出るとか子方でやるという可能性もあったと言うんですけどね。ただ、子方にしちゃうと、ちょっと生々しすぎて。

渡邊　『花筐』はそうでしょ。

田中　『花筐』もそうですね。『花筐』も女の人が狂乱する話ですよね。

渡邊　ただ『花筐』よりも『班女』のほうが後世の書き換えとか手を入れたことが少ないのではないですか。

田中　そうですね。世阿弥の原型を彷彿とさせるものですね。

渡邊　初めに申しましたように、世阿弥の能としても、詞章が絢爛豪華ですし、とにかく、古典詩歌の記憶を担った「扇」が、ほとんど主人公のような曲です。読んでいると、「扇」をめぐる「文章の飾り」というか「詩歌」の記憶が、それだけで能の時空を占めているような感じがするほどです。そこから、近代的な人物像を造ろうと言う誘惑は、シテ方にあると思うのです。その辺が、私がこの能について抱く両義的な感情なので、つまり世阿弥にしては、珍しく、シテの性格というか、人間像がはっきりしない。初めにも申しましたように、「扇」をめぐる古典詩歌の引用の「綴れ織り」のような、言葉としては見事に美しく感動的なのだけれども、それがシテの「内心の劇」とどう切り結ぶのかが、もう一つ判然としない。

そこから、たとえば、後シテの、「クセ」のクライマックスというか、「比翼連理の語らひ」の故事を引いた後で、「欄干に立ち尽くして、そなたの空よと眺むれば」のところで、シテ柱の傍らに、寄り添うように立って、扇を抱きしめるという、詞章にあるような仕草というか姿を作る型があるのですが、こういうところが、あまりに直に「近代的に」見えて、「扇のイメージ」がたんなる口実に見えたりすると、もっと詞を立ててほしいな、などと思ったりするわけです。それでたぶん、最初に天野先生から私のところにこの話が参りました時には「世阿弥その理論、現代演劇への影響」と書いてあったんですね。それでこれはてっきり、三島由紀夫の『近代能楽集』のことをしゃべれということであろうと思って、それは嫌ですと申し上げたのですね。とはいえ、『班女』は、たしかに『近代能楽集』のなかでも、比較的ポピュラーな部類に属するかな、ポピュラーというのは、要するに玉三郎が日生劇場でやったからですけどね。

田中　玉三郎がやったからポピュラーになったんで、あまりおもしろいものじゃないですよね、あれ。

渡邊　おもしろいものじゃないと思いますね。楠侑子がジァンジァンでやったバージョンも見ましたし、日生劇場の玉三郎も見ました。

田中　ジァンジァンでやるからですよ、先生。能舞台でやらないと。

渡邊　レズビアンの絵描きが、最後に「すばらしい人生！」と叫ぶのですが、あれはね……。

田中　あれは世阿弥が悲しむ科白だと思いますね。

渡邊　ただ、三島さんとしては、挑戦してみたくなったんでしょうね。やはり「扇」という、ふつうはただの「持ち道具」でしかないものを、どういうふうに使えるか、というか見せられるか、ということだと思うんですね。

田中　三島さんが挑戦したということは、世阿弥の『班女』の完成度というものを薄々分かっていらしたからなんでしょうね。

渡邊　それはあると思いますね。それで『近代能楽集』のことは言い出すときりがないから。時間がないですよね。

田中　そうですね、今日は残念ながら時間があまりないのですが。

渡邊　やめますが。ただし、日本にいらっしゃると分からないと思うんですけれど、ヨーロッパ――私が知ってるのはフランスですけれども――、アメリカでも同じだと思いますが、『近代能楽集』を能だと思って観に来るお客が八〇パーセントくらい居るのですね。パリでは、ジャン＝ルイ・バローの劇場で、振り付け家のモーリス・ベジャールが『近代能楽集』の連続上演をしたのですね。『卒塔婆小町』『綾の鼓』『弱法師』『葵上』……。

田中　『綾の鼓』はよくできていると思いますけどね。

渡邊　役者は、ピーター・ブルック夫人であるナターシャ・パーリーだけが女優で、後は全て男性という配役。彼女は『弱法師』の家庭裁判所か何かの……。

田中　家庭裁判所の調停員。

渡邊　そうでした。それ以外は全部、男優でやるわけです。日本でも平幹二朗が『卒塔婆小町』を男でやって、自分のレパートリーにしていましたが、全部男でやるのは、三島由紀夫における同性愛に焦点を当てるからで、その限りでは、いちばんおもしろかったのは『綾の鼓』でした。ビルの管理人のおじさんが、尉みたいな能面を着けて、褌姿で鼓を打つと、上手のソファーの上に横になった、女装の若い男優が、それに合わせてストリップまがいの仕草をする、というのですが。要するに、性的オルガスムに、後一打ちなのに、というわけです。それから『葵上』では、どういう必然性があるのか分かりませんが、舞台のちょうど真ん中辺り、看護士が――看護士は男です――切腹するんですよね（笑い）。あれは分からなかった。

田中　わざと外国人が喜びそうなものにしたんですかね。

渡邊　要するにね、「同性愛と切腹」に、三島由紀夫が還元されているので、観に来た未亡人はかんかんに怒って、以後、男でやることは一切罷りならぬということになった。ですから未亡人が亡くなるまでは、美輪明宏といえどもできなかったはずです。未亡人が怒るのも、無理はないと思います。

田中　だから三島のそういうようなものをご覧になられるよりも先に、まず本物の『班女』を観るのがいちばんですね。

渡邊　そうですね。『班女』という曲は、やはり音楽的に言っても名曲だと思うし。

田中　じゃあ曲も聞きどころになるわけですね。

渡邊　ええ。そうですね。いろいろなことを言いましたが、最後に一つだけ、これだけは付け加えておきたいと思います。ヨーロッパの修辞学には、比喩の分類として、「メタフォール（隠喩）」にたいして「メトニミー（換喩）」という二大区分があります。「メタフォール（英語ならメタファー）」は、比喩の働きのうえで、「比較の対象」と「比較の言葉」が重なっているので、「恋」を「炎」に喩える類です。ところが「メトニミー（換喩）」のほうは、たとえば「部分」で「全体」を意味するので、「扇」によってそれを持つ「美女」をあらわすのは、まさに「換喩（メトニミー）」の見本なのです。十九世紀末のフランスの詩人に、ステファヌ・マラルメと言う人がいますが、彼は「扇面」の詩をいくつも書いた。娘や夫人や、あるいは愛人が手に持つ「扇」を主題にして、それを持つ「美女」を詠い、それを「扇面」に書くわけです。それを考えると、『班女』と言う能は、マラルメが見たら喜ぶだろうなと、まあこれは、いささか我田引水ですが、思う次第です。

世阿弥、その先達と後継者

大谷節子

能作史における世阿弥の位置

能の歴史のなかで、最大の変化は世阿弥の時に起きています。世阿弥は『三道』という名の能楽論を書き、「種」「作」「書」、つまり、どのような素材を使って、どのように構成し、どのような言葉を使って能を組み立てるべきかという規範を説いていますが、古作の多くに自ら手を入れ、一方で多くの新作を生み出し、いわば手本となる作品を提示していきました。しかし、そこが能の頂点で、後は下降線を辿ったのかというと、そうではありません。世阿弥の後にも新しい道が敷かれ、ひと言で能を概括する言葉を探すのがむずかしい位、多様な作品がその後も生み出されていきました。では、世阿弥によって能の何が変わったのか、そして、世阿弥以後、能はどのように変化を遂げたのか、『融《とおる》』の能を題材にお話したいと思います。

六条河原院と塩釜

能『融』は、嵯峨天皇の御子で、源の姓を賜り臣下に下りた左大臣源融（八五九年没）の物語です。源融は六条河原の畔に広大な邸宅を設け、「サマ〴〵ノ風流」（『和漢朗詠集永済注』故宮）に遊んだ、「驕ヲ極タル人」（『和漢朗詠集和談鈔』納涼）であったと伝えられています。

どのくらい広大な邸宅だったのでしょうか。河原院の範囲については、諸書に相違があり、はっきり分からなかったのですが、関西電力の施設を建設することになり、それに先だって京都市が発掘調査をした時の報告書が出されています（『平成六年度京都市埋蔵文化財調査概要』京都市埋蔵文化財研究所編集、一九九六年発行）。発掘したのは、平安左京六条四坊十一町（富小路、万里小路、六条坊門小路、楊梅小路に囲まれた区域）ですが、この区域の北東隅に、九世紀に遡り得る池状の堆積層が確認され、ここにも河原院が及んでいたことが分かりました。

これによって、『拾芥抄』本文は、左京六条四坊の十三町だけであった融大臣の邸宅が、後に十一町から十四町までの四町に拡張され（六条院）、さらに東京極大路《ひがしきょうごくおおじ》と鴨川との間の河原部分（河原院）を加えて八町となった経緯を誇張して記したとする説（古代学協会・古代学研究所編『平安京提要』角川書店、一九九四年）や、六条院とは別に源融の河原邸そのものが八町に及ぶ規模であったと推定する説が出されています（山崎正伸氏「古今集前後の河原院―河原院をめぐる史実性を求めて―」（和歌文学論集編集委員会編『古今集とその前後』風間書房、一九九四年）。

先日、京都市埋蔵文化財研究所に行きまして、今後も掘って分かる見込みはありますかと尋ねてみましたが、鴨川は何度も氾濫に見舞われていますので、土砂が動いていて、発掘しても当時の正確な位置を知るのはむずかしいそうです。

なお、中世においては、六条院と河原院は混同して記述されるのが常ですので、能『融』で出てくる六条河原院は、現実に存在した河原院の範囲をはるかに超えた広大なイメージで描かれていると言えます。

『伊勢物語』八十一段は、源融がこの邸宅に御子たちを集めて催した、初冬の一夜の風雅を語るものです。ちょっと読んでみましょう。

昔、左のおほいまうちぎみいまそかりけり。賀茂川のほとりに、六条わたりに、家をいと面白く造りて住み給ひけり。神無月のつごもりがた、菊の花うつろひざかりなるに、紅葉の千種に見ゆる折、御子たちおはしまさせて、夜一夜、酒飲みし遊びて、夜明けもて行くほどに、この殿の面白きを讃むる歌詠む。そこにありけるかたゐ翁、板敷の下にはひありきて、人に皆詠ませ果てゝ詠める

塩釜にいつか来にけむ朝凪に釣する舟はこゝによらなむ

となむ詠みけるは、みちの国に行きたりけるに、あやしく面白き所々多かりけり。わがみかど六十余国の中に、塩釜といふ所に似たる所なかりけり。さればなむ、かの翁、さらに

こゝをめでゝ、「塩釜にいつか来にけむ」と詠めりける。

河原院に集まった雅友は、邸の「面白き」さまを各々和歌に詠みます。源融の邸宅をほめる挨拶の歌です。最後に「かたゐ翁」（業平）は、眼前の景を本朝六十余国のなかで最も面白き名所である塩釜に擬し、「いったい自分はいつの間に塩釜に来たものか」と感歎して、邸主へ最高の賛辞を捧げます。

源融が没して十年後に『古今和歌集』が編纂されますが、その哀傷の部に紀貫之の次の和歌が収められています。

河原の左のおほいまうちぎみの身まかりてのち、かの家にまかりたりけるに、塩釜といふ所のさまをつくれりけるを見てよめる

君まさで煙たえにし塩釜のうらさびしくも見えわたるかな

源融が亡くなって「煙絶えにし」とあることからも、源融が、自邸の景物を塩釜に見立て塩を焼く風流に遊んでいたことはたしかなことですが、この『伊勢物語』八十一段における源融邸の描写は、「家を面白く造りて住み給ひけり」とあるだけです。

それが、平安時代末期に書かれた顕昭《けんしょう》の古今集注釈には、

池ニ毎月塩三十斛ヲ入テ海底ノ魚虫ヲ住マシムノ由、清輔ノ注スル所也。（中略）隆国卿ノ注ハ、陸奥ノ塩竈ノ形ヲ作リ、潮水ヲ汲ミ湛云々。

このように、池に三十石の海水を注いで海に住む魚などを放ち、塩釜の景を模して塩を焼いたことが記され、さらに『伊勢物語』古注釈では、その風流の様子がさらに具体的に語られるようになります。書陵部本『和歌知顕集』を読んでみましょう。

六条高倉に、塩釜のやうをつくらせ給て、みぎはに、海士の塩屋つくりて、けぶり立て、つりどの、すのこの下に、船走らせなんどして、池の水に、毎月に三十石づつの汐をまきて、底に住む魚を放ちて、飼ひ給ひければ、鯛・鱸など、すのこに躍り上がりなどしけるを、おもしろき事にして、御子たち呼び奉り給へり。

そして、『伊勢物語』八十一段には、「わがみかど六十余国の中に、塩釜といふ所に似たる所なかりけり」と書かれていた部分が、『十巻本伊勢物語注』という本では、次のように誇張され、

六条河原院ノ御所、彼人ノ御所也。是ニ鴨川ヲセキ入テ、池ヲホリ、河ヲ作リナドシテ、六十六ヶ国ノ名所ヲ尽シ給ヘリ。貞観十一年十月晦日ニ、貞元親王、雲林院親王、惟喬親王ナド、遊ビニ、彼御所へ御座ス也。

河原院は、鴨川の水を邸宅内に引き込んで池や河を作り、日本全土六十六ヶ国の名所名所を作り象った、壮大な大邸宅として語られるようになりました。

そして、邸宅の主、源融の風流士ぶりは、「過差」、つまり逸脱した贅沢、風流と表現されるようになります。中世の人々が源融と河原院をどのようにイメージしていたか、国会図書館本『和漢朗詠注』（松）がよく伝えています。

> 河原ノ院トハ、六条河原也。嵯峨ノ天王ノ御子ニ、融ノ大臣ト云人アリ。今ノ渡野辺党ノ先祖也。此ノ人長者ニテ、果差ノ余リニ、六条河原ニ御所ヲ立テ、六十六ヶ所ノ名所ヲ撰ビ、中ニモ陸《むつ》ノ国塩ガマノ浦ノ景気ヲ学ビテ、池ヲ掘テ海ノ鱗《うろくず》ヲハナチ、為之、渡之辺ヨリ毎日、三十六石《こく》ハコバセリ。又、船ヲ浮テ、浦々ノ島ヅタイヲセサセ、或ハ、塩屋ヲ建テ、不退ニモシホノ煙ヲ立サセケリ。（中略）又ハ、岸ニハ山ヲ高クツキ、松竹ヲ植テ見給シカドモ、大臣薨ジ給テ後ハ、河原ノ院モ荒ハテタリ。

このように、過熱して語られる河原院の壮大さ、源融の「過差」ぶりは、源融没後の「荒廃」を際立たせるものでした。

融の大臣の鬼の能

融の没後、河原院は宇多天皇に献じられましたが、融の霊が度々出没するので、宇多天皇は供養を行ないました。その時に紀在昌が作った諷誦文が、『本朝文粋《ほんちょうもんずい》』十四に収録される「宇多院為河原左相府没後修諷誦文」です。

右、仰せを奉ずるに云はく、「河原院は、故左大臣源朝臣の旧宅なり。林泉隣をトし、喧囂境を境を隔つ。地を擇びて構へ、東都の東に在りといへども、門を入て居れば、北山の北に遁るるが如し。ここを以て、年来風煙の幽趣を尋ねて、禅定の閑棲と為す。時代已に昔年に同じからず、挙動何ぞ旧主を煩はすこと有らんや。

しかるに去る月の廿五日、大臣の亡霊、忽ち宮人に託して申して云く、「我在世の間、殺生を事と為す。その業報に依りて、悪趣に堕つ。一日の中、三度苦を受く。剣林に身を置きて、鉄杵骨を砕く。楚毒至痛、具に言ふべからず。ただその笞掠の余り、拷案の隙に、昔日の愛執に因りて、時々来りてこの院に息ふ。惣て侍臣の為に、悪眼を挙げず。いはんや宝体においては、あに邪心有らんや。しかれども重罪の身、暴戻性に在り。物を害するに意なしといへども、なほ人に向かふに凶有り。冥吏捜り求めて、久しく駐ることを得ず。我が子孫皆亡じなば、汲引誰をか恃まん。適遺りし所は、相救ふべきに非ず。ただ湯鑊の中に悲歎し、枷鎖の下に憂悩するのみ」といふ。

ここには、没後三十一年を経た延長四年（九二六）六月二十五日、源融の霊が河原院の宮人に憑依し、自らが殺生の罪の業報によって地獄の苦患を受けており、昔の日々への愛執に因って河原院へ出現していることを語ったことが記されています。殺生の罪について、諷誦文に具体的なことは記されていませんが、貴族の常として、狩猟を遊びとしたことを指すと考えられています。後には「池の水に、毎月に三十石づつの汐をまきて、底に住む魚を放ちて飼ひ給ひければ、鯛・鱸など、すのこに躍り上がりなどしけるを、おもしろき事にし（『書陵部本和歌知顕集』）」たと語られる河原院での「過差」の振るまいも、罪過となった可能性もあります。

昔日への愛執によって現世に出現した源融の霊の話は、『今昔物語』や『江談抄《ごうだんしょう》』などの説話集に書き留められ、広く知られ、『融』の源泉の一つとなりますが、世阿弥作『融（塩釜）』の誕生は、そう簡単ではありません。

世阿弥作『融』以前に『融の大臣の能』、「鬼に成て大臣を責むると云能」と呼ばれた能があったことが、『中楽談儀』（永享二年（一四三〇）奥書）に記されています。

又、怒れることには、融の大臣の能に、鬼に成て大臣を責むると云能に、ゆらりききとし、大になり、砕動風などには、ほろりと、ふりほどき〳〵せられし也。

この古作は現存しませんが、同書には次のような記述もあり、

鵜飼の初めの音曲は、殊に観阿の音曲を移す。唇にて軽々と言ふこと、かのかゝり也。此能、初めより終りまで、皆闌けたる音曲也。「面白の有様や」より、此一謡斗同音也。後の鬼も、観阿、融の大臣の能の後の鬼を移す也。

彼鬼の向きは、昔の馬の四郎の鬼也。観阿もかれを学ぶと申されける也。さらりききと、大様〳〵と、ゆらめいたる体也。

後場の鬼の風体は、父観阿弥によって『鵜飼』の後場へと移行されたことが知られています。現在の『融』から古作『融の大臣の能』の面影を辿る考察はいくつかあり、多くは前場については古作を踏襲した部分が多いと考えられていますが、私は現存詞章への投影はほとんどないのではないかと思っています。

鬼能は、世阿弥が新境地を開拓したジャンルの一つです。世阿弥は鬼能を力道風、砕動風の二つに分類して説明していますが、大まかに言うと、力道風とは、荒々しく罪人を責める地獄の鬼の能で、これが大和猿楽の本流でした。いま一つの砕動風は、「形鬼心人」(『二曲三体人形図』)と表現される新しい鬼能で、世阿弥はこの砕動風の鬼能を開拓した人物です。世阿弥以前に作られた古作『融の大臣の能』は、諷誦文《ふじゅもん》に記されていたような、融の大臣が地獄の責めを受けている場面を見せ場とする、実際に地獄の鬼が出現する鬼能だったのではないかと推測さ

れています。

ただし、もし、こうした従来型の鬼能と、現在の『融』との間に、世阿弥が関与した鬼能が存在し、それが「鬼に成て大臣を責むると云能」であったとするならば、それは、後の世で悪趣に堕した源融が悪鬼の姿で現れ、悪業を積んだ前世の源融を責める鬼能だったのではないでしょうか。

世阿弥が開拓した新しい形の鬼能、鬼の形、人の心をもった砕動風の鬼とは、どのようなものか、世阿弥自筆本がある古作『ウンリンヰン』を例に見ますと、『ウンリンヰン』の後場は、「基経が魄霊《はくれい》」と名宣るシテが出現し、自らを「形は悪鬼、身は基経」と説明します。『二曲三体人形図』の「形鬼心人」という記述をそのまま能の台本に当てはめたような表現となっています。こうして砕動風鬼能の規範に則って作られたようなこの作品では、死後悪鬼となった基経が、現世の姿の二条后の前に出現して、后と我が身を責めるのです。

もう一つ見てみましょう。能『女郎花』の後場では、死後「邪淫の悪鬼」となった男が出現して我が身を責めます。前世の所行ゆえに、後の世で悪鬼となった男の魄霊が、この世に悪鬼の姿で出現し、現世の姿の女を、あるいは自分自身を責める、つまり過去世の自分を責めて地獄の苦患を自責の苦しみの形で表現しています。これが砕動風の鬼能です。

もう一つ、能『船橋』を見てみましょう。やはり後場に後の世で悪鬼となった男が出現して、我が身を責める鬼能です。「魂は身を責むる　心の鬼となり変はり」「執心の鬼となって（中略）娑婆の妄執　邪淫の悪鬼となつて　われと身を責め　苦患に沈む」という表現があり、世阿弥自筆本『ウンリンキン』に同じく、世阿弥の能楽論を当てはめたような文章で、砕動風の鬼能として整えられた時に加えられたものではないかと考えられるのですが、ここで使われている「心の鬼」が、すなわち『二曲三体人形図』にいう「形鬼心人」にあたります。

例に挙げた古作『ウンリンキン』『女郎花』『船橋』は、いずれも古作を世阿弥が改作したものです。世阿弥が砕動風鬼能を作り上げる過程で手を入れた作品に能楽論との呼応が見られ、世阿弥が理論と実作において模索を続けていたことが窺われることは大変興味深いことです。

ところで、前世の所行ゆえに悪鬼となった者の魄霊が、悪鬼の姿で前世に出現し、我が身を責めるという話型は、仏典に遡るものです。中世の説話集『発心集』に引かれる分かりやすい形で紹介しますと、

昔、目蓮尊者、広野を過ぎ給ひけるに、恐しげなる鬼、槌《つち》を持ちて白き骸《かばね》を打つあり。あやしくおぼして問ひ給ふに、答へて云はく、「これは、おのれが前の生の身なり。我が世に侍りし時、この骸を得し故に、物に貪じ、物を惜しみて多くの罪を造りて、今は餓鬼の身を受けたり。苦を受くるたびに、この骸の妬《ねた》ううらめしければ、常に来て打つなり」と云ふ。

これを聞き終はりて、なほ過ぎ給ふほどに、或る所に、えもいはぬ天人来て、骸の上に花を散らす。又これを問ふに、天人答へて云はく、「これは、すなはち我が前の身なり。この身に功徳を造りしによりて、今天上に生れて、諸々の楽を受くれば、其の報ひせむが為

に来て、供養するなり」とぞ答へ侍る。
かかれば、ひたすら身のうらめしかるべきにもあらず。善悪にも従ひて、大きなる知識となるべきなり。彼の都率の覚超僧都は、月輪観を修して証を得たる人なり。その観文の奥には、「縦ひ、紫金の妙体を得たりとも、かへつて黄壌の旧骨を拝せん」とぞ書かれて侍りけり。まことに道心あらん人の為には、この身ばかり尊くうれしかるべき物なし。

ある日、広い野原を歩いていた目蓮尊者は、白骨を槌で打つ恐ろしげな鬼に出会い、それは前世の罪によって死後苦患を受けている者が、悪業を重ねた前世の我が身を恨んで、自分の死骸を槌で打っている姿だと知ります。次に尊者は、美しい天人が屍に散華しているのを見ます。それは、前世の功徳によって天人と生まれ変わった者が、前世の姿を慈しんでいるのでした。『発心集』は身に功徳を積むことの大切さを説くためにこの話を引用しているのですが、これは『天尊説阿育王譬喩経』を出典とする話として知られています。『山姥』(『重衡』も)の後シテが呟く第一声、

寒林に骨を打つ霊鬼　泣く泣く前生の業を恨む　深野に花を供ずる天人　返す返すも既生の善を喜ぶ

もこれを引くものです。このような、前世の所業を恨んで我が身を打つ、自責の鬼のイメージ、

私はこれが世阿弥の言う砕動風鬼の原点ではないかと思っています。したがって、もし、世阿弥が融の大臣をシテとして鬼能を書いた段階があったのだとしたら、それは地獄に堕ちた源融を獄卒が責め立てる能なのではなく、河原院への執心のために死後、鬼と化した源融が悪鬼の姿で出現し、我が身を苦しめる自責の鬼能だったのではないかと想像されるのです。

風流士源融と月

能『融』は、こうした鬼能の前史をもちながら、源融が受けた死後の苦患の要素を切り捨て、風流士としての遊舞を見せる能に生まれ変わっています。風流を極めた河原院の日々への執心から悪趣に堕ちた「諷誦文」に記される源融像を描くのであれば、河原院に立ち寄った旅僧に苦患を訴え供養を頼み、生前の栄華を再現して成仏するというストーリーもあり得たわけですが、世阿弥は源融という素材を、新たなジャンルの開拓に用いました。

世阿弥は、『三道』で、舞歌二曲にふさわしい人体として、

男体には、業平・黒主・源氏、かくの如き遊士

業平、黒主《くろぬし》、源氏を例に挙げていますが、源氏のモデルとも言われている源融は、まさに風流士の造型にふさわしい人物だったのです。

じつは同様の例に『雲林院』があります。さきほどお話しした世阿弥自筆本の『ウンリンキン』は基経の悪鬼が出現する能でしたが、現存する『雲林院』は悪鬼の出現自体を排し、雅び男の業平を後シテとして、優美な舞を舞う能に仕立て直しています。『融』は、この改作のパターンとしてとらえることができます。『融』の後場には、

あら面白の遊楽や

と、「遊楽」という言葉が使われますが、これは世阿弥伝書にある言葉で、この作品が先にお話しました、理論の実作化の一例であったことを知ることができます。

なお、能『融』に月のイメージが強いことが、従来から指摘されていますが、和歌世界のなかでは、塩釜の景を詠む和歌に月が最初から詠み込まれていたわけではありません。『千載集』から『新古今和歌集』にかけて塩釜の景に月が詠まれることが多く見られるようになりますが、『新古今和歌集』巻四所収の慈鎮の和歌を一首紹介します。

更け行かばけぶりもあらじ塩釜の怨みな果てそ秋の夜の月

夜が更けて塩釜の煙も消え澄み渡った月によって心を澄ませ、悟りへと誘う歌です。このように月が悟りの表象であることは一つの約束ごとなのですが、能『融』では、河原院そのもの

を月の世界、月宮殿に見立てている点が重要です。

前場の名所教えは、河原院の旧跡から眺める洛外の歌枕の実景です。汐汲みの翁はワキにたいして実景を説きながら、いつしか翁自身はかつて風流に遊んだ河原院から洛外を眺めた視点の中心となり、後場では昔日の河原院が現出し、融は遊舞の様を見せます。さらに河原の院は月宮殿と見立てられ、融は月の都へ入って終曲となる構成です。

後場はことに月を舟に見立てたり、弓に見立てたり、著名な漢詩句を引用した趣向に富んだ月の表現が続きますが、そのなかの、

一輪も下らず　万水も昇らず

という対句表現に注目したいと思います。ここは『妙法蓮華経玄義（法華玄義）』巻二上の、

水も上昇せず月も下降せずして、一月、一時に普く衆水に現ず。諸仏も来らず、衆生も往かず。慈善根の力、此の如きの事を見る、故に感応妙と名づく。

という最初の二句を使ったものです。水が天に昇るのでもなく、月が地上に降りているのでもないのに、天上にただ一つ耀く月は、地上にある無数の水面に同時に姿を現す。このように、天から諸仏が降りてくるのでもなく、衆生が天に昇ってもいないのに、慈善根の力によって衆

生は仏を身に受けるのである。このようにして感応妙を説く『法華玄義《ほっけげんぎ》』の右の二句は、『東大寺諷誦文稿』や大江以言《おおえのもちとき》「浄妙寺塔供養咒願文《じょうみょうじとうくようじゅがんぶん》」（『本朝文粋』巻十三）等に引用されていますから、諷誦文や願文で耳近い表現であったようです。

前場の中入直前にある汐汲みの場面には、

いざや汐を汲まんとて　持つやたごの浦　東からげの汐衣　汲めば月をも　袖にもち汐の

と、桶に映る月が描写されますが、これは、仏が一切衆生に感応することを述べる後場のこの部分と呼応しており、言うなれば伏線として仕組まれていると思われます。

このように能『融』において月は、最後に仏の光明そのものとして描かれているわけですが、この能のシテである融は「月の都」へ入って終曲となります。「月の都」は、漢語の「月宮」から作られた和語で、月天子の宮殿（月宮殿）です。前場において、六条河原院の旧跡に立ち寄って、汐汲みの尉が語る共同幻想としての壮大な河原院の景色を共に眺めたワキ僧は、月を見て賈島《かとう》の推敲の故事に我が身を投影します。ワキもまた風景のなかの一部となる見立てに興じているわけです。このワキの待謡は「なほも奇特を見るやとて待ち顔の旅寝かな」というもので、源融の旧跡で六条河原院を幻視したワキは、前場におけるシテとの出会いを奇瑞と見ていることが分かります。引き続いて現出した奇瑞が、昔日の融の大臣の遊舞の有様でした。この能は、風流士源融の「みやび」を余すところなく描いたもので、この作品は、男体で歌舞を能の中心に置くことに成功した世阿弥の会心作であったものと思われます。

元雅と禅竹などの能

本日の能『融』を題材に、鬼能が世阿弥によってどのように変わったか、というお話を致しましたが、鬼能以外でも世阿弥は、脇能、修羅能、物狂能など多くのジャンルにおいて新しい能を作り出しました。そして、世阿弥の後も能は深化を遂げます。たとえば龍神や天狗といった存在は、世阿弥の作品にはなかったものです。別離と再会の枠組みのなかで描くことが約束であった物狂能において、『隅田川』のような死別の哀しみを描く作品は、世阿弥とは異なる元雅という才能によって生まれました。世阿弥は、能の作品のなかに道理を説くものが少なくないのですが、禅竹はこの路線は継承しませんでした。しかし、『熊野』『杜若《かきつばた》』『野宮』『楊貴妃』などの艶やかな美しい女体の能の多くや、『定家』や『芭蕉』のような冷えた美しさを見せる作品は、禅竹が生み出したものです。『安宅《あたか》』や『道成寺』など、後に歌舞伎の演目にも取り入れられる名曲を書いたのは信光です。まだまだ語り尽くすことはできないほど能は多様な作品を生み出しています。その全てを味わうためには、一つでも多くの作品を是非ご覧いただきたいと思います。

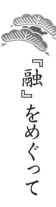

『融』をめぐって

大谷節子
田中貴子

六条河原院あたりの現在

田中　大谷さんとはずいぶん前からおつき合いをさせていただいておりまして、いまは亡き伊藤正義先生の研究会や、坂本の西教寺の資料調査などでご一緒した仲なのです。すでに大谷さんのご講演で『融』の能の本説、つまり典拠ですとか、世阿弥の作風、能の見どころをお話しいただきましたので、私はそこから落ち穂拾いをさせていただこうと思うのですが、私の専門は説話ですので河原院の話を先にしたいと思います。

大谷さんにはさっきお見せしたのですが、昨日新聞を読んでおりましたら京都のマンションの広告が入っておりました。なぜこんな話をするのかと言いますと、マンションの名前に「京都河原町六条院」というのがついているからなのです。河原院は「東六条院」とも呼ばれておりますから、まさかと思って住所を見ると河原院の跡地でした。人気なのか、もう残り七邸ということですけれども（笑）。その広告の惹句には、「名所教え」のように東山三十六峰が一望できますとありました。もし『融』の能をご覧になった方でここに住んでみたいとおっしゃる方がいらっしゃいましたら、残り七邸ですのでお急ぎください（笑）。

「恋いしや恋いしやと、嘆けども慕へども」をめぐって

田中　笑い話はさておきまして、出典のお話を大谷さんとしたいと思うのですけれども、『今昔物語集』には河原院が出てくる話があります。一つは源融の子から河原院をゆずられた宇多天皇の話です。宇多天皇が京極御息所を連れて河原院に行ったところ、融の霊が出て来て文句を言うという話ですね。融が京極御息所を賜りたいと言って断られ、宇多天皇の腰に抱きつくというバージョンは『江談抄』のほうでしたか。

大谷　『江談抄』ですね。

田中　伊藤正義先生の『謡曲入門』で予習をしていましたら、能では「慕えども嘆けども」のところで双ジオリという両手で顔を覆うような所作をするのですが、伊藤先生はその嘆きが単に河原院という場所への執着ではなくて、そこにいた御息所への恋慕の情ではないかという説をお書きになっているんですが、それについては大谷さんどうお考えですか。

大谷　おっしゃっているのは、前場の［語リ］と［問答］（名所教え）の間にある［上歌］の部分ですね。まず「げにや眺むれば　月のみ満てる塩釜の、うらさびしくも荒れ果つる、後の世までも潮じみて、老の波も返るやらん、あら昔恋しや」という［歌］があって、これに続いて、「恋しや恋しやと、慕へども嘆けども、かひもなぎさの浦千鳥、音をのみ鳴くばかりなり、音をのみ鳴くばかりなり」と双ジオリする場面ですね。

この部分は、伊藤先生以前から、昔の栄華が懐かしいという感情の表現にしては泣き方が激しすぎると、『観世』の対談などでも話題

になっていたところです。伊藤先生も、この部分の表現が突出しているとお感じになって、古作に描かれていた、御息所への融大臣の恋慕の情が残存しているのではないかと考えられたのですが、ここはいささか筆が滑られたところかと。懐旧の情、現世への執心というものは、それが鬼となって出てくるほどとても激しいもので、「恋しや恋しやと、慕へども嘆けども」、という嘆きの表現を、逸脱したものとは、私は考えません。道ならぬ恋への恋慕ととると、複雑な作品世界になってしまいますね。

田中　私もここを読んだ時に、伊藤先生にしては推測の域を出ていないと思いました。同じ京極御息所つながりでは、源俊頼の『俊頼髄脳』などに志賀寺の上人の恋慕の説話がありますね。そういった道ならぬ恋の説話との交渉で、融が御息所に恋慕するという展開があってもおかしくはないですけれど、やはり大谷さんがおっしゃるようにこの場合は鬼になって出てくるほどの場所への執着と考えたほうがいいように思いますね。

大谷　むしろ、そのことをもっと重視すべきなのだろうと思います。

『融』の月

田中　それから、河原院が出てくる『今昔物語集』のもう一つのお話というのが、東国の人が都に上ってきて荒れ果てた河原院に泊まったら妻が鬼に殺されるというものです。不思議なことに、河原院は融が生きていて栄えた時の塩釜の話以外は荒廃した姿しかで出てこないのですが、あれはなぜなのですか。

大谷　貫之の歌が、すでにそうですからね。この時から、和歌の世界では、河原院を詠む時は往年の栄華の景物を詠むのではなく、旧跡の荒廃を詠むことが本意として定まったのだと思います。

田中　その荒廃したところに月が出てくるというのが能の設定です。さきほど、その月がひじょうに大事だというお話になっていましたが、中秋の名月の晩ということになっているのですね。

大谷　はい。

田中　そうすると、月が東山から出て空を渡り明け方になるまでという時間の長さ、それが空間的にも時間的にもよく表現されているように思うのですけれども。

大谷　ええ、京都は路が碁盤の目になっていますので、月の運行がほんとうによく分かる。夜の時の推移が月の動きによって実感できる町です。そうした実景が舞台上に現出しますが、一方で、都の名所、歌枕を取り込んだ景物を絵にした屏風絵の世界に身を置いているような感覚を覚えることがあります。

田中　屏風絵とおっしゃいましたけど、それは名所を詠んだ歌や絵を貼りつけた屏風ですよね。『融』の能の場合は、そういうものがあったのでしょうか。

大谷　『融』の典拠となった屏風絵があったと考えているのではないのです。屏風絵というものがそもそも小宇宙であって、その小宇宙に身を置いて詠むのが屏風歌ですが、『融』の名所教えの場面に同じ感覚を覚えるのです。

田中　そうですね。和歌の世界と能の世界というのは、おそらく和歌の註釈などを介して深くかかわっているのでしょう。後場のほうはどちらかというと漢語がたくさん出てくるように思うのですが、それはいかがですか。

大谷　漢語とおっしゃるのは。

田中　「僧は敲《たた》く月下の門」というものですとか。

大谷　その詞は前場ですね。

田中　後場にも同じ賈島の詩が「鳥は池辺の樹に宿し」という形で見えています。この後場のほうもずいぶん漢語が出てくるように思ったのですが。あれは『三体詩』をふまえているところでしたか。

大谷　賈島の推敲の故事ですが、月の夜、人を訪ねる僧の話で、これも月の縁、月からの連想です。この能では、前ジテは月の景物とともに出てきますけれども、途中で月が出たということを言うセリフがあるのです。これがふつうの劇との違いでもありますが、月の縁でいろいろなものを取り込んでイメージを重ねていきますので、現実の時間の推移とは必ずしも一致しない。また、現実の風景と、さきほども話題にした名所絵、屏風絵のような風景とが重ねられていますので、重層的な非現実の風景になっているのです。

田中　そうですね。月が実際に出ている場で、しかも過去に月に照らされた河原院とその庭園を幻視するという二重構造になっているわけですね。それじゃあ、ワキはやはり二重構造の両方を見る人としているのでしょうね。

大谷　そうですね。

田中　そういう点ではひじょうによくできた美しい能だと思うのですが。

大谷　ええ、とても美しい能です。

田中　秋と月というのは和歌の世界でも詠まれるものですし、満月というと悟りの道へ向かう澄める月といったイメージともつながりますし、ずいぶん背景が広い能だというふうに思いますね。

大谷　そのとおりです。それから、前ジテは

『融』前　武富康之

汐汲みの老人の姿で出てきますけれども、この汐汲む海士自体が和歌に詠まれる題材なのです。この『融』もそうですし、『志賀』という能の前ジテは木樵ですが、海士や木樵という職種は俗でありながら、既に和歌世界に取り込まれた雅の景物として能を構成しているところが、ほかの演劇とはおそらく違うところですね。

田中　一種の箱庭みたいな、ジオラマみたいな

大谷 節子（おおたに せつこ）
成城大学文芸学部教授。世阿弥が「能」という文学をいかに確立したか、という視点で書かれた『世阿弥の中世』をはじめ、『素謡の場―京観世林喜右衛門と田・月渓』、「狂言「釣狐」と『無門関』第二則「百丈野狐」」など、能や狂言に関する著書・論文を発表。

ものを見ているみたいな感じがするんですよ。
大谷　ああ。
田中　ジオラマのなかに塩汲む翁もいて、ワキもいて、それらを月が照らしているのをのぞき込んでいるような感覚を抱くのですけれども。
大谷　屏風絵の世界、名所絵の世界というものがそうであって、それが立ち上がったものが『融』の能だという感じですね。

尉面と中将面のこと

田中　『融』の前場は「三光尉《さんこうじょう》」という面だと聞いたんですけれども、これはほかの尉に比べて特徴があるのですか。
大谷　はい、今日は「三光尉」が使われるとうかがっていますが、ほかに「阿瘤尉《あこぶじょう》」「笑尉《わらいじょう》」「朝倉尉」などが使われることもあります。『中楽談儀』のなかに、能面のことを書いたくだりがありますが、そこに出てくる面《おもて》の名称の中で、いちばん多いのが尉面です。といっても四種類ほどで、今日使用される「三光尉」という名前が出てくるのはずいぶん時代が下ってからです。「三光尉」「あこぶ尉」「笑尉」「朝倉尉」のなかで世阿弥の伝書にすでに名前が見えているのは笑尉だけですが、この笑尉がいまの笑尉のような尉面であったかどうかは分かりません。今日使われる「三光尉」というのは、今日の前ジテのような職種の老人に使われる面です。『高砂』の前ジテのような、神の化身を表す尉面とは違う面が使われていたことは、世阿弥の時からそうだったのだと思います。
田中　尉の面にも、人間に近いのと神に近いのとがあるんですね。
大谷　そうですね。
田中　それで後シテは「中将」の面です。
大谷　はい、中将の面が文献に現れるのは十六世紀の後半ですので、世阿弥の時にはまだこの名称をもつ面というのはなかったと考えられます。「若き男面」と表現されている面が使われていたのでしょうが、「中将」のような様式性はもっていません。

田中　私が意識的に能を観るようになってからの感想にすぎないんですが、中将の面はとても情けなく見える時と恐しく見える時があって、感情の起伏が激しく表される面のように思うんですけどね。比較的若い、壮年といっていい年代の男性なんだけれど、眉間をぐっと寄せたところが苦悩を物語っているというか……。

大谷　ええ、眉間の緊縮が憂いを表現していると言われている面ですね。

田中　それは融の執着を表していると考えていいのでしょうか。

大谷　さきほど申しましたように、中将面が出てくるのはすこし下りますので、その時に何の曲を想定して中将面が作られたのかという問題と、融に中将面を用いる時の面の解釈の問題は別に考えなければなりません。中将面が『融』に使われる場合に眉間の緊縮が憂愁であるのか、苦悩であるのか、高貴の表現となるのか、それはシテが何を表現するかによって変わるものでしょうね。『融』の専用面ではありませんので。

田中　融はその執心を抱いて出てきても、そ

『融』後　武富康之

こで苦しいから救ってくれとは言わないのですよね。
大谷　はい、『融』は、苦悩を救ってくれと僧に頼むパターンの能ではありませんので。
田中　最後も、月の世界に帰る、というような格好で退場していきますね。
大谷　そうです。それこそが『融』の世界なのです。今日はとくに「舞返之伝《まいがえしのでん》」の小書がついていますので、シテが足拍子をして留めることもせず、そのまま橋掛りからすうっと幕の内に入ってしまい、ワキが留めるかたちですね。

小書「舞返之伝」のことなど

田中　この曲は小書が多いのですが、今日は「舞返之伝」という舞が長い演出です。
大谷　そうですね、急ノ舞が入って舞の五段の途中にクツロギが入り、橋掛りを使って舞の見せ場が続きます。
田中　舞の見どころが多いということですね。
大谷　はい。何番目か数えたことはないのですが、『融』は小書がとても多い能で、『三輪《みわ》』とどちらが多いですかしら。それだけ各流で工夫がこらされてきた能です。見方を変えれば、舞に色々な意味づけができる能だということでしょうね。能を嗜む方で『融』を舞いたいと思われる方は多いと思いますよ。
田中　上演回数もひじょうに多いですよね。
大谷　はい。
田中　いまでも多いほうです。
大谷　とくに秋は。
田中　やはり秋という季節と結びついているわけですよね。
大谷　そうです。『融』の月は秋の月です。

ふたたび河原院のこと

田中　唐突につまらない話をするかもしれま

せんが、アイの語りで難波から塩釜を作るために三千人の人足を使って三十石の塩水を運ばせたという箇所がありますね。あれは河原院が六条河原に近くて鴨川のすぐ横だから、潮を船に乗せて運んだということになっているんでしょうね。

大谷　船に乗せないと運べないでしょうね。

田中　いまも河原院跡のあたりに行きますと、鴨川が氾濫したら浸水の危険が大きいところだと実感するのですけれど、『続古事談』に河原院は鴨川の水が浸水して「水底」になりそうだ、という記述があったのを思い出します。河原院は早くから荒廃したわけですが、そのきっかけとなったのは宇多法皇が行かなくなったということと、水害の被害に遭いやすいからではないかなどと考えたのですが。実際は、説話が語るような融の霊が荒廃の原因ではないのではないかと。

そういった水害の歴史があるから、あんな東山や大文字が望める絶景の地なのにいままでマンションが建たなかったのかもしれませんよ。京都のマンションは「大文字一望」というのが売り言葉ですから。

大谷　河原院の場所は度重なる水害で遺跡が流れていて、掘ったところで正確には分からないのだそうですよ。

田中　そうでしょうね。このあいだ大雨で増水した桂川が決壊しまして久々に恐怖を覚えたのですが、もし鴨川も決壊したらああなるんだということを我が事のように感じました。白河法皇が自分の意にならないものは山法師と賽の目と鴨川の氾濫だと言っていますが、実感しましたね。嵐山の渡月橋の下まで水がきて、あれが鴨川だったらおそろしいことだと思ったのですが、たぶんそれがふつうの平安時代の状況なんでしょうね。

大谷　そうですね、あの時、すこし北の方は鴨川も怖かったですよ。警戒水域を越えて、携帯の特別警報ですか、あれが朝、鳴りまして、それで起きました。

田中　私も鳴りましたけど、これはなんだろうなと思って。初めてでしたけれども。

大谷　そう、初めてでした。それで鴨川の土手まで見に行きました。

田中　そうですか、見に行ったんですか。

大谷　ええ。普段とはまったく違う川の流れ方でした。全てを押し流すような。

田中　能も説話もそうなのですが、舞台となった場所がいまと変わってしまっているところと、いまもほとんど変わらず残っているところとがありますが、河原院のあたりの地勢は行ってみたら分かることもあるかなと思ってそういう話をさせていただきました。

大谷　『夕顔』もそうですね。あそこで夕顔が亡くなったのは、おそろしいものに命を奪われたのだと、中世のものには書かれていますね。

田中　源氏が夕顔を連れて行った某の院のモデルが河原院だという説を唱えているのは『河海抄《かかいしょう》』でしたね。とうの昔に荒廃したところで持ち主も分からないから、勝手に入れるんですね。

大谷　そうですね。はい。

田中　そこで現れたのが正体不明の霊なのですが、『源氏物語』本文には誰の霊とも書いてないのです。あれは六条御息所の生霊だと思い込みがちなんですが、ほんとうは何者かはっきりしません。もしかして河原院に憑いている霊かもしれないとすると融の霊になりますが、真実は分からなくても何か出るところと言われる場所ではあったんでしょうね。

大谷　そうですね。京都はいまも死者の霊と共に人々が暮らしているところですからね。

田中　そうでしょうねえ。いや、べつにいま出ると言ってませんけれども（笑）。

ただ、ここには何か出るという噂の上に、特定の誰かの霊じゃないかという憶測が乗っかって話が生まれるということもありますね。もし河原院で何か怪しいことが起こったら、これは融の霊かというように思い込む心象を生まれるんでしょう。何か出るところというイメージがあるからこそ、融がまた祟っているんだという理解のしかたをするのだと思うんですよね。

大谷　とてもお好きな世界でしょう（笑）。

田中　はい、すみません。とても好きなんですよ、怪しいものの世界が。

荒廃の美と喪失感

大谷　話を元に戻しますと、いまの『融』の能のなかには、そういうおそろしげなものの影はまったくありません。河原院を荒廃した場所とする共通理解が前提となっていて、前場に、『古今和歌集』の貫之の歌が引かれますが、名所教えは月に興じて繰りひろげられ、後場は、華やかな、光に満ちた、月に照らされた世界ですね。

田中　そうですね、荒れ果てたところゆえに栄華の昔が甦ってくる対比が鮮やかで、月の光が照らしている時だけ過去が幻視されるという世界です。廃墟の美というか、実際に繁栄しているところではありえない能ですよね。

大谷　そうですね。これは萎れる花をめでる心持ちとも共通しますし、花も紅葉もなかりけりという景物を詠むのとも通う美意識ですね。もうそこには何もないんだけれども、花とか紅葉などの言葉を入れることによって、美しさと現実の喪失感を重ねる。きわめて中世的な美意識と言ってよいかもしれません。

田中　そうですね、やはり世阿弥はそういうところも全部含んで『融』の能を作ったということなのでしょう。月だけが見ている昔の世界というものを十分お楽しみいただければと思います。

世阿弥、その環境

天野文雄

室町将軍と禅

今日は、これから「世阿弥、その環境」というテーマでお話をいたしますが、なぜ「環境」なのかというと、これは文学とか演劇とか美術とか、そういうあらゆる芸術全体に言えることで、改めて言うまでもないことなのですが、芸術の中心と言えば、当然、それは制作された作品になります。それはもちろん大事なのですが、その作品がどのような環境で制作されたのかということも、それに劣らず大事なことなのです。そういう理由で、本日は世阿弥が身を置いていた環境についてお話をいたします。

さて、「環境」とひとくちにいっても、それにはいろいろなケースがありますが、今日は話題を二つに絞ることにします。一つは世阿弥がおもな活動の場としていた室町将軍周辺という環境について、これは世阿弥と将軍との関係ということになります。もう一つは、これは世阿弥が五十代に入ってからのことになりますが、禅の影響をたいへん強く受けるわけです。それで世阿弥の禅的環境についてということになります。もっとも、この二つは相互に重なってもいます。というのは、世阿弥が仕えた将軍というと、義満、義持、義教です。このうち、義教は世阿弥を佐渡に流したような将軍ですから、世阿弥との関係はよくなかったのですが、この三人の将軍はいずれも禅に帰依しています。そういう将軍の近くにいた世阿弥ですから、当然、禅にふれる機会が多かったのです。ですから、本日用意している二つの話題は、おのずと重なる面もあることになります。

世阿弥が住んでいた所

本題に入る前に、環境ということで、一つご紹介しておきたい資料があります。お手元のパンフレットのなかに「観世文庫の文書」というタイトルの文章があると思います。これは月刊の『観世』の表紙裏に連載されているものです。観世家に伝わった世阿弥以来の能楽史料のうち、研究のうえで貴重なもので、能楽愛好者にも興味をもってもらえそうなものを紹介していこうという欄です。監修は松岡心平さん、この回は私の担当で、二年ほど前のものです。ここでは、明治維新まで京都にあった観世屋敷に関する史料を三点挙げています。今日は「環境」という話ですので、世阿弥は京都のどこに住んでいたのかということを、まず紹介したいと思います。

結論からいうと、世阿弥は京都の大宮通五辻というところ、西陣のあたり、いまも観世町という町名が残っていますが、そこの観世屋敷に住んでいたと思われます。観世屋敷は幕末までありました。ここには三点の史料を紹介していますが、その一つが慶応四年の京都府裁判所宛の文書です。差し出し人は京都の観世流の役者で、片山九郎右衛門、薗《その》九兵衛、林喜右衛門、岩井茂之丞、大西寸松《すんしょう》の五人です。大西家はいまは大阪ですが、当時は京都でした。これによると、観世屋敷はいまから四百七十年あまり前に将軍義満公から拝領したものだとされています。四百七十年前というと応永初年で、世阿弥は三十代前半です。新しい時代の史料ですが、長年、観世屋敷を守ってきた京都の観世流の役者の証言ですから、信憑性は高いと思われます。

京都に観世屋敷があったことは、比較的知られてはいましたが、従来はそこと世阿弥の住まいを結びつけて考えるという発想はなかったと思います。三年前に京都の金剛能楽堂で「平安京の祭と芸能」というシンポジウムに呼ばれた時、ふと世阿弥はいったい京都のどこに住んでいたんだろうかという疑問が浮かび、そこで観世屋敷のことを話したのですが、その時には、この史料には接していませんでした。そこは現在は西陣中央小学校の敷地になっています。以前の校名は桃園《とうえん》小学校といったそうです。敷地は約千坪という広さです。これまでは観世屋敷の存在は世阿弥の時代から百年ぐらい後にならないと確認できなかったのですが、このような決め手になる史料が出てきたわけです。

この裁判所宛の文書のほかに掲げたのは、江戸時代の観世屋敷の平面図です。一つは幕末のもの、もう一つは天明の大火の後のものです。後者には能舞台も描かれています。ここには紹介しなかった史料のなかには、拝領したのは世阿弥ではなくて父親の観阿弥が義満から拝領したとするものもありますが、その可能性も十分あると思います。それがその後、世阿弥が佐渡に流された時にでも、甥の元重、後の音阿弥の手にわたって、以後、観世家の代々が領有してきたと思われます。その観世屋敷には稲荷が祀られていて、それは現在も小学校の片隅に鎮座していますが、いまはそこだけが観世家の所有地だそうです。この稲荷は『申楽談儀』にみえる稲荷の霊験譚とかかわりがあると思います。そうすると、あの場所で世阿弥は『高砂』とか『清経』とか、今日、これから上演される『井筒』などを書き、『風姿花伝』を始めとする多くの能楽論を書いた、ということになるかと思います。もっとも、義満が北山に移った十年ほどのあいだは、世阿弥も北山に移住した可能性がありますが、義満が亡くなった応永十五年以後はまた観世屋敷に戻ったのではないかと思われます。観世家は徳川幕府から拝領した領地が江戸にもありましたが、それは京都の観世屋敷の半分ほどの広さです。京都の観世屋敷がいかに広大な敷地であるかということが分かるのですが、それはおのずと室町将軍から拝領したことの証拠にもなるでしょう。すこし前置きに時間をとってしまいましたが、世阿弥が住んでいた所について紹介させていただきました。

世阿弥と室町将軍

それでは、本題に入ります。まず、室町将軍との関係ということですね。これについては、すでに多くのことが知られています。私もこの視点から執筆した論を平成十九年に刊行した『世阿弥がいた場所』という著書にまとめていて、それにつけ加えることはほとんどないのですけれども、この機会に、改めて焦点を絞ってお話ししてみたいと思います。

まず、取り上げたいのは世阿弥の芸談の『申楽談儀』です。『申楽談儀』にはずいぶん将軍に言及があるからです。そのほとんどは義満です。『申楽談儀』は世阿弥が還暦を迎えてから八年ほどのあいだの晩年期の芸談です。そこでは、十四、五箇所に将軍への言及がある。そのうちの十二が義満です。「ろくをんゐん」とか「将軍家」という言い方で出てきます。いま申し上げたように、『申楽談儀』は世阿弥晩年の芸談で、まとめられたのは将軍義持と義教の時代なのですが、言及は圧倒的に義満が多い。これから、彼が仕えた将軍のなかでも、世阿弥は義満をとくに敬慕していたということが言えると思います。参考までに、『申楽談儀』でもっとも言及が多いのは、田楽の喜阿弥という南北期の名手で、十六箇所に出てくる。次が観阿弥です。これが十五箇所。義満は三位なんですね。これによって、いかに彼が将軍の周辺、とりわけ義満の周辺で活動していたか、明らかだろうと思います。

また、『申楽談儀』は芸談ですから、とくに義満の生の声がそのまま記されていることが少なくありません。義満がこう言ったというような記述が少なくないのです。それを二つほど紹介します。よく知られている逸話ですが、場所は室町御所でしょうか、『自然居士《じねんこじ》』を観阿弥が演じた時のことです。それを観ていた義満が一緒に観ていた少年世阿弥に、こう言ったというのです。「児《ちご》は小股を掻かうと思ふとも、ここは叶ふまじき」と。「児」というのは世阿弥のことです。お前はいくら頑張ってもここは父親の観阿弥にはかなわないだろう、という意味です。『申楽談儀』では、これは義満の「秀句《しゅうく》」だとしています。秀句、つまりジョークだというのです。この言葉のどこがジョークなのか、長くなりますので今日は立ち入りませんが、これは明らかに義満の生の声です。しかもジョークです。こういう例が『申楽談儀』には多いのです。これは義満研究の絶好の史料だと思うのですが、日本史研究のほうではまだ注目されていないようです。

もう一つ、世阿弥という名前の命名をめぐって、義満の肉声が伝えられています。これもよく知られていることですが、応永八年頃のある時、将軍周辺でそれまでは元清、あるいは三郎だったのを阿弥号で呼ぼうということになった。父親は観阿弥で、当時、世阿弥は「観世」とも呼ばれていましたから、その「世」を使おうということになったらしい。つまり、「世阿弥」なのですが、ここで、この「世」をどう読むかという問題が起こった。ヨアミかセイアミか、いろいろな意見が出てまとまらなかったらしい。その時、義満が、「観世という時の『世』は濁るのだから、ゼアミがよいだろう」と言ったので、その一言で、読みがゼアミに決まったと、『申楽談儀』に記されている。昭和三十年代までは、この「阿弥」は出家号と考えられていましたが、世阿弥が出家したのは、この二十年ぐらい後のことです。それでは、世阿弥の「阿弥」というのは何かというと、将軍の周辺に集められていた文化人が持っていた、ステイタス・シンボル的な名称だと思われます。とくに義満の周囲には、阿弥号を持った文化人や芸能者がたくさんいました。さきほどの喜阿弥などもその一例です。ですから、ゼアミという名前は義満の命名ということになります。『申楽談儀』には、「「観世」のときは「世」濁りたる声あり。ここを規模」、とありますが、これも義満の肉声です。そういう環境に世阿弥はいたということです。『申楽談儀』からは、そういうことが分かります。

義満の次の将軍は義持ですが、これは『申楽談儀』には、ほとんど出てきません。しかし、『至花道《しかどう》』という、応永二十七年に世阿弥が書いた能楽論の最後のところに、「昔は少しばかり欠点があってもいいところをほめられたが、当代は洗練に洗練をかさねた演技でないとほめられないし、わずかな失敗も批判される」という、嘆きにも似た世阿弥の発言があります。この昔というのは義満の時代で、当代は義持の時代です。義持はそういうタイプのパトロンだったのです。その義持の治世は、世阿弥の四十五歳から六十五歳にあたります。役者としてはもう盛りを過ぎた時代ですが、この時期に世阿弥は今日に残る多くの名作を制作し、また高度な芸論を執筆しています。それには鑑賞眼の高い義持の影響があったと思われます。禅に帰依して、それが作品や芸論に投影するのもこの時期です。

次の義教は世阿弥を佐渡に流したような将軍ですから、ここでは触れなくてよいでしょう。

世阿弥の脇能と将軍

将軍との関係で抜きにできないのが、世阿弥が作った能です。その場合、注目されるのは脇能です。脇能に将軍との関係を端的にうかがわせる現象が認められるからです。脇能というのは『高砂』にしても『弓八幡《ゆみやわた》』にしても『老松《おいまつ》』にしても、天下の泰平を祈念するという、そういう祝言を内容とした能です。この脇能については、現在は何となく、めでたさみたいなものが脇能のテーマで、だからあんまりおもしろくないというような理解が一般的ですけれども、世阿弥の脇能における祝言の内容はかなり具体的で、将軍がいかに世の中をうまく治めているか、つまり将軍の治世賛美を一曲のテーマにしています。

ここにさきほどふれた『世阿弥がいた場所』という本を持ってきているのですが、この本では、とりわけ脇能を多く取り上げています。対象にしている能をざっと紹介しますと、義満時代に作った脇能としては『弓八幡』と『養老』。もっとも、『弓八幡』はもうすこし後の作品ではないかという説が比較的多いようですが。義持時代では、『難波《なにわ》』『白楽天』『老松』『高砂』です。それらの論のサブタイトルを聞いていただくと、そこで私が何を書こうとしたかが具体的にお分かりいただけると思います。

まず、『弓八幡』ですが、タイトルは「《弓八幡》成立の時と場」で、サブタイトルが「『申楽談儀』の「当御代」と応永初年の義満をとりまく状況をめぐって」というものです。応永初年というのは、南北朝の合一が成った頃です。六十年ほど続いたんですね、二つの朝廷が存在するという状況が。それでその南北朝が合一された、記念すべき時期に書かれたのがこの『弓八幡』ではないかということを説いています。その根拠としてあげたのは、「天下一統」という言葉とか、シテの老人が弓矢を袋に包んでそれを帝に献上するという設定です。弓矢を袋に包むというのは、もちろん平和の象徴なのです。それによって将軍の治世そのものをことほぐというかたちになっている。そういう能だということを主張しています。

『養老』は、「《養老》の典拠とその成立の背景」というタイトルで、サブタイトルが「『養老寺縁起』と明徳四年の義満の養老瀧見物をめぐって」です。明徳四年、まあ南北朝の末期ですが、義満は伊勢参宮の帰りに養老瀧を見物しています。その時に『養老寺縁起』のような養老寺の縁起に接したのだろうという推測です。『養老』はその縁起にきわめて近いのです。「君は舟、臣は水」という成句などによって、世の中がたいへんよく治まっている、ということがテーマとして主張されています。それから『難波』。これは義持時代の能です。タイトルが「難波の作意と成立の背景」。「作意」というのは作者のねらいということです。これも「成立の背景」です。背景、つまり環境ということです。サブタイトルが「応永十五年の将軍義持の家督継承前後の状況をめぐって」というものです。応永十五年に義満が急死した後、すでに将軍に就任していた義持が跡を継ぎます。跡を継いだのですが、これはそうすんなりとはいかなかったんですね。これは歴史のほうでたいへん有名なことですが、没する直前の義満は末子の義嗣を偏愛していた。義持は長男で、すでに将軍だった。しかし、義満の後継者がその二人のどちらになるか、予断を許さない状況だった。そういう状況があって、それで結局義持になるのですが、そういう背景のもとに作られたのが『難波』だろうということを主張した論です。

　こういうと、そんなことがどこに書いてあるのかと思われるかもしれませんが、みなさんがご存じのように『難波』でおもな典拠になっているのは仁徳天皇が即位する時の説話なんです。仁徳の都は難波です。その仁徳には弟がいた。菟道稚郎子《うじのわきいらつこ》という弟がいたのです。それで兄の仁徳は弟の菟道稚郎子に遠慮して、なかなか即位しなかった。最終的には、仁徳が即位するのですが、『難波』はそういう兄弟の位争いの物語を典拠にしている。お気づきかと思いますが、これは義満が急死したあとの義持と義嗣をめぐる状況とぴったりなんですね。『難波』では全体として新しい為政者が生まれたということがことほがれている、そのなかには、その新しい為政者は堯舜《ぎょうしゅん》をも超える君主だとも説かれている。堯舜というのは中国古代の伝説的な帝王で、その時代は聖代の象徴とされています。私はこの堯舜には義持がイメージされていると考えています。現に当時の文献には、足利義持のことを堯舜のような善政を行った将軍だという、そういう記述がたくさんある。しかも『難波』には梅が出てきますね。『難波』は『難波梅』というのが本来の曲名です。梅というのは「花の兄」とされています。春、最初に咲きますから。ですから、そこには兄弟が位を争って、結局、兄が位につくということが暗示されているわけです。本来の曲名の『難波梅』の「梅」は義持を暗示していると考えてよいと思います。

まだ、『老松』や『高砂』などが残っていますが、この後、禅について話をする時間がなくなりますのでこのくらいにいたします。

これまで、将軍との関係についてすこしばかりお話をしてきましたが、こういう話をお聞きになると、それでは将軍の周辺以外の場で世阿弥はどんな活動をしていたのかとか、さらに言えば庶民は世阿弥の能にどのくらい接していたのか、という疑問をもたれるかもしれません。じつは、そこがいちばん分からないところなんです。それは世阿弥にかぎらず能の歴史を通じて庶民はどのていど能を観ていたのか、それがいちばん分からないところなのです。江戸時代になると、だいぶ分かってきますが、それでもそれほどよくは分からない。それが室町時代になると、ほとんど分からない。観阿弥は駿河で没していて、それには世阿弥も同行していたはずですから、地方にも行っていたことは分かりますが、具体的な活動を伝える史料はほとんどないですね。その点の解明は今後のたいへん大きな、しかもむずかしい課題であろうと思います。

世阿弥と禅

大急ぎで禅との関係について話したいと思います。能と禅、世阿弥と禅というのは、一般的には自明のように思われているかもしれません。しかし長いことそうではなかったんですね。それが非常に明確なかたちで証明されたのが昭和三十年代です。神戸にお住まいだった香西精《こうさいつとむ》さんと表章《おもてあきら》先生が、昭和三十二、三年に奈良の磯城《しき》郡の田原本《たわらもと》町に補巌寺《ふがんじ》という禅宗の寺の文書から、世阿弥の名前と、それから「寿椿《じゅちん》」という名前を見つけて、世阿弥が帰依《きえ》していたのは禅宗であることが判明するという大きな発見がありました。補巌寺は曹洞宗です。それから間もなくして、香西精さんは世阿弥の、とくに能楽論に反映している禅的な要素について、たいへんすばらしい論文をお書きになりました。その論文では、世阿弥の伝書に出てくる用語について、まるで手品のように、これは禅のこういう文献に、こんなふうに出ている言葉であると、次から次へと出してくる、そういう論文なんですね。まあ画期的といっていい論文だったのですが、その論文や補巌寺の発見によって世阿弥と禅との関係がはっきりしました。世阿弥という名前のことは、さきほどもすこしお話しましたけれども、阿弥号というのは一遍が創始した時宗《じしゅう》に多いものですから、世阿弥は時宗に帰依していたという説がそれまではかなり有力だったのです。世阿弥時宗説はまだ残っているかもしれませんが、世阿弥の菩提寺が曹洞禅であることが判明して、それで時宗説が成り立たなくなったわけです。そのような香西さんの研究があってから、世阿弥と禅との関係については、われわれ後進がぼちぼち書いていますが、何といっても香西さんの業績が画期的でした。私もすこし書いておりますので、一つ二つご紹介させていただきます。

たとえば「心より心よりに伝ふる花」というのが『風姿花伝』の奥義《おうぎ》篇に出てきます。これは「以心伝心」ということですが、もとは禅で重視された言葉です。心から心に伝える。それを世阿弥は訓読して、「心より心よりに伝ふる花」としたのですが、これは白水社から出た観世寿夫さんの本のタイトルに使われています。それから『柏崎』。これは古い能に世阿弥がクセを加えたものが現在の『柏崎』です。もとはクセがなかった。このクセの直前に「異香《いきょう》充ち満ちて、人に熏じ、白虹《はっこう》地に満ちて列なれり」という文句があるんですね。じつはこれによく似た文句が『六祖壇経《ろくそだんきょう》』という禅の文献にみえるのです。六祖というのは、達磨から数えて六番目の祖師で、その言行録が『六祖壇経』です。そこに六祖恵能《えのう》が亡くなった時の描写として出てくる文句にそっくりなんですね。そういう指摘をしています。このほかでは、世阿弥の自筆本が残っている『松浦《まつら》の能』とか、『融《とおる》』にもかなり禅的な要素があります。一つだけ紹介しますと、『融』の前場に「名所教《めいしょ》え」といわれる場面があります。六条河原院《ろくじょうかわらのいん》から見える京都の山並みを、西南から東南にかけて僧に案内をする場面です。この場面は「名所教え」と呼ばれているのですが、ここは源融《みなもとのとおる》の亡霊が、かつて風流な生活を送っていた場所への愛着を示しているると私は理解しているのですが、それだけではなく、禅のほうでは庭にいろいろな名所を作る風習があります。一つの理想的な世界をそこに作ろうとする。それを「境致《きょうち》」と呼んでいます。十の名所があれば「十境」、六なら「六境」と呼んで、その橋とか川とか山とかにそれぞれ名前をつける。注目されるのは、それはたんに邸内だけではなくて、その外側に位置している山なども含めている。天龍寺の「境致」などでは、嵐山とか大堰川《おおいがわ》なんかが入っています。『融』の名所教えはすべて邸外の名所です。それで、『融』のこの場面は禅の「境致」をふまえているのではないかと考えています。こういう例はこれからもっともっと出てくるだろうと思います。

元雅と禅

これまでは世阿弥と禅との関係に絞ってお話をしてきましたが、それでは観阿弥と禅との関係はどうなのか、それから、世阿弥の子どもの元雅と禅とのはどうなのか。禅竹はどうなのか。当然、そういうことが問題になってきます。もちろん観阿弥も『卒都婆小町』とか『自然居士』とか、もうほとんど禅の思想をテーマにしているとさえ思える能を作っているわけですよね。だから世阿弥は父親からもその禅の知識を仕入れる可能性はあったんですけれども、どうも若い頃の世阿弥はあまり父親からは禅のほうの影響は受けなかったと思われます。というのは、世阿弥がその禅の影響を受け出すのが晩年になってからと思われるからです。世阿弥は六十歳直前に出家していますが、そのすこし前あたりから、芸論に禅的な思考が現われてきます。禅的な色彩が濃厚な世阿弥の能もその頃以後の制作だと思われます。

元雅は「善春」という法号をもっていますが、これは禅の法号かと考えられています。元雅作『弱法師』の「江月照らし松風吹き、永夜の清宵何のなすところぞや」、これは当時たいへん人口に膾炙していた永嘉《えいか》という禅僧の詩偈《しげ》です。それが『弱法師』に出てくる。それから『盛久』。『盛久』には盛久が鎌倉に護送されるところで、「ムチュウに道あって塵埃を隔つ」という文句がある。その「ムチュウ」は「夢中」と理解されていて、いまの観世流の謡本でも「夢中」となっていると思います。ほかの流儀でもそうだと思います。しかし、さきほどお話した香西精さんは、それは禅のほうの文献、『碧巌録《へきがんろく》』とかをたくさん引いて、これは「無中」だという。「無中の道」、無の中に道がある。それが正しいのです。しかも香西精さんは、『盛久』の「無中に道あって塵埃を隔つ」の「隔つ」は、禅の文献では「出づ」というのもある、という。「塵埃を隔つ」「塵埃を出ず」、この二通りの本文があるというのです。そして、曹洞宗では、「隔つ」のほうを採用しているようだと。ここで世阿弥が帰依していたのは曹洞宗だということとも関連してくるわけですね。

最後は香西精さんの研究の話になりましたが、香西氏の研究はそれくらい画期的だったわけです。私などはそれを受けて落ち穂拾いのようなことをしているのですが、世阿弥を理解するためには、この方面の研究はきわめて重要だと思っています。

『井筒』をめぐって

天野文雄
田中貴子

在原寺は廃寺だったのか

田中　『井筒』というと、現代ではたいへん上演回数が多いという感じがあるのではないかと思いますが、そのような曲でさえ、まだいろいろ分からないことがあるようです。まず、『井筒』の舞台となった場所として在原寺という名が出てまいります。業平ゆかりのお寺ですね。大和国の、現在なら天理市に当たりますが、ここはどのようなところだったのか。いままでの研究では伊藤正義先生がおっしゃっているのですが、世阿弥がいた頃はこの在原寺がすでに廃寺であったという説が定説のようになっているのですが、天野さんは廃寺ではないとお考えだそうですので、それをうかがってみたいと思います。

天野　これについては、ちょっとした思い出があります。もう十数年前に奈良女子大に非常勤で二年ほど出講したことがあって、『井筒』の話をした時に連歌師紹巴《じょうは》の『吉野詣記』に在原寺を見物している記事があることを紹介して、当時つまり天正頃ですが、在原寺は廃寺ではなかったのではないかということを話しました。その時は『吉野詣記』しか挙げなかったのですが、中学校の教員で大学院に研修に来ていた院生が、単位レポートに、『吉野詣記』以外にも、『大和名所図会』など近世の地誌に在原寺の絵図が載っていることを報告してきたのです。

それで、これはまちがいないと思って、その院生にも断って、「在原寺は「廃墟」にあらず」という論を大槻能楽堂の『おもて』に書かせていただいたのです。『井筒』の在原寺には、そんな思い出があります。

いま伊藤正義先生のお名前が出ましたが、伊藤先生には新潮社の日本古典集成『謡曲集』という立派なお仕事がありますが、じつは『井筒』が作られた頃の在原寺はすでに廃寺であったという説の出所は古典集成の『謡曲集』なのです。あの『謡曲集』が立派なお仕事だっただけに、そのあとの『井筒』の解説や論文も草木がなびくように「廃寺」になってしまったのです。その後、これ以外にも、『井筒』よりあとのものですが、在原寺が存在していたことを示す史料が報告されています。そのあたりのことは関西大学の山本登朗氏が書いていらっしゃいます。

田中　はい、伊藤先生がいかに偉大な影響力をおもちかということになるのですが（笑）。現在は在原神社というのがありますけれども、あそこに在原寺があったということでよろしいのですね。

天野　ええ。いまの在原神社は、廃仏毀釈までは本光明寺と一体でした。江戸時代の謡曲注釈書『謡曲拾葉抄《ようきょくしゅうようしょう》』の『井筒』の注では、その本光明寺がかつての在原寺だとされています。本光明寺の本尊は観音で、そこから業平はもとは観音菩薩だという説が生まれたのでしょう。本光明寺は現在は残っておらず、在原神社だけが残っている。ですから、いまの在原神社がかつての在原寺の跡地と考えてよいわけです。もっとも、私はまだ行ったことがないのですが。

田中　私は大学時代は暇でございましたので行ったことがあります。その在原寺なのですが、廃寺と言われる根拠とされた和歌がありまして、一三〇〇年代に作られた『玉葉和歌集』という勅撰集なのですが、藤原為子という歌人がこんな歌を詠んでいます。詞書は、「初瀬へ詣でけるついでに在原寺を見て詠み侍りける」とあり、歌は「かたばかりその名残とて在原の昔の跡を見るもなつかし」というものです。この「昔の跡」という部分が廃れた古いお寺の跡だと解釈されてきたのですが、天野さんによるとこれは業平の旧宅というふうに考えてよいというお説でしたよね。

在原寺がなぜ石上にあるのか

天野　私の説は、『井筒』が作られた時代の在原寺は廃寺ではないというもので、『玉葉集』の「在原の昔の跡」については、それが業平の旧宅というようなことまではまったく考えていませんでした。考えてみれば、業平が登場する『井筒』の舞台がなぜ石上《いそのかみ》なのかという問題がある。業平が住んでいた場所なら、それは京都ですよね。それなのに、なぜ石上が業平の「昔の跡」なのか。そういうこともいままでは問題にされていなかった。しかし、改めて、なぜ石上なのかというと、これはかんたんには答えられない。田中さんは答えられますか。

田中　石上というのは奈良の東の端なんですね。それで、この『井筒』は『伊勢物語』の第二十三段を中心に十七、二十四段をもとにしたお能ですけれども、『伊勢物語』では業平とその妻、伊勢注や能では紀有常の娘ということになっている女性が登場します。そこで業平は河内国の高安にいる別の女のところへ行くんですね。これは、大和国を東から西へ横断するような距離で、歩いて行くにはとても遠い所です。

　すると、業平が石上に住んでいるというのはちょっと妙な気がします。あくまでも私の憶測に過ぎませんが、『伊勢物語』の最初の段で「初冠《ういこうぶり》」というのがあって、その舞台が春日ですよね。その春日に業平の父である阿保《あぼ》親王と紀有常が住んでいたという『冷泉家流伊勢物語抄』がありますから、業平は大和国生まれということになっていたんじゃないでしょうか。そのほかの理由はよく分かりませんけれども、石上というのは「田舎渡らひ」という箇所と関係があるのかもしれません。その田舎に住んでいる幼なじみの筒井筒の仲ということで。田舎といっても単にへんぴな場所というのではなく、古い所という意味でしょう。京都はまだ田舎じゃないんです。古い都、なつかしいふるさとというのは奈良のことをさしていますので、それで大和ということになったのかなというようにも思います。

天野　これは私の説ではないのですが、どうも在原氏の領地があのあたりにあったらしい。そうした事実のうえに、業平、あるいは業平夫婦の屋敷が石上にあったという、そういう伝説のようなものがすでに『玉葉』の歌が詠まれた頃には存在していたらしい。そういう伝説のようなものに『井筒』は拠っているんですね。これはさきほどお名前を出した関西大学の山本登朗さんが書いておられることで、能の『井筒』は『伊勢物語』や『伊勢物語』の「古注」と呼ばれるものを素材にしていることはもちろんだが、それ以外の在地の伝説ももとにしていると指摘されています。

　われわれが『伊勢』とか古注しか考えていなかったところに、在地の伝承のようなものももとにしていると言われて、目から鱗が落ちるような感じがしました。事実かどうかはたしかめがたいが、かなり古くからそういう

天野　文雄（あまの　ふみお）
京都造形芸術大学舞台芸術研究センター所長。大阪大学名誉教授。著書に『翁猿楽研究』『能に憑かれた権力者』『現代能楽講義』『世阿弥がいた場所』『能苑逍遥（上中下）』、共編著に『能を読む』全4巻。観世寿夫記念法政大学能楽賞、日本演劇学会河竹賞、木村重信民族藝術学会賞。

伝説があった。この問題については、いまのところはそれで十分かと思います。

田中　十四世紀の『玉葉集』ができた頃にはすでに在原業平伝説のようなものがあって、歌人は業平旧宅に立ち寄って、「ここがあの業平の古いお屋敷か」と感慨にふけったということなのでしょうね。

ちょっと次の話題に移りたいのですが、『伊勢』の古注という話がさきほどから出ています。『伊勢物語』には注がたくさんあって、時代順に古注、旧注、新注というように分けられていますが、平安末期からすでに注がつけられておりまして、たとえば『伊勢物語』にただ「女」と書いてあるのはだれか、というようなことが問題とされています。事実かどうかということは別にしてそのように解釈されたということなのですが、その「女」というのが『井筒』に出てくる紀有常の娘とされることが多くなります。

この曲ではその紀有常の娘が主人公なわけですが、この女性は、伊藤先生とか堀口康生さんなどのご論で、ずっと男を待ち続ける「待つ女」であるという解釈をされているんですね。これはたいへんロマンチックに聞こえるのですが、はたしてそうなのか。天野さんはそのへんにもご異論があるようなのでうかがってみたいと思います。

「待つ女」という理解をめぐって

天野 いままでのところ、そう思っているだけで、何かに書いたりしているわけではないのですが、いまご紹介のように、『井筒』の主題は「待つ」ということで、この主人公は「待つ女」なのだというのが常識のようになっています。現に、後場に登場したシテは自分は「待つ女」とも言われていると言っています。

そんなことが根拠になっているわけですが、私がそれに疑問を感じているのは、『井筒』全体には「待つ」という要素はあまりないと思うからです。

「待つ」がテーマだという場合は、シテに高安通いの夫が自分のもとにもどってくるのを待つとか、あの二人には幼い時の約束があって、夫婦になる時を待っていたとか、そういう理解のようなのですが、この物語を「待つ」

ということに結びつけてよいかという疑問がある。そもそも、主人公は「待つ女」とも呼ばれていますが、「井筒の女」とも呼ばれている。「待つ女」はニックネームの一つとして上がっているわけで、それをことさら重くみて取り上げる必要はないのではないかというのが私の基本的な考えなのです。

一方、『井筒』は曲名が『井筒』で、作り物に井筒が出ます。その井筒はいったい何の象徴なのか、ということを考える必要がある。それが「待つ」ということの象徴であればそれはそれでいいのですが、あの井筒は待つということを象徴させているのではないと思うんですね。これは『井筒』の主題は何かという問題ですが、私は「恋慕」とか「懐旧」、その割合は、「懐旧」が六割か七割、「恋慕」は三割か四割くらいで、どちらかというと過去を懐かしむ「懐旧」が主たる主題かなと思っています。その象徴が井筒という作り物であり、『井筒』という曲名なのではないかと思っているのです。

『井筒』には序ノ舞がありますが、その序ノ舞が始まる前の文句は、今日は観世流ですから、「はずかしや昔男にうつり舞い、雪をめぐらす舞の袖」です。ところが、ここは金春流、喜多流などの下掛《しもがか》りでは、「はずかしや」ではなくて「なつかしや」なんです。ということは、その後に舞われる序ノ舞は、なつかしやという感情が盛られているわけです。現に序ノ舞の後には、「なつかしや」という言葉が二

『井筒』前　浅見真州

度も出てきます。たとえば、そういうことをふまえて、「懐旧」「恋慕」というのが『井筒』の主題と思うものですから、「待つ」というのは、ちょっと格好いいんですけれども、どうかなというふうに思っているのです。

ひところ、サミュエル・ベケットの『ゴドーを待ちながら』が不条理劇として評判になりました。二人の男が木の下でゴドーを待っているんですが、ゴドーはやってこない。誰も来ないんですね。それで、男たちはただ待っているだけという、不条理劇の代表作ですが、その『ゴドーを待ちながら』あたりの影響が『井筒』の「待つ」にはあるのではないかと思ったりしています。とくに根拠があるわけではありませんが。授業などではしょっちゅう言っていたのですが、こういう場所で話すのは初めてです。

田中　本邦初公開の「業平を待ちながら」というお話ですね。おっしゃったように、たしかに待つ女というとなんだか分かったような気になってしまいますし、近代的な解釈だなと思ったんです。もちろん「待つ恋」という題で詠まれる題詠歌もありますから、そうした解釈がありえないことはないのでしょうけど、題詠歌の場合は一つのパターンというか型になっていますよね。そうすると、いまみたいにいくら待ってもあの人から電話が来ないというような生々しい感情ではないのだろうと私も思います。ただ、天野さんがおっしゃった懐旧六割、恋慕四割という割合はよく分からないのですが……。とにかくこの曲のテーマが「待つ女」ではなく、在原業平と夫婦だった頃の昔をなつかしんでいるというのは納得しました。

そして、後場では井戸をのぞく場面になるわけですが、その時にシテが男性の格好をします。長絹という上衣を着て、そして冠をかぶるだけで、面は女の面なんですけれども。

それを男装だとことさらに取り上げる研究者があります。それから、「昔男にうつり舞ひ」の部分ですが、業平の霊が憑いているのか、それともそうでないのかという二つの説があるのです。ただ、もし業平が憑依したということであれば、その女性は業平の形見の衣を着たことで憑依されることになるのですから、そこから序ノ舞のような静かな舞になるのか不思議ですね。憑依だったらそこで狂ってもいいわけで、カケリなんか入ってもいい。そういう演出もあるようなのですが、それは少々できすぎのような気がする。

「いまはなき世に業平の形見の直衣身にふれて」と詞章にありますように、懐旧、恋慕であるならば、この「身にふれて」というのはいとしくなつかしい男の着物を身にまとってという意味になりますので、必ずしも業平の霊が降りてくる必要はないと思います。『古今集』にも、「五月待つ花橘の香をかげば昔の人の袖の香ぞする」という歌がありますね。着物というのは昔をなつかしむよすがでもあるわけです。また男女が契りを交わした翌朝、下の着物を取り替えるというようなこともありますから、肌身に着けるということ自体が強い恋慕を表すのですね。それがこの曲の男装の本質であって、異性装だとか霊が憑くとかいうような理解でないほうがいいというご提案ですね。

天野　まあ、そうですね。いま、序ノ舞をカケリにする演出があるというお話がありましたが、たしかに室町の末頃の資料をみるとカケリが多いんですね。しかし、それ以前はそうでないことが明らかです。ですから、『井筒』のカケリというのは室町時代の末頃に工夫された演出と思われます。そのカケリを前提にすると、後半の男装が憑依というようにもみえますが、カケリの演出そのものは後代の工夫であることはまず確実だと思います。

観世寿夫と『井筒』

田中　今日はカケリはなくて静かな序ノ舞ということなので、そのあたりをよく注意してご覧いただくといいと思います。

さて、最後にすこし話題を変えまして、『井筒』というとよく知られているというふうに申しましたが、私は今日の準備をしている時に、学校で教材に使われる能のビデオを観てみました。すると圧倒的に『高砂』と『井筒』が多いんです。みんなそれで『井筒』を知っているんですね。そして、『伊勢物語』ゆかりの能ですから知名度もある。国語教科書にも教材として『伊勢物語』がたくさん載っております。だけれども、じつは『井筒』は明治頃にはそんなにたくさん上演されるものではなかったというようなことを天野さんからうかがって、なるほどと思ったのですが、それはある人物がかかわっているということなんですけど、そのあたりを。

天野　ある人物というのは観世寿夫です。明治、大正頃には、『井筒』はあまり上演されていなかったことは、明治十四年にできた芝能楽堂の上演記録から分かります。それによると、明治、大正期には、『井筒』はほとんど上演されていないのではないですかね。それと対照的に多いのが斬組物《きりくみもの》や人情物です。要す

『井筒』後　浅見真州

るにあまり能らしくない能が多い。そういう状況を変えたのが観世寿夫ではないかというのが、表章先生の説で、私は読んでいないのですが、亡くなられる前に九皐会《きゅうこうかい》でしたか、能会の解説に書いたと言っておられました。

『井筒』が現在のような人気曲になるのに、どれだけ観世寿夫がかかわっているかは、なかなか明確な論証はできないとは思いますが、その可能性はかなり高いように思います。観世寿夫という名手が出てきて、彼が『井筒』を評価した。そういうことが現在の『井筒』の評価につながっているような気がしますね。

田中　観世寿夫って理論派の演者なんですね。フランスに留学されていたこともあるので、さきほどの『ゴドーを待ちながら』のサミュエル・ベケットだとか、アルトナン・アルトーやイヨネスコなどを学んで、外国の作劇法の影響を受けています。そのようななかで『井筒』が再評価されたわけですね。

天野　寿夫の『井筒』はNHKから出ているビデオがありますね。寿夫の能のビデオは二本か三本しかない。そのうちの一つが『井筒』なんです。私の場合は、『井筒』というと、あのビデオのイメージがすごく強いんです。人によっては、あれはあまりいい映像じゃないという人もいますが、しかし、やっぱりいいですね。寿夫については、『井筒』にかぎらず、いろいろな人の証言がありますが、能役者としてもなかなか出ないような、そういう役者だったことはたしかです。今日のシテをつとめる浅見真州《まさくに》さんも、地頭《ぢがしら》の大槻文藏さんも寿夫さんの教え子で、今日はそういう方々による『井筒』になります。寿夫を知っている世代と知らない世代とでは、そこに小さからぬ断絶があるようですが、私は晩年の舞台はかろうじて観ています。

田中　残念ながら私はまだ子どもでしたので観ておりません。観世寿夫さんの場合は能楽研究会のようなものにも入っていて、研究者ともずいぶん交流があったと聞いています。そういう意味で理論派と言われることがあるようです。寿夫以前と以後の断絶というのは、『井筒』というもののとらえ方の違いということでしょうか、それとももっと身体的な演技の問題なのでしょうか。そこだけうかがっておきたいと思うのですが。いかがですか。

天野　基本的に声もよくて、姿も所作もよかったんですね。しかし、それだけではあれだけの評価は得られなかったと思う。彼がもっとも強く主張していたのが世阿弥に帰れということなんですね。それでそのために世阿弥の二十を超える能楽論を、表章とか横道萬里雄とか当時の第一線の研究者に来てもらって二回、全部読んでいるんですよ。二回も。一回目は自分のため、二回目は自分の教え子たちのためだったようです。世阿弥の芸論をじっくりと読むことは、能の研究者だって少ないと思います。『風姿花伝』は読んでいるけれども、『花鏡』は読んでないとかね。

田中　天野さんはどうですか。

天野　私も似たようなものです。かつてそういう役者がいた。世阿弥に帰れという。あまりにもその当時の能が世阿弥がめざしたものとかけ離れていると、そういう思いがあったのだと思う。そういう思いが寿夫の能の魅力になっていたと思います。一方、無機的で、ちっともおもしろくないというような意見もあったようですが、「世阿弥に帰れ」という寿夫さんの姿勢は正しかったと思います。これからもぜひそういう役者がたくさん出てくることを期待しているのですがね。

田中　ちょうど世阿弥の六百五十年記念の最終回にふさわしい言葉が出たと思います、世阿弥に帰れという言葉ですね。これを深くこころに刻みつつ、最後の第五回目のお能を拝見したいと思います。どうも長いあいだありがとうございました。

第二部

世阿弥の能、その魅力

世阿弥と私

世阿弥と私――怨霊劇と怨霊史学

梅原　猛

五年前の二〇〇九年一月から二〇一〇年三月まで、私は、ここ大槻能楽堂で「梅原猛　能を観る」と題して、毎月一回、計十五回の講演を行い、それを『梅原猛の授業　能を観る』（朝日新聞出版）と題する書籍にしました。そこで私が取り上げた曲は『自然居士』『卒都婆小町』『高砂』『清経』『井筒』『恋重荷』『蝉丸』『善知鳥《うとう》』『山姥』『弱法師』『杜若』『定家』『邯鄲《かんたん》』『安宅』『道成寺』です。『高砂』から『善知鳥』までを私は世阿弥の曲として論じました。また、講演の後には毎回演能を観賞し、初心者の私には大変勉強になりました。本日の講演は「世阿弥と私」と題して、以前にもお話しいたしました私の好きな世阿弥の曲についてもすこし触れたいと存じます。

能の観客動員数はなかなか増えないと聞きますが、この十五回の公演には幸い多くのお客さまが来てくださり、私も毎月、張り合いをもって講演を続けることができました。

私は西洋哲学の研究者ですが、四十歳頃から日本研究に入りました。それは、西洋哲学を研究するだけではほんとうの哲学はできないのではないかと思ったからです。しかし日本の文化は奥が深い。結局、八十歳まで日本研究をして、ようやく十年前に能の研究を始め、とうとう九十歳になってしまいました。正確には八十九歳ですが。そして二年前に『人類哲学序説』（岩波新書）という哲学を論じた著作を出しましたので、これから本格的に「本論」に入ろうと思っています。そのためにはもう一度、西洋哲学の勉強をしなければなりません。あと十年はかかります。とすれば百歳までは生きなければならないことになります。それはたいへんなことですが、三笠宮崇仁親王が九十八歳、医師の日野原重明さんは百二歳。私もそのような方々を目標に、とりあえず百歳を目指して、自分の哲学、「人類の哲学」というものを完成させたいと考えています。

西洋哲学者の私が人生の半分以上も日本研究に費やしたのには理由があります。私は四十代後半に「古代の日本」に取り憑かれました。古代日本の世界が私に乗り移ったのです。それで『隠された十字架――法隆寺論』『水底の歌――柿本人麿論』を書いたのですが、この二作がベストセラーになったので、世間には私を日本古代史研究者だと思われている方も多いようです。そして私の「古代史」は「怨霊史学」と言われた。その理由は、『隠された十字架』では、法隆寺を聖徳太子一族の怨霊を鎮魂する寺と論じ、『水底の歌』では、柿本人麻呂はじつは流罪になって水死したと論じたからです。この二つの説は、いまも異論がありますが、私は絶対に間違いないと思っています。聖徳太子も人麻呂も怨霊になったのです。以来、次々と古代の「怨霊」をテーマに本を書くことになり、約二十年、古代の怨霊とつき合ってきました。「梅原怨霊史観」という言葉も定着してきました。

しかしやはり古代だけではいけないと考え、中世の研究を始めた。するとそこには古代以上にれっきとした怨霊がたくさんいた。世阿弥の能は怨霊鎮魂劇ですが、私は世阿弥自身も怨霊になったのではないかと考え、ずっと世阿弥に関心をもっていた。ただ〝能〟という芸能そのものにはなかなか入れなかった。そのようななか、何冊か能に関する本を書きましたが、人間としての世阿弥の解明にまでは至りませんでした。

古代を勉強していた頃、多くの仏像を拝しました。とくに八世紀のものがすばらしいと思いました。その仏像研究のおかげで日本の宗教研究に入り、本もたくさん書きました。そして親鸞研究に至り、そのおかげで私は宗教学者と言われるようにもなりました。しかし残念ながら能の研究には入れなかった。

なぜか。能は文学でもありますが、芸能でもある。文学として読むだけではなく、舞や音楽も分からなければ能は理解できない。しかし能を学ぼうとして、研究者による能楽論を読むと、ほとんど「文献学的研究」に終始している。私は、能がいかにすばらしい芸術なのか、いかに深い思想を秘めているのかを知りたかった。それでいまから十年前、ちょうど八十歳を迎えた頃、能の研究に入りました。すると能のすばらしさが分かってきた。若い頃には見えなかったものが見えてきた。とくに世阿弥は、私の「怨霊鎮魂」という思想のなかに位置づけられました。

世阿弥の修羅物は、そのほとんどが『平家物語』を〝本歌〟としていますが、シテが英雄ではなく、何か弱々しくて女々しい。たとえば『清経』。平家の方は敗者なので、哀しい最期でよいのですが、世阿弥は『清経』において武将としての清経を描かず、妻に責められる情けない男として描く。清経は負け戦と知って自ら命を絶つのですが、その方法は入水です。その様子を世阿弥は誠に美しく描く。横笛を吹き、今様を歌い、朗詠を吟じ、舟から海に入る。ほかの平家の公達たちを描いた修羅能も同じように、死に際しても雅《みやび》を忘れない人物を取り上げる。『敦盛』では笛を、『忠度』では歌を前面に出す。〝死〟よりも歌に執着する平忠度は異様と言えば異様だが、そこまで〝歌〟に執着する忠度はもう立派な怨霊なのです。

勝者である源氏の大将、義経を主人公にした『屋島』に描かれるのも強い義経ではない。戦の最中、誤って弓を流してしまうが、その弓を敵に取られて「義経は何と弱々しい弓を使っていることか」などと言われないよう、その弓を命がけで拾います。義経の最期が見えてくるような描写です。『屋島』には英雄義経の姿はどこにもない。しかし人間的ですね。世阿弥の人間観察の鋭さがよく表れています。

つぎに世阿弥の鬘能《かづらのう》——これも怨霊劇です。世阿弥の修羅能の多くは、前場で前シテが「ここでこんなことがありました」とワキの僧に語り、後場では後シテとなって「じつは私がその事件の主人公です」と語って正体を現し、「今、修羅道に落ちて苦しんでいる。何とか助けてくれ」と懇願するというように、佐成謙太郎氏命名の「複式夢幻能」のかたちをとります。この「複式夢幻能」では、後場でシテは必ず怨霊となるので、世阿弥の劇は怨霊劇だと考えると分かりやすい。

しかし鬘物の『井筒』では、ひたすら恋しい人を待つ女がシテであり、夫の浮気に嫉妬せず「どうぞご無事にお出かけください」などと言う。私は『井筒』を観ると、「待つ女」の凄みのようなものをかえって感じてしまう。哀しさ、寂しさが募って、女はやはり怨霊になったのだと思います。間狂言の替間に、女が持つ〝水〟が〝湯〟になったという話のものがあります。つまり、嫉妬の炎の熱で水が湯になったという。「待つ女」は怨霊です。世阿弥は、このような女性を美しく描くことで供養しているのではないでしょうか。

宮廷残酷物語──女御、皇子・皇女

世阿弥が完成させた複式夢幻能は、主人公を前シテと、前シテの実体である後シテと呼び分け、シテがワキに一体何を言いたいのか、何を鎮魂してほしいのかがよく分かる。しかし世阿弥の作品の中には複式夢幻能では説明できないものがある。さきほどの『井筒』もそうですが、私は『恋重荷』の残酷さに着目します。ここで世阿弥は何を言いたいのか。場所は宮中、天皇の妾の一人・女御がいる。天皇には何人もの妾がいる。いつ自分の許にお越しになるのか。女御はおそらく退屈していた。この女御も天皇の来訪を「待つ女」です。そのようなか、庭守の老人が女御に恋をする。恋の相手は若くて美しく貴い女性、そして天皇の思い人。自分は庭で菊の世話をする年老いた賤しい庭師。どう考えても成就するはずのない恋です。しかし退屈している女御はその男性をからかって、退屈を紛らわそうと考える。女御は、とても老人の力ではもてない重い石を「もしあなたがもって庭をまわればお会いしましょう」と伝えた。それは無理に決まっている。しかし老人は試みようとする。

『恋重荷』は世阿弥晩年の曲と私は考えています。それは、宮廷批判をしているからです。『恋重荷』に甚だ似た『綾鼓』という曲があります。あまりに似ているので、『綾鼓』（古名『綾の太鼓』）を世阿弥が改作したものが『恋重荷』と言われますが、この二つの曲はそれぞれ結末が大きく異なっています。さんざん女御に嬲られた老人はいずれも〝鬼〟になるのですが、『綾鼓』では、鬼と化した老人は女御を責め続けるのにたいし、『恋重荷』では、女御の改心に応えて鬼は女御の守り神となる。布が張られた鳴らぬ鼓を打ち、音が鳴ったなら、お前の望みを叶えてやろうという『綾鼓』——動かぬ山の如く重い石をもつことができたならば、ひと目会ってあげようという『恋重荷』。老人が恋する二人の女御の残酷さがよく似ています。しかしなぜ、世阿弥は『恋重荷』の結末をハッピーエンドにしたのでしょう。

私はこう考えました。世阿弥の能の多くは貴人の前で演じられた。この宮廷残酷物語を悲劇のまま終わらせたならば、おそらく天皇の前で上演することは不可能であったでしょう。それで、責められる女御と鬼と化した老人を和解させたのです。

この宮廷残酷物語である『恋重荷』について考える時、『蝉丸』という曲が気になります。『蝉丸』では天皇の皇子の残酷物語が描かれます。皇子である蝉丸の伝承は中世以前から民間に流布していたので、世阿弥の完全な創作ではありませんが、なぜ世阿弥は『蝉丸』という曲を作ったのでしょうか。『蝉丸』は古くは『逆髪』とも呼ばれていました。逆髪とは蝉丸の姉の名です。つまり逆髪は皇女なのです。ところが逆髪も、蝉丸が盲目ゆえに京都と滋賀の境にある逢坂山に捨てられたように、その業病ゆえに捨てられていたのです。既存の説話であったとはいえ、天皇の子が捨てられるという物語をもとにした能は、天皇や貴人の前で演じる曲としてはいかがでしょう。世阿弥は『蝉丸』において、蝉丸や逆髪に大いに同情しています。と同時に、そこには権力者への批判があります。『恋重荷』『蝉丸』などで描こうとした権力批判――自らは権力者・足利義満に見出され、二条良基などの当時最高の文化人から教育を受け、才能を伸ばすのですが――この世阿弥の権力への批判はどこから来ているのでしょうか。

伊賀の旧家に伝わる「上嶋家文書」というものがあります。この文書のなかにある系図によると、世阿弥の父、観阿弥は、あの南朝の武将・楠木正成の甥とされています。私はこの文書の記載を信じるものですが、現在の能楽界では「偽書」とされています。さらに「上嶋家文書」を繙くと、世阿弥の出自は「河原者」、彼は差別を受けた人たちの一人ということになります。これはデリケートな問題であり、それゆえ「上嶋家文書」は無視されるのです。しかし観阿弥が正成の甥で、南朝方であったというのは大変重要なことだと私は思います。これをもみ消されると、日本の中世という時代を読み解くことができない。

私は、義満が観阿弥一座を大和から京へ呼び寄せ、幕府お抱えの能楽師にしたのにはそれ相応の理由があったと思います。それはたしかに観阿弥・世阿弥の〝芸〟が一流であったことにもよります。そして世阿弥の美しい容貌ゆえでもあったでしょうが、義満は、観阿弥が楠木正成の甥であることを知っていたのではないかと考えます。義満は「南北朝統一」を最大の政治目標としていました。そのためには、たとえ南朝方の楠木正成の甥ではなかったとしても、少なくとも南朝色の濃い観阿弥を自分の手許に置いておきたかった。そういう思惑もあり、義満と世阿弥は結びついたのでしょう。

世阿弥の能について考える時は、時代背景を読み解かなければならない。世阿弥は社会のもっとも底辺に置かれた人物でありながら、時の将軍や天皇の近くにはべっていた。そして彼は能という演劇の作者であり、演者であった。

十三歳の時に京の新熊野神社で演じられた『翁』で、おそらく世阿弥は父の翁にたいして千歳をつとめたと思われますが、それはそれは美しかった。義満の心には、その政治的な意図と同時に、美しいお稚児さんの世阿弥を連れて歩くことに喜びを感じていた。いわゆる男色です。中世には男色の文化があり、貴人たちはこぞって美しい稚児をはべらせていました。日記『台記』の著者、藤原頼長はそこで実に細やかに男色の有り様を記しています。

世阿弥を取り巻く状況は大変複雑です。まず、将軍との関係があります。義満には寵愛されましたが、次の義持の時代は「まあまあ」の関係だった。しかし義教からは疎まれます。将軍の寵愛が、世阿弥の甥に当たる音阿弥に移ったのです。

そして息子・元雅、女婿・金春禅竹との間に複雑な関係があったように思われます。元雅は才能の人ですが、父・世阿弥の跡をそのまま継ぐという親子関係ではなかった。また禅竹は、世阿弥の代表作『井筒』から発想を得て『杜若』という名曲を作る。元雅と同じく一種の天才です。しかも世阿弥が脇能『高砂』で示した中世の天台本覚思想を世阿弥から受け継いでいる。世阿弥の思想を受け継いだのは禅竹一人です。元雅の夭折も世阿弥にとって悲劇でしたが、世阿弥親子の間には芸のうえで葛藤があったと思います。そこに禅竹がいて、演者として最高の音阿弥がいて、と「観世座」の大夫としても世阿弥は苦悩した。

そして晩年は義教の怒りをかい、佐渡へ流罪になる。この流罪中の世阿弥が記したものとしては『金島書』という小謡曲舞集が残っているだけで、世阿弥は佐渡では曲を作らなかったとも言われますが、私は、佐渡においても曲を作ったと思います。どの曲かまでは分かりませんが。

『鵺』という曲があります。主人公は、天皇の命をねらったために源三位頼政に退治されて淀川に流された怪獣ヌエの亡霊です。私はこの曲を、世阿弥が佐渡へ流罪になる予感の曲と見ています。世阿弥はヌエに同情している。いや、同情というより愛情を注いでいる。ここに、権力に抗う世阿弥の姿がみられます。このヌエは世阿弥自身ではないでしょうか。

ヌエは怪獣ですが、天皇に恨みを抱くのですから、身分としては社会のもっとも底辺にいるものと考えてよいでしょう。天皇に恨みを抱いて死んでいった者の怨霊かもしれません。

『善知鳥』という曲があります。私がとくに愛する曲です。物語の舞台は陸奥国。いまの青森県津軽半島陸奥湾沿岸の外が浜という地に、鳥を捕獲して生計を立てている猟師がいた。彼が捕獲するのはウトウという珍しい習性をもった鳥です。その鳥は砂浜に卵を産み、卵は砂のなかで孵って雛になる。親鳥は子に餌を運ぶ。その時親鳥は、子がどこにいるのかを知るために「ウトウ」と鳴きます。それに応えて子鳥は「ヤスカタ」と鳴く。それで親は子のいる場所を知る訳です。この鳥の習性を利用して、猟師はウトウを捕まえるのです。猟師が親鳥の鳴き真似をして「ウトウ」と呼び、それを親と思った子鳥が「ヤスカタ」と応えたところを猟師が捕まえます。親鳥にたいしては「ヤスカタ」と鳴き真似をしておびき寄せ、捕まえます。親子の深い情愛を利用した残酷な猟です。しかし猟師にとっては古い昔から行われている猟であり、妻子を食べさせるためなので、とくにその「殺生」が悪いとは思わないのでしょう。ところが漁師は地獄に落ち、あのやさしいウトウが変身した化鳥に責めさいなまれます。

これはとても残酷な物語です。ウトウの親子も哀れですが、殺生を生業《なりわい》としなければ暮らしていけない猟師も哀れです。世阿弥はここで何を語りたかったのか。最果ての地の貧しい猟師もまたもっとも底辺に置かれた人です。このような身分の人たちへの同情でしょう。と同時に、それでも「殺生」はいけないという。ここにも世阿弥が抱えた苦悩があります。世阿弥は将軍

梅原 猛（うめはら たけし）
哲学者。『隠された十字架』『水底の歌』で、それぞれ毎日出版文化賞、大佛次郎賞を受賞。縄文時代から近代までを視野に収め、文学・歴史・宗教等を包括して日本文化の深層を解明する〈梅原日本学〉を確立の後、能を研究。

に反抗し、『鵺』において、ヌエは天皇の命を狙った。いずれも自分より上の身分の者に対する攻撃です。しかし『善知鳥』では、殺す方も殺される方も哀れなのです。

この『善知鳥』について、演者の方はどのような気持ちで演じられるのかを知りたくて、片山幽雪さんにお聞きしましたところ、幽雪さんは「業《ごう》」とおっしゃいました。『善知鳥』において、地獄に落ちた猟師は杖をふるってウトウを捕らえる様子を再現します。その時の〝杖〟を幽雪さんは「業の杖」と表現しました。その言葉で、世阿弥がこの曲で何を言いたかったのかがよく分かりました。この曲で世阿弥はウトウであり、また最果ての地の貧しい猟師でもあるのです。

ヘーゲル——主人と奴隷

世阿弥が佐渡へ流罪になって、佐渡で曲を書いたかどうかとともに、もう一つ、彼は佐渡から帰ってきたのかどうかについても諸説あります。私は、世阿弥は帰ってきたと思います。禅竹の手厚い庇護がありましたし、将軍・義教が嘉吉の乱（一四四一年）で赤松満祐に殺されます。それゆえ帰京できたと考えます。後小松天皇の御落胤とされる一休宗純がその帰京を取りなしたともいわれます。しかし嘉吉の乱から二年後、世阿弥は八十一歳で亡くなります。

世阿弥は足利将軍に仕え、その間に最高の教養を身につけ、多くの作品を書いた。曲ばかりではなく能楽論も書いた。このように見ると、世阿弥の八十年の生涯は大変充実していたようにも思われます。もしかすると、義満も義持も義教も世阿弥にはかなわなかったのではないかとさえ思われます。

世阿弥は将軍たちに支配されていたようで、どこかでその支配する者と支配される者の関係は逆転していたのではないでしょうか。

ヘーゲルは『精神現象学』で次のように書いています。

「支配の過程で支配の本質がその目指すところと反対のものに転化したように、隷属の本質もそれが関係として実現される中で、一見そう見えるものとは反対のものに転化する。隷属の意識は、自分へと押しもどされて自分のうちへ還っていく時、真の自立・自主性を獲得するのだ」

ヘーゲルによると、奴隷は主人に取って代わる可能性を多分にもっているというのです。つまり、主人と奴隷の関係は、主人が主で奴隷が従ですが、奴隷は自分が主になって主人を支配しようとする意図を常に持っている。それゆえその関係は逆転する可能性があると。

脇能『高砂』において、高砂にいるおばあさんと住吉にいるおじいさんという国を隔てて住む夫婦の姿は、南北朝が統一されたことをほのめかしていると思います。もちろん、中世の解釈に従えば、高砂の松は『万葉集』、住吉の松は『古今和歌集』を表し、この二つの歌集がそろった御代ははなはだすばらしい世であるということです。それは醍醐天皇の御代であるので、世阿弥は天皇礼讃のために『高砂』を書いたことが分かります。私は、世阿弥の脇能にもう一つ彼の意図を感じます。世阿弥は足利将軍、義満と義持を脇能で讃美している。つまり将軍礼讃です。

天皇を讃美し、将軍を讃美する。さきほどのヘーゲルの言葉によると、奴隷は主人を称えなければならないが、いつしかその関係は逆転する。それで世阿弥は『蝉丸』や『鵺』を書くことができたのです。

世阿弥は、最高権力者ともっとも底辺にいる人とがダイレクトに結びつくのが中世という時代であることを証明しているように思われます。その時代には、河原者が天下人になるということがあり得ました。

私は世阿弥を研究したおかげで、新作能『世阿弥』を書くことができました。能『世阿弥』の中心テーマには「親子の情」を据えました。世阿弥と元雅の関係です。室町時代に誕生した能が現代まで生きた演劇として綿々と伝わっていますが、そこにはじつは深い親子の情があったということを描いたつもりです。初演では、梅若玄祥さんに世阿弥を、片山九郎右衛門さんに元雅を演じていただきました。

私と世阿弥の関係はもうすこし続きそうですが、近く本業の哲学に戻らなければとも考えています。

『実盛』——世阿弥が確立した「軍体」の能

馬場あき子

「軍体」の発見

みなさんこんにちは。馬場あき子です。今日は世阿弥により確立された「軍体」、なんか恐いようなタイトルですが、『実盛』というお能が大好きなので、出てまいりました。

「軍体」っていうのは、能の登場者の風体ですね。物真似をする風、のことです。この軍体っていうのは、修羅がかりというところから「修羅の体」とか「修羅能の体」と言っておりますので、「修羅」という言葉で通っていますけれど、戦の現場っていうものを表現しなければならないわけですから、一般の人にとっては、ふつうの女体や老体やそういうものとはちょっと違う場面で、異体、つまり異様なてい、たい（体）であるわけなんです。で、考えてみますと、能ができた年代は、南北朝の内乱時代で、戦争が絶えずそこ、ここに小競り合いとして起きていたわけで、一般の人もそれによって家を焼かれるとか、あるいは殺されるとか、食料を奪われるとか、さまざまな災難に遭って、ほんとうの、現実の軍体は目の前にしているわけなんですね。しかしそれはおそろしい武人であって、真似ておもしろいかどうかっていうのはまったく別の問題になってくるわけです。ですから、世阿弥のお父さんの観阿弥は、やっておもしろくない、「面白きところ稀なり」って言っています。そんな侍の真似をしても、おもしろいところは稀だ。「さのみはすまじきなり」。あんまりやらないほうがいいんじゃないか。つまり、軍体というのは、あまりやらないほうがよさそうだと言って制約をつけているんですね。

ところが、世阿弥はですね、そうじゃない、もう一つの軍体のことを考えていたわけなんです。それはもうひと時代前の、たとえば源平の名ある武将を花鳥風月に作りよせて作ったならばいいんじゃないか。さらに進んでは、「ことにことに平家物語のままに書くべし」というので、平家の公達、ここに軍体の示範を求めたわけですね。でよく考えてみますと、この平家の物語に出てくる武人っていうのは、大方敗北者なんです。勝ち戦の主人公は義経ぐらいなもんで、あとは敦盛にしても忠度、清経にしても、みんな敗北の公達ということです。この敗北者に焦点をあてて、「ことにことに平家物語のままに書くべし」っていうのは、『太平記』の内乱時代の見物衆、こと武士にあてているんですよ。ここにはやっぱり一つの意図があったと思うのがふつうですね。つまり現実の、どろどろしたほんとうに殺しあって、食料を掠奪したり民家に火をかけたりする、そう武人じゃない軍体というものを『平家物語』に求めているわけですね。

『太平記』の武者と『平家物語』の武者

そして、平家の人たちを考えてみると、それは敦盛にしても、清経にしても、忠度にしても、平家の公達は、おそろしいような時代の変化を背負った戦乱・戦争の前には、まったくの無力でした。ことに敦盛などは、熊谷直実というような、東国の侍に組みつかれた途端にもう死んでるような気分ですね。だけどこの敦盛は、能の世界ではね、「同じ蓮《はちす》の蓮生法師敵にてはなかりけり」と言って、同じように戦場で、人の生死を見極めた蓮生法師を、仏教のうえでは、信仰のうえでは友だちだというふうな言い方で総括しています。それから清経はですね、戦争が始まる前に自殺した公達です。しかもこの二人は、笛を吹き朗詠、そういう文化的なものを身につけていましたね。平家の公達は経正もそうですけれど、琵琶の名手であったり、笛の名手であったり、和歌が得意だったり。忠度なんかももし、源氏に滅ぼされなかったら、たぶん平家のなかではいちばん上手な歌人であったと思います。

俊成に認められているような歌人ですから、きっと平家一の歌の師になったかもしれない。そういうような文化度の高い人が戦争の前には、手もなく、考えることもできない、何することもできない。充分戦もしないで敗れていくわけなんですね。そういうことを考えますとですね、世阿弥はこういう平家の人たち、戦で死んだ若い侍たちへの鎮魂の思いが、世阿弥の修羅能にはあると思うんです。戦の犠牲者として死んだ、そういう人たちへの鎮魂の思いが、あったと思うんです。

それからもう一つは、現実の『太平記』の武者と『平家物語』の武者とは、質が違う。つまり文化度がまったく違うわけです。そして、その文化度の高さを身にもちながら、自ら死を選ぶような人もいたし、もちろん、あえなく死んだ人もいる。けれどもそういう文化の高さが人物の風体となっている。人間の品位になっている。それを、『太平記』時代の侍たちに、教えたかったというか、下剋上の時代ですから力がある者だけが勝利をするというそういう『太平記』の人たちに、文化とは何かっていうことを、戦争によって死ぬことの空しさを、せめて戦乱の時代には、その現実を克服する美意識を持って、自らどのような時にどのように死ぬか、っていうことを考えていた人達の姿っていうものを見せたかったという意図を私などは感じるわけなんですね。

老体の武者、頼政と実盛

まあ、そのなかで、この、頼政とか、実盛っていうのは、ただ二曲しかない、能のなかの老体の武者です。で「頼政は七十に余りて戦せば」っていう文言がありますけど。七十七歳くらいですね。これもまたねえ、とてもすごい人だと私は思いますけれども、実盛も六十に余りてとありますが『平家物語』なんかでは義仲の記憶によると、七十に近い六十代だったようです。こういうその六十、七十代という人が、自分の日常を捨てて戦争に参加する。ことに七十代で戦を起こすというのはこれまた激しいですね。

たとえば頼政については『平家物語』のなかで、その旗上げから討死まで、かなりくわしく書いていています。頼政っていう人は領地ももっている、位も高い、それで歌も上手だ。当時、俊成のような歌人からも、頼政が一人いれば、歌会の雰囲気はみんなもっていかれてしまうっていわれるくらい存在感があった。そして、立ち居振舞いがじつに優雅だった。これは能の『鵺』というところにも出ていますけれども、あの、鵺を射た後、息も乱さずに、右の膝をつき、左の袖をひろげて月を目にかけて歌を詠む。それがじつに優雅だった。そして頼政はその上お金持ちだった。領土地もあって、位も高くて、歌の名手で、不足するところがない。位も源氏の侍としては、三位、という高い位をもらって「源三位頼政」として世に知られている。そんな安定した人が、七十歳になってですよ。どうして反乱軍なんかを起こしたのだろうか。頼政にはですね、やっぱり、源氏の武将としての状況への目があった。そして、たぶん負けるであろうけれども、いま、戦を起こさなくては武将としての面目が立たないというようなあの時代状況にたいする目があったんですね。

あ、こんな話をしていると『実盛』に行かないのでなかなか困るんですけど、行きがかり上もうすこし言いますと、頼政は七十歳という年で、ようやく行きついた地位も歌人としての名

『実盛』前　大槻文藏

誉も一切を捨てるんですよ。そこが魅力ですね。自分の手勢たった五十騎を率いて、あの以仁王と平等院に立てこもるんです。頼政が日頃動かしていた手勢は三百騎です。ですから残りは二百五十騎をもっているんですけど、これは残しとくんですね。ここに頼政の策略があったわけです。源氏の世になってから、二百五十騎を擁した頼政の息子たちは鎌倉からうんと厚遇されています。鎌倉の連署人衆という役なんですけれど、ひじょうに尊重された。そういうふうな、家を永く保つことにおいても、頼政は我が身を捨てたわけです。その時もっていた一切の名誉も、文化的な名誉も捨てたわけなんです。

『実盛』の始まり方

実盛はどうなんだろうかというと、今日の能の始まり、これはなかなかいいですねえ。さきの頼政の面っていうのはすごい、眼に金の入った面を着けて、そして、何かこう頼政頭巾みたいなものを被ってですね、異様な出立をしていますけれど、この『実盛』の能は、前シテも、後シテもふつうの老人の面をかけているのが私はすばらしいと思うんです。今日は朝倉尉とか、三光尉というふつうの老人の面をかけている。

そして発端はですね、遊行の上人という、その当時全国を廻国して、仏教の普及をしていた、同時に、自分が全国をまわることによって、見聞を広めて、自分の法力のちからを高める。そういう廻国の上人が、かなりその頃いたわけなんですね。この遊行上人が、加賀の国篠原の地

馬場　あき子（ばば　あきこ）
歌人。日本芸術院会員。昭和女子大学日本文学科卒業。在学中より歌誌『まひる野』に拠り作歌。現在、歌誌『かりん』主宰。朝日歌壇選者。読売文学賞ほか、毎日芸術賞、朝日賞、紫綬褒章、日本芸術院賞など受賞多数。歌集の他に歌論・研究書など多数。

で大念仏会を開き、説法をしておりますところに、毎日毎日、なんか怪しい、見えない者がやってきて、上人と言葉をかわすわけですね。説法の場にはたくさんの群集がいて上人と一緒に念仏を唱えているのですが、その一般の人には見えない。見えているのは、ワキの遊行の上人とわれわれ見物衆だけに見えているわけで、そこのところもまたおもしろい。

シテは遠くのほうから、「笙歌遥かに聞ゆ孤雲の上、聖衆来迎す落日の前」と、静かに謡いながら出てくる。じつにいい場面でシーンと心にしみるシテの登場です。そしてこの上人といろいろと問答をするわけなんですが、上人は言うのです。あなたは、毎日毎日この場に来られる志のあるお方ですが、いったいどなたなんですかと。しかし老人は頑として言わない。上人の立派な念仏を聞いて、そして、こういういい場面に行き合わせてこれは極楽往生したと同じですから、名前なんか名乗る必要はありませんと言って名乗らない。しかもその姿は誰にも見えていない。ただ上人が説得する言葉は聞こえている不思議な場面です。上人は名前を名乗ることによって、あなたの罪過、生前に犯した罪・科があきらかになる、それを懺悔することがあなたが成仏するただ一つの道なのですという、これを「懺悔廻心」って言うんです。懺悔することによって自分の過去の罪悪を公表するわけですね。

その罪悪を公表することによって、心を解放させる。で、心が解放されれば、いろいろなものが素直に受け入れられるようになるわけですから、そこで、あなたは成仏の契機をつかむでしょうって言うんですけれど、この老人はなかなかあからさまに名を名乗りません。ここで、では実盛にとって、懺悔しなければならないこととは何なんだろうと考えてみるのも大事です。実盛が懺悔すべきこと。それはいままでたくさんの戦に参加してきましたから、人も何人も殺しているでしょう。けれどこれは、そういう戦の場の常です。しかし、なおかつ、あなたは懺悔しなければならない、と言われた時、実盛という人の人生っていうものをずうっと遡ってみなければならないわけです。

実盛と義仲

実盛はそこまでくわしくは言いませんけれども、実盛の経歴をずっと調べてみますと、これは『平家物語』や『源平盛衰記』、そういうものに実盛の生き方は出てくるのです。久寿二年です。八月。一一五五年です。いったいその頃何があったのかというと、まだ源氏は頼朝のお父さんの義朝の時代で。義朝には兄弟があります。義朝が長男ですから、源氏の棟梁なんです。その弟に義賢という人がいました。これも力のあった人ですけれど、お兄さんが家を継ぐわけですから。自分は東国を開拓しようと思って、東に下るわけです。そして、秩父という地名をご存じだと思いますが、そこに秩父氏という豪族がいて、その秩父氏がこの義賢を擁立して、東国源氏の、力を伸ばしつつあった。ところで、源氏の棟梁である義朝の子に義平という者がおります。この人はひじょうに自由闊達で、腕っ節が強くて、たいへん有名です。義賢という叔父さんが東国に下っていろいろやっているので、義平も東国を見ておこうと下ってきたのかもしれません。

ところが、この義賢と何らかの遺恨沙汰をおこしてこの叔父さんを殺してしまうんです。叔父殺しです。そこでそういう尊属を殺したために、人々は悪という字を上につけて、悪源太義平、と呼ぶようになったんですね。悪源太義平といわれると、急に思い出すだろうと思いますけれど、武勇はもう、源平きっての強い、侍です。この義平がですね、叔父殺しをしてしまった後、叔父さんに二人も子どもがいたことに気づきます。一人は源頼政が引き取って、養子にしているんです。ところが次男に駒王丸というのがいて、これがまだ赤ちゃんでたった二歳なんです。でも、二歳と言えども男の子ですから、放っておいたらば、かならず成人して親の仇を討つに違いない、と思って、そこで畠山重能《しげよし》という、これも息子の方が有名です。畠山重忠という人のお父さんですね。

その畠山重能に、駒王を殺せ、と命令して、自分は京都に引き上げていきます。まあ、京都に逃げ帰ったんです。で畠山重能はどうしたかというと、二歳の子どもを、大の大人が斬り殺すのもあまりにひどい、かわいそうだと思ってですね、誰かいないかと考えて、そこにたまたま東国に来ていた齋藤別当実盛を呼んで、その赤ん坊をお前に預けるから何とかしろと殺し役を逃げたのです。それで齋藤別当はどうしたか、これがもちろん実盛ですけど、だいたい実盛の年齢をいろいろ逆算していくと、篠原の合戦が六十七、八歳だとすると、四十歳ぐらいだったろうと思うんですね。齋藤実盛はその赤ん坊を抱えてですね、義平の殺害命令を実行しなかったんです。そしてどうしたかというと、赤ん坊を懐に抱えて、馬で、木曽に逃げたんです。そしてこれを、その頃木曽にひじょうに力のあった、中原中三権守兼遠《ちゅうさんごんのかみかねとお》という人に、預けて、育ててくれと依頼しました。つまり最後にその赤ん坊を手にしたのが、中原中三権守義遠だったんです。そしてちょうどそこに、その中原の奥さんが子供を産んだばかりだったのでお乳もいっぱい余っていたので、自分の子どもと一緒にこの駒王丸を内緒で育てていく。当然これが木曽義仲になるわけなんです。

義仲との再会

だいたいここで義仲と実盛の関係がつながったと思うんですが、じつに木曽義仲があれだけ歴史上に名を残すことになったのは、赤子の命を助けた実盛があったからだということになります。そして、実盛はどうしたかというと、やがて平治の乱が起きます。その平治の乱のなかで、さっきの悪源太義平も、義朝もすべての源氏が滅びるわけですね。頼朝は捕まって伊豆に流される。あの常盤御前が牛若丸と、その兄の今若、乙若、三人の子どもを連れて苦労するのです。

ところで生き残った、源氏の郎党たちはどうしたかというと、その頃は、武士の節操っていうようなものもかなり自由に考えられていて、源氏や平氏のような大きな軍団は、腕っ節の強い者を求めていたんです。自分の傘下にそれをかかえておきたかった。それで実盛たちは妻や子どもを養うために、いままでは源氏の侍だったけど、これからずっと平家の世が続くに違いないから、妻子を養うために、平家の侍になろうと、数人、心を揃えて、平家に仕官するんですね。平家は著名な武勇の人たちが、仕官しに来たので、喜んで、これを、迎え入れたわけなんです。こういうことはその当時の初期武士団のなかにあっては、当たり前のことでした。しかし、そういうなかにも、平家の侍になった彼らに、治承四年という年がまわってきます。これは、以仁王を頂いた頼政が、五月十六日でしたか、反乱をおこした日です。そして頼政が平等院に敗北した後、全国の源氏が蜂起して、頼朝は、陸奥からやってきた義経を大将軍にして、東海道を攻め上っていく。で平家はこれを迎え撃つために、維盛を総大将にして、実盛以下五人の平家側になった侍も、その大軍に加わって、東海道を下ってきて、富士川を挟んで源氏と対陣するんですね。この話は、よくご存じだと思います。何千羽の水鳥が、バーッと一ぺんに富士川から飛び立ったのを、軍勢が寄せて来たと思って、平家は戦わず退却したという、有名なお話がありますね、そこに実盛もいたんですじつは。そしてその実盛はですね。その前の晩ですよ、維盛に呼ばれるんです。

総大将の維盛は、東国の侍というものがどんなものか、ちょっと知っておきたかったので、一体東国の侍はどんなふうに戦うのかと、こう尋ねた時の実盛の答えがたいへん有名で、『平家物語』に載っています。どう言ったかというと、「平家は、私が強弓だというので、雇ってくれましたけれど、じつは私くらいの弓を引く人は、源氏の軍勢のなかにはごろごろいます。戦となれば東国の侍は親が討たれようが子どもが討たれようが、その死骸を乗り越え乗り越え戦います」というのでびっくりしてしまう。さらに「関西の戦では、子どもが討たれればその一団は後陣に引いてお供養をしてから、一ヶ月ぐらい休んでまた出陣する。それからまた、食料がなくなったらば、和睦を結んで、田んぼを耕すところから始めて、そして秋になって、稲を収穫して、それからまたやるか、と言って戦う。そんなことは源氏にはいっさいございません」といいました。それを聞いて、みなが舌を巻いて驚いたその夜、あの水鳥事件が起きたのですから、一同戦わずして、逃げてしまったわけなんです。そしてそれから三年、ですね、三年の歳月が経ちまして、そうして、かつて、命を助けた、義仲と戦う日がやってきたわけです。

実盛の決意

この篠原合戦っていうのは、石川県の、篠原というところで戦われました。平家は源氏追討の令旨をもらっているのに、倶利伽羅峠で散々に負けてしまい、何とかこの篠原合戦で、名誉を挽回しなければならなかったのです、それで、ひじょうに切実な、戦いになったわけなんですが。これが寿永二年六月でした。

『平家物語』には、その時のことが、実盛はどうしたかということなども意外とくわしく書いてあるんです。実盛はやはりあの仲間を集めたんです。一緒に、平家に鞍替えをした仲間です。なぜなら、今度戦う相手は顔見知りの多い源氏の侍。はたしてその顔見知りと戦って、力が出せるかどうか、複雑な心境でした。みなそれぞれに年も取っていましたが、いつもいつも旗色の良いほうにばっかり身を委ねるっていうのは、見苦しい、という美意識です。美意識として見苦しい、と考えた。以前源氏が壊滅した時は妻や子どもを養うために、平家に、仕えることになった。しかし、今度は平家の侍として死ななければ、あまりにも恰好が悪すぎるだろう、ということをお互いに話し合って決意をかためたのです。

この時の侍の名前が出ています。俣野五郎景久、伊東九郎祐氏、浮洲三郎重親、真下四郎重信、それに齋藤別当実盛、の五人です。考えてみてもこの人たちが源氏から平家に鞍替えした年が、四十何歳だったら、いまはみな、老武者です。この六十過ぎて七十歳近い老人五人がですね、平家の侍として死のうと約束したんです。そしてやっぱり、涙ぐましいことに、老人ですから、この五人は揃ってこの篠原の合戦で死んでいます。篠原の合戦では、こういう状況の中で、自分は平家の侍として死ぬほかない、っていう美意識のもとに死んだ。ですから、ほめるなら五人もろともにほめなければならないのに、なぜ実盛ひとりがこんな有名になったのでしょう。

たしかに木曽義仲が「朝日将軍」と言われるまでになったのは実盛がいたからこそです。でもそれを言わないで、実盛はずっといつどのように死ぬか、ということを考え、その死の演出を工夫していたのです。常日頃から、齋藤が言っていたことは、年老いて戦場に出ることがあれば、髪を染めて、若やいで討ち死にしよう、ということですね。その理由の一つは老武者として、侮られたくないっていうこと、これは当たり前です。しかしもう一つを考えてみると、それは自分の力がいちばん充実していて、そして、天下に許された齋藤別当実盛であった日の自分の姿で死にたい、ということですね。自分が人生のなかで、一番得意であった頃の姿で死にたい、っていうことです。それからもう一つあります。一生、誰かの旗の元で、一人の侍として生きてきた自分。数々の戦のなかで、一個の侍であった自分だが、志だけは大将軍だった。だから自分は大将軍の志だけじゃなくて、大将軍の姿をもって死にたい、ということですね。そこで、彼は宗盛のところへ挨拶に行ったんです。

赤地の錦の直垂

そうしていままでの経過を知っている宗盛の前に出て、「故郷へは錦を着て帰れということの候。錦の直垂を許され候へ」と言ったんです。人情に厚い平家の大将の宗盛はそれを聞いて感動します。そして赤地の錦の直垂を下賜するのです。その結果、かなり異様な死出の装いが決まってしまった。ほかの人とまったく違う。その時のことを『平家物語』は、こう書いています。「赤地の錦の下垂に萌葱縅の鎧来て、鍬形うつたる兜の緒を締め金づくりの太刀をはき、切生の矢負い、重藤の弓持って、連銭葦毛なる馬に、金覆輪の鞍おいてぞ乗つたりける」。なかなかすごい大将軍の出立です。でも、うしろに続く郎党はいないのです。一介の侍ですから。実盛を討ち取った手塚太郎は、木曽義仲のところに行って言っています。「侍かと見候へば、錦の直垂を着て候。大将軍かと見候へば、続く勢は候はず。名乗れ名乗れと責め候ひつれども、つひに名乗り候はず」、と報告している。この謎だらけの、へんてこりんな扮装をした、曲者をですね、義仲の前で披露する。

『実盛』後　大槻文藏

これこそ、じつは、実盛の意図した死出の演出だった、と考えていいんじゃないでしょうか。変だ変だという異形の侍の首が義仲の前にもっていかれる。その時義仲ははらはらと涙を流して、「齋藤別当ごさめれ」と言うんですね。こういう死に方をするのは、実盛以外にないというのが、義仲の判断であったわけです。「洗はせて御覧候へ」という、能でも有名な場面がありますね。池の水で洗うと、髪は白髪となってしまった。たとえば頼政の能は後シテに、特別な面が用意されています。「頼政」っていう面です。それは眼に金が入っています。その金の周りには朱が点されています。金の眼をしているということは、いまの世だけでなく、ずうっと将来が見通せる目をもっていたっていうことなんです。しかし、齋藤別当実盛は、後も前も同じ面です。生きた、ふつうの人間、です。われわれと同じ、ふつうの人間が、自分の志、魂をのちのちに残そうとして、ある異様な扮装を思い立ち、そして、こういうふうな死に方をすれば、必ず木曽は、自分の思いを読み取ってくれるだろう、ということですね。まあ、ひじょうに複雑な人生を生きた実盛が、最後のテーマとして、複雑な人生を、締め括るためにもとめた死。いつ、どこで、どのように死ぬか、ということが、実盛くらい、きっちり演出され尽くしていた侍は、侍の歴史のなかでもないのです。そして、篠原合戦で死んだ五人の仲間の代表としてこんにちに能舞台に残るわけですが、俳人芭蕉はこの篠原の地を旅して、この実盛に一句、手向けています。「無惨やな、兜の下のきりぎりす」というんですね。芭蕉も元は武士でしたから、実盛の心中がよく分かったのでしょう。そこで涙をそそぎながら、この実盛を弔ったんだと思います。能作者も、もちろんこの老武者をへの鎮魂のこころが、動いていたに違いありません。

『松風』――世阿弥が仕上げた「幽玄無上」の能

天野文雄

香西精氏のこと

本日の能は、「熊野《ゆや》、松風、米の飯」と言われている『松風』です。「熊野、松風、米の飯」は、『翁』の「能にして、能にあらず」と同じくらい人口に膾炙している言葉ですが、「能にして能にあらず」と同じように、それほど古くからある言葉ではないように思います。「能にして能にあらず」は、戦後に生まれた可能性もある、意外にもかなり新しい言葉なのですが、「熊野、松風、米の飯」もそれほどではないにしても、維新以後の言葉ではないかと、私などは考えています。これは『熊野』と『松風』は、いつ観てもおもしろいという意味なのだと思いますが、言うまでもなく、それはこの二曲が数ある能のなかでも双璧とも言える名曲だということです。

本日はその「米の飯」の『松風』を観ていただくわけですが、そういう名曲なので、『松風』

について書かれたものは、それこそ汗牛充棟《かんぎゅうじゅうとう》です。もちろん、研究のほうでもたくさんあって、私も短い論を書いています。それは『松風』の最後のほうにある「物着《ものぎ》」についてで、あの「物着」は本来はなかったろうということを書いています。こんなことを言うと、みなさんが『松風』にもっていらっしゃるイメージを壊すようなことになるかもしれませんが、私がそう思う理由は、「物着」がある能は、だいたいそのことを示す文句があるのですが、それが『松風』にはないからです。それは観阿弥作の『卒都婆小町』の「物着」も同じです。『松風』も最後は世阿弥がまとめていますが、もとになったのは『卒都婆小町』と同じ頃、つまり南北朝期に制作された作品です。要するに、「物着」という演出は観阿弥の時代には、まだ生まれていなかったのではないかということなのです。そのことは大槻能楽堂の会報『おもて』に書かせていただき、その後、大阪大学出版会の『能苑逍遥（中）能という演劇を歩く』に収めていますが、『松風』については、私はそのくらいしか書いていません。

さて、多くの『松風』論のなかで、もっとも私の印象に強く残っているのは、香西精《こうさいつとむ》氏のものです。かつて、『観世』に「作者と本説」というシリーズの研究欄がありました。その欄はいまはもうないのですが、作者と典拠という視点から作品論を書いてもらうというもので、なかなかいい企画でした。その「作者と本説」の欄に香西精さんが『松風』を書いておられます。もっとも、香西精さんといっても、ご存じない方もおられると思いますので、ちょっと香西さんのことを紹介させていただきます。

香西精さんは明治三十五年のお生まれで、神戸のご出身です。昭和五十四年に七十六歳で亡くなられました。亡くなった時にはもうお仕事からは退いておられたと思いますが、最後は兵庫米穀株式会社の社長でした。つまり、実業界の人だったんですね。しかしそれは、仮の姿とでも言いますか、じつは東大の英文科を出られたあと、しばらく旧制の甲南高校の教授をされていたのですが、体をこわして、たぶん肺炎だろうと思いますが、それで甲南高校を辞めて、兵庫県食糧営団にお勤めになった。この兵庫県食糧営団はその後、名称が兵庫米穀株式会社になり、現在は「ひょうべい」という名称になっているようですが、そこの社長をされていた方なんですね。

香西さんは、もともと能の愛好者だったのですが、早くからたんなる愛好者の域を超えていて、戦前から専門家も舌を巻くような指摘を『謡曲界』などに寄せていました。しかし、当時は香西精という人はどういう人で、どこに住んでいるのかも、中央の研究界では知られていなかったらしいのです。そういう時代だったのですね。戦前の能楽研究を代表する能勢朝次氏などは、戦前に岩波から上下二冊の『世阿弥十六部集評釈』を出していますが、そのなかの『申楽談儀』の「語釈」の項では、香西さんが『謡曲界』に寄稿していた「談儀愚注」などの見解を評価して、ずいぶん紹介しています。しかし、能勢朝次氏はその香西という人がどういう人かは知らなかったそうです。香西の読みは本当はコウザイなのですが、能勢先生はカサイと呼んでおられたそうです。これは能勢先生の東京文理科大学の最後の教え子になる、先年亡くなられた表章《おもてあきら》先生から何度か聞いています。また、ご本人もコウザイよりコウサイのほうが気に入っていて、ご自分でもコウサイと言っておられたようです。

そういうことで、戦後にはなんとなく故人だと思われていたらしいのですが、昭和三十一年に、雑誌『宝生』に、「とらうきやう考」という短文ながら衝撃的な論文を寄せたので、それで健在だということが分かった。『申楽談儀』にみえる「とらうきやうの立ち合い」の「とらうきやう」が「都良香《みやこのよしか》」を音読したものだという指摘でした。それで、翌年、表章先生が神戸の会社に訪ねていったところ、そこは社長室なのに、書棚には『大日本史料』とか能関係の書籍ばかりで、実業関係の本はほとんどなかったということを言っておられました。そういう話を聞いていたものですから、私などは、香西さんは社長室ではもっぱら能の勉強をされていたようなイメージをもっています。

香西さんはそういういわば在野の研究者なんですが、専門家以上の仕事を残された方で、生前に三冊、没後に二冊、すべて表章先生が編集をされています。それだけ表先生は香西さんを尊敬していたわけですが、五冊ともたいへん立派な業績です。特に世阿弥についての研究は画期的なものですが、作品論でも大きな功績がありました。その香西さんが昭和三十五年の『観世』の「作者と本説」に、『松風』について書いておられるのです。

『松風』の呼吸するのは光源氏の須磨である

そこで書かれていることは、いま読んでもたいへん参考になります。また文章がお上手なんです。すこし話が飛びますが、香西さんは話もお上手で、大阪能楽鑑賞会や大阪能楽養成会でも上演曲の解説や能についての講演をよくされていたようです。大阪能楽鑑賞会は橘豊秋さんという本職は氷屋さんだった方が中心で、じつに意欲的な企画で能の観客のレベルアップに大きな貢献があった鑑賞団体です。橘さんは宝生流の能謡をたしなんでおられた方です。鑑賞会は橘さんが病に倒れた後、残念ながら解散ということになりましたが、香西さんはそこでもいろいろな話をされています。それから大阪能楽養成会、こちらはいまも大槻文藏さんが中心になって活発に活動していますが、その教養講座の講師もされていたんですね。「むずかしいけれど、たいへんおもしろい話だった」と、当時、養成会の生徒だった笛の左鴻《さこう》義信さんから聞いたことがあります。たぶん、高度なことをやさしく話されたのだろうと思います。じつは、私も十五年くらい前からその教養講座の講師をさせていただいているのですが、ある時、それは以前は香西さんが担当されていた講座だと聞いて、身が引き締まるような思いがしました。

話をもとに戻しますと、その香西さんの『松風』についての論で、そこで香西さんは、「『松風』の呼吸する須磨は光源氏の須磨である」と書いています。

香西さんが何を言いたかったかというと、『松風』という能は松風・村雨という、二人の海女の悲恋物語です。その相手は能には登場しませんけれども在原行平で、場所は須磨です。ですから、直接的には『源氏物語』とまったく関係はありません。しかし、須磨はご存じのように『源氏物語』で光源氏が流された場所で、源氏は三年間そこで生活をしていた。『松風』と『源氏物語』はその点で接点があるわけです。詞章には、『源氏物語』からの引用がかなりありますし、それから、『源氏物語』の寄合語《よりあいご》、源氏寄合などと呼ばれていますが、これがたくさん用いられています。寄合語とか寄合とは何かというと、中世の人が連歌を作る時に、『源氏物語』なら『源氏物語』にゆかりの言葉、縁語と考えていただいてよいと思いますが、それがある程度決まっていて、それをふまえて句をつけてゆく。『連珠合璧集《れんじゅがっぺきしゅう》』のように、そういう言葉を集めた本も作られています。その『源氏物語』の寄合語が、『松風』のなかにたくさんちりばめられている。香西さんはそういうことをふまえて、「『松風』の呼吸する須磨は光源氏の須磨である」という言い方をされているわけです。

『松風』の前半に、「波ここもとや」「心づくしの秋風に、海は少し遠けれども」「かの行平の中納言」「関吹き越ゆると詠《なが》めたまふ」という文句がありますが、これらはみな『源氏物語』にある言葉です。そのあとに、「げに音近き海士《あま》の家、里離《さとばな》れなる通路《かよいじ》の、月より外《ほか》は友もなし」「げにや浮世の業《わざ》ながら、ことにつたなき海士小舟《あまおぶね》の」とありますが、この「海士の家」「里離れ」「海士」は源氏寄合です。こんなふうに、『源氏物語』に見える言葉や源氏寄合が『松風』全体にわたって配されています。また、終曲部に「須磨の浦かけて、吹くや後《うしろ》の山颪《やまおろし》」とある「後の山」、これも源氏寄合です。須磨は海と山が近い地形です。これも『源氏物語』の縁語、源氏寄合です。

これは『松風』だけではなく、能全体がこういう詩的なテキストからなっている。作者はじつはそういうところにかなり精魂を傾けているわけです。香西さんはそういうことをふまえて、「『松風』の呼吸する須磨は、光源氏の須磨である」と書かれたわけです。

また、『源氏物語』では、須磨に流された光源氏のことを、同じように須磨に流された在原行平と重ねている部分があります。行平は現に須磨に流されています。もっとも、なぜ流されたかはよく分かっていません。『古今集』に流された時に詠んだ歌が収められているのですが、理由は分かりません。しかし、須磨に流されたことはたしかで、『源氏物語』では光源氏が行平と重ねられたりしている。『松風』はそういう点においても、『源氏物語』が背後にあるわけです。

これと同じような能を二つ紹介しておきます。やはり須磨を舞台にした能に『敦盛』と『忠度』があります。両方とも修羅能ですが、ここにも背後に『源氏物語』の世界があって、『源氏物語』の言葉がかなり豊富に使われています。それはストーリー理解という点では知らなくてもいいことです。しかし、そういうレトリックを多用した作り方が、能という演劇の大きな特色であり、それが能の魅力にもなっていると思います。

香西精さんの紹介から、「『松風』が呼吸している須磨は光源氏の須磨である」という話をさせていただきました。そろそろ本題に入らなければいけませんが、その前に、二点ほど、『松風』に関係することをお話しておきたいと思います。

一つは、『松風』の原形が作られた南北朝期は能の詞章がかなり洗練されていた時代だということです。能には段物《だんもの》と呼ばれるものがありますね。「鵜ノ段」とか「笠ノ段」とか。「鵜ノ段」は『鵜飼』、「笠ノ段」は『芦刈』ですね。それから『百万』の「笹ノ段」とか「車ノ段」などもそうですが、これら段物といわれる部分がある能は南北朝期に制作された能が多いようです。そこは文句もいいいし、節もいい。それは南北朝時代、つまり世阿弥がまだ若い頃、観阿弥の時代です。その時代の能の詞章がいかに洗練されていたかということを示していると思うんですね。そして、その一つの例がこの『松風』だと思います。

もう一つは曲名です。世阿弥は『松風』を『松風村雨』とも呼んでいます。曲名はじつは『松風村雨』のほうが本来のものです。これはたんに曲名だけの問題ではありません。現在の『松風』はその曲名にふさわしく松風中心の演出になっていて、村雨のほうはあまり目立たない。しかし、古い台本の詞章の担当などからは、どうも本来の『松風』は村雨がもっと前面に出ていたように思われます。これについてはあとで具体的にふれることになると思いますが、そうだとすると、『松風村雨』という本来の曲名はそうした内容にぴったりだということになります。

『汐汲』が『松風』になるまで

さて、本日の私の話には、「世阿弥が仕上げた「幽玄無上」の古作能」というタイトルがつけられていますが、これはおのずから、『松風』は世阿弥がゼロから作ったわけではないということを意味しています。このことは、『松風』についてお話をする場合、どうしても抜きにできないことでもあります。つまり、現在の『松風』がどういう過程を経て形成されてきたのかということです。古い能には同じようなケースが少なくないのですが、『松風』の場合はまず『汐汲』という能があったのです。というのも、世阿弥が「松風村雨、昔、汐汲《しおくみ》なり」と言っているからです。これは『三道《さんどう》』という芸論にみえる発言です。

この『汐汲』については、その一節が世阿弥の『五音《ごおん》』に記されていますが、いかなる内容の能だったのかは分かりません。『汐汲』という曲名ですから、汐汲みの場面があったとは思われますが、それ以上の具体的なことは分かりません。しかし、作者は分かっています。それは喜阿弥という役者で、音曲の名手として世阿弥がたいへん尊敬していた、世阿弥の先輩にあたる田楽能の役者です。喜阿弥の「キ」は「亀」と書かれることもありますが、「亀」のほうが古いようです。世阿弥と同じように将軍義満の周辺で活動していた役者でもあります。世阿弥とは確実に一世代は離れていますから、観阿弥と同じ時代の役者ですね。その喜阿弥が『汐汲』という能の作者だったようです。

ところが、世阿弥が、「松風村雨、昔、汐汲なり」と言っているにもかかわらず、現在残っている『汐汲』の一節は、現在の『松風』には見当たりません。その一節は『松風』には継承されなかったということでしょう。ともあれ、いまわれわれが観ている『松風村雨』には、もとになった曲、原曲があって、それが『汐汲』という田楽の能であったことになります。

そこまではっきりしているのですが、その後、『松風』が現在の形になるまでのあいだに、世阿弥の父親の観阿弥が『汐汲』の形成に関与している形跡があります。これも世阿弥の『五音』から分かることなのですが、松風と村雨が登場した直後の松風や松風二人の同吟になる、「心づくしの秋風に、海は少し遠けれども、かの行平の中納言、関吹き越ゆると詠《なが》めたまふ、浦わの波の夜々《よるよる》は」から、「朽《く》ちまさりゆく袂かな」までの三十句ほどの謡は観阿弥の作曲と考えられます。『五音』では、「心づくしの秋風に」の部分を引いて、それを「亡父曲」としています。作詞も観阿弥の可能性が高いのではないかと思いますが、そういう文句が『松風』に含まれています。

この点については、長いこと、観阿弥が『汐汲』に自身の作曲になる能の文句を挿入したと考えられていました。つまり、現在の『松風』には観阿弥の手が入っている、というように理解されてきました。しかし、もう三十年くらい前に、この「心づくしの秋風に」からの一節は、『松風』の一部ではなく、行平流謫《るたく》の地、須磨を題材にした独立の謡い物ではないかという説が新進気鋭の若手だった竹本幹夫さんから出されて、現在はそれが有力な説になっています。かりにそう考えると、観阿弥は現在の『松風』の形成に関与していない可能性が出てきます。観阿弥作曲の「心づくしの秋風に……」という謡い物を『汐汲』に入れたのは、かならずしも観阿弥と考える必要はないからです。竹本さんはそう主張されています。これが『汐汲』の一部なのか、あるいは独立の謡い物とみて、観阿弥は『松風』の形成に関与していないとみるか、現在の『松風』にはそういう問題もあります。そのいずれかの決め手は、この部分の謡い物としての独立性ということにかかっているわけですが、みなさんはどうお考えになるでしょうか。

また、観阿弥の関与がなかった場合は、この部分は、『松風』を現在の形に仕上げた世阿弥が、亡父作曲の謡い物を取り入れたことになります。竹本さんの説にはもちろんそういう想定も含まれています。

『松風』前　梅若玄祥

さて、観阿弥の関与があったかどうかはともかく、最終的にいまの『松風』のかたちにしたのは世阿弥です。世阿弥の『申楽談儀』では、『松風村雨』は自作だと明言していますから、これは確実です。また、『五音』によると、「松風 後之段」として、『松風』後半の「げにや思ひ内にあれば」の文句を作者を記さずにかかげています。作者が記されていないのは世阿弥の作と考えられていますが、これによれば、汐汲み以降の後半は世阿弥の作ということになります。また、『五音曲条々』という芸論には、『松風』の「後の段」、つまり後半ですね、そこは「恋慕の専らなり」とされています。

そうすると、いまとなっては内容が分からない田楽の能に、喜阿弥が作った『汐汲』という能があった。そこに松風・村雨が登場していたかどうか分かりません。その『汐汲』に観阿弥が手を入れたかどうかも分からないのですが、最終的には観阿弥作曲の一節も取り入れ、後半はすべて世阿弥の手になる、そうしてできあがったのが、現在の『松風』ということになります。

現在の『松風』は比較的長い能です。名曲ですが、演じ方によっては冗長になりがちである。もちろん今日はそういうことにはならないと思いますが、私がいままで観た『松風』はそういう印象のものがわりにありました。謡も文句もいいけれども、ちょっと長いという印象です。それは『松風』がいまお話したような経緯で手が加えられた結果、すこし長くなってしまったということではないかと思います。

世阿弥の『松風』評価

しかし、すこし長いけれど、作品としては名曲ですから、名手が演じれば、それは名舞台になります。最終的に仕上げた世阿弥もそう評価していました。それも最高級の評価で、世阿弥は『申楽談儀』で、この『松風』を「寵深花風《ちょうしんかふう》」という位の能だと言っています。「寵深花風」というのは、世阿弥が九ランクに分けた芸位の第二位にあたります。第一位は「妙花風《みょうかふう》」です。第二位ですが、「妙花風」は位とも言えない特別な位ですから、「寵深花風」という位は実質的にはトップなんですね。『松風』はその「寵深花風」の位の能だと世阿弥は言う。この妙花風にしても寵深花風にしても、本来は役者の芸位についての用語だったのですが、やがてそれを作品にも適用して、『松風』は寵深花風だと言っている。最高級の賛辞なんですね、これは。当然、自信作だったことになります。今日は世阿弥がそう言っている能を鑑賞するわけです。

また、世阿弥は『松風』について、「無上の味はい」というような評価をしています。この発言は有名な『砧』について世阿弥が述べているところに出ています。『申楽談儀』です。世阿弥が、ある静かな晩に『砧』の謡を謡った時、「このような能の味わいは、末の世には知る人がいないだろう」と言って、世阿弥が嘆いている。この能の無上無味の味わいは説明不可能だが、「無上」という点では、それは『松風村雨』とか『浮舟』がそれにあたる、と言っているのですね。この発言を総合すると、やはり『砧』がいちばん上で、それにほぼ匹敵するものとして『松風』と『浮舟』を挙げているわけです。『浮舟』も『砧』も、それから『松風』も、ちょっと狂乱的な要素がある能なんですね。『申楽談儀』は世阿弥晩年期の芸談ですが、その頃の世阿弥はそういう要素にかなり価値を置いていたように思われます。このように、世阿弥は『松風』を高く評価していたのです。

汐汲み場面のロンギは『藤栄』の流用

これまでもお話したように、現在の『松風』はすべてが世阿弥の手になるものではありません。それまでの『汐汲』や観阿弥作曲の一節もそこには含まれています。前半の姉妹による汐汲の場面などもそうです。ここは文句なしに見事な美しい場面です。すこし読んでみます。

運ぶは遠き陸奥《みちのく》の、その名や千賀《ちか》の塩竈《しおがま》、賤《しず》が塩木を運びしは、阿漕《あこぎ》が浦にひく汐、その伊勢の海の二見の浦、二度《ふたたび》世にも出でばや、松のむら立ち霞む日に、汐路や遠く鳴海潟、それは鳴海潟、ここは鳴尾の松蔭に、月こそさはれ蘆の屋、灘の汐汲む憂き身ぞと、人にや誰《たれ》も黄楊《つげ》の櫛、さし来る汐を汲み分けて、みれば月こそ桶にあれ、これにも月の入りたるや、嬉しやこれも月あり、月は一つ影は二つ、満つ汐の夜の車に月を載せて、憂しとも思はぬ汐路かなや

これが姉妹の汐汲の場面の文句です。この前に汐を汲もうという文句があります。また、ここはロンギという節の部分です。シテと地謡が交互に謡う掛け合いのようなかたちになっていま

『松風』後　梅若玄祥

す。もっとも、このロンギの地謡の文句は意味のうえではすべてシテの文句ですが、それはともあれ、ロンギは「論義」で、声明にもある形態です。このロンギについて、世阿弥は、この部分は「昔の藤栄《とうえい》の論義」だと『申楽談儀』で言っているのです。この『藤栄』という能は観世流にはありません。観世流だけになくて、他の四流にはある能です。最明寺入道時頼の廻国《かいこく》談をもとにした能で、水戸黄門みたいな内容なのですが、この『藤栄』の舞台が鳴尾なんです。

　鳴尾の領主の子息が領地をおじの藤栄に奪われている。そこに廻国中の最明寺入道が通りかかって、領地を子息に返すという話なんですが、その舞台が鳴尾なのです。藤栄はワキです。この『藤栄』のロンギが『松風』のロンギだと世阿弥が言っているのですが、面白いことに、いまの『藤栄』にはこのロンギはありません。『松風』に移してしまったためです。『藤栄』はずいぶん古い能らしいのですが、『松風』はそのロンギを取り入れている。こうしてみると、『松風』は一曲がずいぶん継ぎはぎでできている能ということになります。「世阿弥が仕上げた」というのはそういうことも含めているのですが、その仕上げ方がたいへん巧みだったわけです。うまく組み合わせているということです。しかも、汐汲みのロンギは『藤栄』のロンギをそのまま使っている。たとえば、「松のむら立ち霞む日に、汐路や遠く鳴海潟、それは鳴海潟ここは鳴尾の松蔭に、月こそさはれ蘆の屋」とあります。ここは鳴尾だと言っている。『松風』の舞台は須磨で、鳴尾からはずいぶん離れています。一方、『藤栄』の舞台は鳴尾です。細かくみると、そういうホコロビが認められますが、しかし、それ以外はこの場面にぴったり合っている。鳴尾と須磨の違いなどあまり気にされていない。何よりも、このロンギは『松風』の汐汲み場面によく適合しているからです。

こういうことは古い時代の能にはよく行われていたらしいんですね。この『藤栄』で言いますと、『藤栄』の道行の文句は世阿弥作の『忠度』のワキの道行とまったく同文です。これも『忠度』が先行する『藤栄』の道行を借用したのです。ここは一見、『忠度』の道行としてすこしも不自然ではないようにみえるのですが、子細にみると、やはり不自然な点があります。この道行は「鳴尾に着きにけり」で終わります。『忠度』の舞台は須磨ですから、これは明らかに鳴尾が舞台の『藤栄』の道行を用いていることになります。『忠度』の舞台は須磨なのに、ワキ僧の道行は鳴尾で終わっている。こういうのを「半着き」と言うようですが、それは別の曲の一部を借用した結果なのです。『藤栄』のロンギを『松風』に取り入れたのが世阿弥だと断定はできませんが、その可能性は十分にあると思います。とすれば、世阿弥はこの手の借用をずいぶんしていることになります。世阿弥でもそんなことをするのかというふうに思われる方がいらっしゃるかもしれませんが、それがきびしい競争の時代だった当時の能の実態で、すこしでもよい能を作ろう、洗練されたものにしようという意欲の結果なのだろうと思います。

なお、『松風』のロンギについては、もう一つお話ししておきたいことがあります。さきほども申し上げましたが、ここは地謡とシテの掛合いのかたちになっています。しかし、それは上掛《かみかが》りの観世流や宝生流の形であって、下掛《しもかが》りの金春流などになると、シテとツレの二人と地謡の掛合いなのです。ですから、下掛りの『松風』の汐汲場面では村雨の比重が高いわけです。これ以外のところでも、観世ではシテが謡っているところを下掛りではツレが謡っているところがあって、下掛りの『松風』では、ツレの出番が上掛りの観世流などにくらべて多い。その一例がこのロンギになります。姉妹二人で汐を汲んでいるわけですから、二人で謡うのが自然でしょうし、曲名ももとは『松風村雨』だったわけですね。ですから、ここは金春流などのように村雨も加わるのが本来のかたちだったと考えてよいと思います。そうした視点で『松風』全体を見直すと、『松風』は松風だけではなく、姉妹二人で行平を慕っていることになります。

死後にも続く行平への思い

そろそろ時間も残り少なくなってきました。これまで細かい話ばかりしてきましたので、最後に『松風』全体についてお話したいと思います。本日の準備のために、『松風』を久しぶりにじっくり読んでみて思ったのですが、いまお話した汐汲みの場面がある前半ですね、この前半はいったい『松風』一曲の中でどういう位置を占めているのか、ということです。じつを言いますと、これまではそんなことは考えたことがなかったのですが、どういう意図のもとにこの汐汲を中心とする前半の場面が置かれているのかということです。

さきほど、『松風』の後半は「恋慕の専らなり」と世阿弥が言っていることを紹介しました。『松風』の後半は確実に世阿弥が作った部分ですが、そこで描かれているのはひたすら「恋慕」であると言っているわけです。事実、そこでは松風村雨姉妹は旅の僧に自分たちの素性を明かして行平を偲ぶわけです。行平は須磨にいた三年のあいだ、自分たちと親しい仲になったが、都に戻って間もなく亡くなってしまったと。行平はほんとうは七十七歳くらいで亡くなっているらしいんです。また、行平が須磨で三年過ごしたというのも光源氏が須磨にいた三年を念頭においているものと思いますが、ともあれ、そういう悲恋物語が姉妹によって語られます。『松風』以前に、このような物語があった形跡はなく、これは『汐汲』か『松風』における創作かと思われるのですが、『松風』の後半はこのように姉妹の行平にたいするひたすらな恋慕が描かれています。

つまり、姉妹は亡くなった後も、行平に対する恋慕が続いていているというかたちで描かれているわけです。だから、須磨の浦にある松を帰ってきた行平と思って狂乱する場面があるわけですね。要するに、『松風』の後半は、この姉妹の行平にたいする思慕が死後も続いているというかたちになっていると思います。そこで、そういう視点から前半をみてみると、そこでも姉妹は後半と同じように、死後における行平への思慕が描かれているように思います。

ここで注意しておきたいのは、現在の『松風』は、いわゆる複式夢幻能のかたちになっていますが、平均的な夢幻能とはちょっと違うところがあります。夢幻能の前ジテは主人公の化身というのが一般的ですが、『松風』の前ジテと前ヅレは化身ではなく亡霊として登場しているように思われます。汐汲場面の後、塩屋での僧との応対した姉妹は、自分たちは「松風村雨二人の幽霊」だと名乗りますが、夢幻能では、通常、ここで前ジテは中入りして、後場では本体の亡霊として現われるわけですが、『松風』では松風も村雨も中入りしません。そのまま、行平と過ごした三年の思い出を語り、「跡弔ひてたびたまへ」と言った後も思い出に浸り、そこで松風が行平の形見の烏帽子と狩衣を身にまとって、さらに懐旧の情に浸るうち、浦の松を行平とみて狂乱のうちに舞を舞うという展開になっています。こうしてみると、松風村雨は最初から亡霊として登場していることが明らかだと思います。その化身ではない姉妹の亡霊が、たとえば、「かくばかり経《へ》がたく見ゆる世の中に」というように、そういう生きていくことのつらさをしきりに吐露しています。そういう文句がたいへん多いのです。この後にも、「海士《あま》の捨て草いたづらに、朽ちまさり行く袂かな」とある。要するに、つらい生活をしていてこのまま死んでいくのかという感慨です。そこだけを見ると、たんなる海女の侘しい生活にたいする嘆きのように読めるのですが、姉妹が亡霊であり、「恋慕の専ら」である後半を重ねてみると、前半もやはり行平にたいする思慕、それは恋慕の苦しみということにもなるわけですが、そういう点で一曲が一貫した形になっている、あるいは前半が後半の伏線のようなかたちになっているのではないか、というふうにとりあえず今回は考えてみました。もちろん、もとは『藤栄』のものだった汐汲みのロンギも、そういう位置にあるということになります。

私は常々、能という演劇を分析する際の姿勢として、一曲全体を統一的にとらえたいと思っています。汐汲の場面は汐汲の場面で、そのすばらしさを堪能すればいい。前半は前半、後半は後半で、それぞれの見所を味わえばいい、という見方もあってよいとは思いますが、作者としては一曲を有機的な戯曲にまとめているわけですから、全体としてどういう能に仕上げているのか、それによっていかなることを表現しようとしているのか、ということを考える必要があります。『松風』についていえば、それは死後もなお続いている姉妹の行平にたいする恋慕の思い、それはつらさでもあるという、そういうことになるかと思います。そのつらさを松風ひとりではなくて、松風村雨二人の恋慕、二人のつらさというふうに仕上げている。それが世阿弥が最終的に仕上げた『松風』だったのではないかと考えているのですが、みなさんはどうお考えでしょうか。

世阿弥の亡霊（シテ）演出法

山折哲雄

死に体、霊体、法体

今日は「世阿弥の禅観」つまり、禅にたいする世阿弥の考え方をどうとらえたらいいか、というお題を頂戴いたしました。でも、これはよく分からないんですよ。かならずしもすべてではありませんが、お能の舞台には亡霊が、主人公として出てまいります。とくに、世阿弥はそういう形式の舞台を、ひじょうに大事にしていたように思います。夢幻能、といったような言い方で表現しておりますね。その、亡霊が出てくる舞台、そしてその物語の展開、これを能役者は、どのように表現するのか。これがじつは大きな問題ですね。考えれば考えるほど、それを見ていて私は分からなくなる。それで、長い間かかって、その理解のために一つの理屈を考えてみたんですね。シテが舞台に登場してから、舞を舞って、また舞台を去っていくまでの、その亡霊を演ずる能役者の身体の動きについてです。

つきつめて考えていくと、この能役者は三つの身体的な変容の段階を経て、姿を消していくのではないか。そういうふうに考えたらどうかなと思うようになったのです。最初は、舞台に現れ、橋掛りを歩み始める、その段階の、能役者の体は、その身体は、いわば死に体ですよね。たんなる死体じゃない、死んでいる身体。ま、人形といってもいい。木偶といってもいい。ところが、そこへ怨霊、つまり亡霊が現れて、取りつく。その途端にその木偶、死に体の役者の身体は、たちまち霊体に変わるんですね。死に体から霊体へ。霊の取りついた体へ。別の表現をすると、物狂いの状態でしょうか。で、そこでそのシテが、かつての自分の哀れであった人生を口説いたり、栄華の時代をなつかしんだり。そして、落魄の人生を送った、悲劇的な人生を送ってしまった、そういう諸々の怨念にみちた物語を、口説き始める。身悶えして、語り始める。もうすでにその時は、謡の語りが始まっておりますし、笛・太鼓・鼓の音曲が鳴り響いております。それに乗って舞を舞い、語りと、音楽と、舞によって、だんだん、その物狂いの霊体が鎮められていく。その間、このシテの口説きの語りをじっと聞いているのが脇に控えているワキの僧ですね。このことについて私は、しばしば言ったり書いたりしてきたんですが、その物狂いの霊体はこんにちの言葉でいえば、クライアントを意味している。それにたいして、じっとその口説きを聞いているワキの僧は、カウンセラーといっていい。こうしてシテは口説きに口説いて、舞を舞って、鎮められ、やがて舞台を去っていく。

ところで去っていく時、その霊体がどうなるか。鎮められて、亡霊がその身体から抜けていくのか。取りついたんだから抜けていくのか。あるいは、その霊体のなかで、シテの身体と一緒に鎮められていくのか。ところがこれがよく分からない。いずれにしても、霊体そのものは鎮められている。物狂いの状態は鎮められている。ただ謡の語りのなかにはたいていの場合、とくにこういう夢幻能においては、仏教の悟りにかかわる言葉が出てくるんですよ。たとえば成仏という言葉ですね。もっとも亡霊は成仏することができるのかどうかというのは、それ自体大問題ですけどね。語りの言葉のなかに、この成仏に向かって浄化されていく、という意味の言葉がも出てまいります。ほんとうに成仏しているならば、その段階でその霊体は、いわば法体に変わっているはずですね。仏の体ですよ、法体。

『山姥』前　野村四郎

ところが、ところがむずかしいのは、その、謡の語り、その最後の場面をよく読んでみますと、煩悩即菩提という言葉が出てくる。成仏と書いてあると同時に煩悩即菩提だという、色即是空といってもいい。仏の世界でもあれば、悩める衆生の世界でもある、とこう書いてある。ここはむずかしいんですよ。煩悩のすがたのまま菩提だよ、仏だよと。それは仏教でいうところのほんとの成仏の姿そのものか。それともその仮の姿であるのか。ここがよく分からない。煩悩即菩提という姿は煩悩の側から見ると、いろいろ、悩みや苦しみや悲しみを抱えながら、仏に近づいている。いわば進行形の身体であります。しかし、成仏、菩提の側から眺めると、限りなく、悟りの世界、仏の世界に近づいている。どちらとも理解できるような、そういう言葉が連ねられている。さあそこをどう能役者の方は表現するか。

世阿弥は、『風姿花伝』を始めとするさまざまな口伝書のなかで、この場面についていろいろ言葉を費しておりますけれども、いま私が言ったようなかたちで、具体的に、能役者の身体をどのようにもっていくか、どう表現するかということについては、語っていないと思います。むしろ能役者の各々方の工夫に任せているようなところがある。最後そう言って、世阿弥は突き放しているようなところがある。あるいは突き放さざるを得なかったのかもしれない。

私は、夢幻能という、亡霊が主役をなすこのドラマというものは、世界において、ほかにはどこにも見られないような演劇形式だと思っているんです。そういう演劇の形式を発見しただけでもたいへんな、じつにたいへんな大仕事だったと思いますけれども、世阿弥がその問題についてほんとうはどのように考えていたのか、そこをつかむのがとてもむずかしい。具体的に言っているように見えるけれども、しかしここは大事なところなんだよ、と言い続けていたような気がいたします。ただ彼は、そのことについて手っ取り早いマニュアルのようなものは出さなかった。いまのところ私はそう考えているんです。そこで私は、先に言った三段階説というものを考えてみたわけです。まず木偶、つまり死に体の段階、つぎに怨霊に取りつかれた霊体の段階、そして最後に霊的なものから解放された法体の段階、この三ステージを考えてみたわけです。

神道的身体観と仏教的身体観

これ理由があるんですよ。それはどういうことかというと、ずっと以前から、神道的な身体観と、仏教的な身体観、その二重の身体観が、世阿弥の以前から、すでに日本人の間に深い考え方として存在していたということなんです。私はさきほど、死に体から霊体への変化、つまり怨霊がシテの体に取りつく物狂いの状態になる変化について申しましたが、いわば、こういう演出法の背後にあるのがじつはいま言った神道的ともいうべきの身体観なんですね。霊と肉、霊魂と肉体は分離したり結合したりするという、霊肉二元の考え方であります。これは『万葉集』の世界がみんなそうであります。当時は、人間が亡くなりますと、その遺体を山のふもとなどに放置する。すると魂が肉体から抜け出て山に登っていく。後に残された肉体は、魂の抜け殻であります。けれどもいちど飛び去った魂が戻ってきて、その遺体に取りつくことがあるわけです。つまりふたたび生き返る。この死んだり生き返ったりする蘇生の生理現象が、いま言った霊肉二元論から成り立っている。万葉の時代の古代人はだいたいこういう信仰のなかで生きていたと思います。仏教以前の神道的な信仰といってもいい。

私は、夢幻能の最初の段階、怨霊がシテの体に取りつく、物狂い状態になる、身悶えをする口説きの所作が始まるのはこのような信仰に基づいていると思っています。ところがドラマの進行とともに、この物狂い状態の主人公が今度は悟りの世界へ、安定した心の世界に近づいて

山折 哲雄（やまおり てつお）
宗教学者。東北大学助教授、白鳳女子短期大学学長、京都造形芸術大学大学院長、国際日本文化研究センター所長などを経て、現在、国際日本文化研究センター名誉教授。『日本宗教文化の構造と祖型』、『神と仏』、『日本人の霊魂観』、『日本人の宗教感覚』など著書多数。

いく。その身体的な変化のプロセスをどう表現するか、これがおそらく、世阿弥の最大の課題だったと思います。芝居を演出する専門家としての世阿弥はおそらくそのことを、技術的になんとか実現しようとしたと思うのですが、同時に世阿弥自身がそういう世界に深い関心をもつようになっていたと思うのです。亡魂に取りつかれて穢れた自分の体を、いかに解放するか、それをいかに悟りの世界に転換させるか、自分自身の魂と身体の問題としてそういうことを考えていたのだろうと私は想像しているんです。実際世阿弥は、補厳寺という奈良にある曹洞宗のお寺で出家をしております。たんに、舞台の上の演出上の問題にとどまらない、自分自身の人生にかかわる問題だったのかもしれない。

ところで、その場面で、仏教の身体観の問題が新しく出てきます。つまり自分の身体を、いわば「成仏」の状態にするためにどうしたらいいか、という問題です。神道的な身体観だけでは、そこのところは解決できない。そこで、仏教ではどうか、ということになりますが、端的にいって仏教の考え方においては霊肉二元のような、先の神道的な身体観の考え方は頭から否定されるんですよ。霊魂と肉体は一体のものである、どこまでいっても一体のものであると考えるからです。これを心身一如といいます。身体と心の世界はこれは分離できない。これが仏教の基本的な考え方です。これ、神道の考え方とは正面から衝突するわけですよ。外来宗教としての仏教が考えた身体論というのは、土着の宗教としての神道が考えた身体論とは、ここで対立する。ところが、その矛盾するものを世阿弥は、どうやら自分の考える夢幻能という世界で統合しようとした、そのように私には見えるのです。

怨霊が取りつく、物狂いになる、それを身体からどう解放するか。つまり神道的な身体観の地平からどのように離陸するかということですね。そしてそこから、今度は、神道から仏教へ、迷いの世界から悟りの世界へ、つまり仏教的な身体観へのプロセスを考えるようになったのではないか。そしてそのことを実現するために三ステージを考えるようになったのではないか、と私は推定してみるのです。「死に体」→「霊体」→「法体」の三段階説です。これもちろん理屈ですよ。私の。でもその場合、もしもそういうふうに、世阿弥が考えたとしたら、そこには二人の重要な人物が介在していたのではないかと、さらに想像がひろがっていった。世阿弥に刺激と影響を与えた二人の人物がいたのではないかということです。一人は空海、二人目が道元、そう私は思うようになった。もしもそうだったとすると、ここがすごいところですね。私は、世阿弥は空海を相当読み切っていたと思う。つぎの世阿弥にたいする道元の影響については、多くの方々が言っておりますけれども、もう一人、この空海という人物がいる。この二人が世阿弥の登場に決定的に重要な役割を果たした。とくに、舞台上の彼の演出を考えるうえで、空海と道元から、ひじょうに大きな、刺激を受けたのではないのかと思うようになったのです。

まず空海ですけれど、空海は中国に行って密教の洗礼を受けます。当時の最先端の宗教思想ですよ、密教。彼がそこからつかみだした重要なテーマが「即身成仏」という問題でした。生の身体、この体のまま仏になる。そのためにどうしたらいいか。空海は、穢れに満ち満ちたこの身体を、仏に近づけるため、仏たらしめるため、三つの身体運動が必要だと考え、それをみずから実践して理論的にも体系化しました。一つは、口に真言陀羅尼を唱える。言語の問題ですね。二つめは印を結ぶ。これは身体活動そのもの、身体運動であります。そして第三として、心に大日如来のイメージを思いうかべる。瞑想、イメージといっていい。そのイメージされた大日如来と、自分の身体を合体させる。その合体イメージが実現した時に、即身成仏の状態になるのだと。言葉で言うと何ともつまらない話になるんですけれどね、第一、そんなうまい具合にいくかって言われそう。だけど、空海はそれを真剣に実践しようとした。人間の心には動物の段階の心から、倫理的な道徳的な段階の心、さらに、洗練された悟りの世界の心まで、十段階の心があるということを言っている。獣的な、けだものの心から、聖なる覚者の心に至るまでの精神の十段階。そういうことを前提にして、仏になるためにどうしたらいいか、と彼は考え続けた。さきほど私が、世阿弥の場合の三ステージで、最後の段階の悟り、あるいは成仏の段階に近づけるにはどうしたらいいのかという問題を申しましたが、それとほぼ同じことだったのだろうと思いますね。

世阿弥はこの空海の即身成仏の考え方を参考にしたに違いないと思います。それだけではない。「初心」という言葉があります。「初心忘るべからず」の初心です。世阿弥の言葉として知られていますが、あの言葉を、我が国の精神史のなかで最初に使った人間が、じつは空海なんです。変容する「心」の、ある決定的な出発点をこわす段階をいったものだと、私は解釈しています。

空海・道元・世阿弥

つぎに二人目の道元から、いったい世阿弥は何を学んだか、それが、「身心脱落」という、考え方だったと思います。道元は、比叡山にのぼって修行を始めますが、二年足らずで山を下り、そのまま京都の建仁寺に入って、そこの明全和尚について中国に留学します。空海と同じですね。当時のもっとも先進的な留学僧でした。それで、天童山寺に行って、そこで如浄《にょじょう》という偉いお坊さんに出会う。で、そのもとで修行をしていて、ある時、「ひらけました」と言って飛んでいく。するとその道元の修行の姿を見て師匠が、お前は悟りの境地に達したと証明を与えた。その時、「身心脱落、脱落身心」ということを言うんですね、如浄禅師が道元にいった「身心脱落」というのは、「身」が身体の「身」のこと。「心」がこころのはたらきのことです。からだとこころ、肉体と霊魂と言ってもいい。それは互いに切り離すことのできない一体のもので、それがそのままな脱落したという。脱落というのはむずかしいんですよ。一体となって、そのまま透明な姿になったというふうに私は解釈しています。からだとこころの二元的な関係が、その瞬間なくなってしまう。からだがこころを支えているんじゃない。こころがからだを包んでいるのでもない。それはほとんど同時に一体になって脱落した。その脱落がすなわち汝の身心だ。「身心脱落、脱落身心」。そのことを知った時、世阿弥は、まさにその身心脱落の状態を舞台の上で実現することはできないか、と考えたのではないでしょうか。最後の「法体」の場面ですね。霊体から法体に移る時、シテが鎮められて、舞台を去っていく時です。空海流の「即身成仏」か。道元流の「身心脱落」か。そのような問題を考え続けていたように私は思っているんですが、しかし、ほんとうのことをいうとよく分からない。結局世阿弥は、最後にそのどちらも採用しなかったのかもしれない。どちらも受け入れようとしていないのではないのか、とも思いますね。複雑な人です。神道的な身体観も、仏教的な身体観も、彼には能の舞台における、シテの究極の表現目標とは思えなかった。そう私は想像しています。不思議ですねえ、世阿弥作と言われている夢幻能、これはたくさんある。くわしいテキストクリティークをやらないと、分からないんでしょうが、世阿弥作と言われているもの、世阿弥が手を加えたと言われているもの、世阿弥が改作したと言われているもの、いろいろあるんですね。その解釈がまた研究者によって千差万別なんですね。そうした時、さきほどから言っている「亡霊」(シテ)の最後の場面、つまり「法体」の場面をどう考えるのか、世阿弥がどのように考えて、どんな手を加えたのかといったことが気になります。そしてその点がもっとも興味があるところですね。

ところがそれがよく分からないわけで、これはもう想像する以外にないと私は勝手に思っている。まあ私の研究も考えも、まだ十分じゃないっていうことでもあるんですけどね。ただそのなかで私が、どうも世阿弥の夢幻能の最後に出てくる風景というか光景を見ていて気になるのは、たとえばテキストのなかで突然、風が吹く、雲が流れる、そんな描写が出てきます。そのような自然現象が何の前触れもなく、すっと前面に出てくるようなところがありますね。そしてその言葉遣いが、「成仏」とか、「得脱」、「煩悩即菩提」とか「色即是空」といった言葉と連動している。そういう場面設定のなかで、寂しい、悲しそうな風が吹く、『松風』などもそうですね。『山姥』も、そうでしょう。山廻りを始める山姥の周辺に、山の自然の荒々しい光景が浮かび上がって、どうも世阿弥はそれをことさらに強調しようとしているような気配がある。で、その状況を、時には禅の言葉を借りてきて表現している、密教の言葉から借りてくる時もある。

『山姥』で言えば、「柳は緑、花は紅」。そしてこちらのほうが、「色即是空」という観念的な言葉よりも、世阿弥の夢幻能にとっては切実な響きを帯びているように私の目には映る。すると最後の最後のところで、世阿弥は、結局は神道的な身体論を信じていない、仏教的な身体論ももしかすると疑っていたかもしれない、そう思うようになりました。じゃあ、「柳は緑、花は紅」、これは仏教的ではないのか、神道的ではないのか、という声までがどこからか聞こえてくる。おそらくそんなことはないでしょう。そうではないはずですよね。むしろそこには、そういう自然にたいする鋭い、深い感受性というものが見られるからです。日本人の仏教、日本人の神道には深いところでそういう繊細な感覚が流れ続けているのではないかとも思う。

ただ、さあそれを、今度はどのように舞台の上で、演出の上で表現するか、実現するか。じつは私は、こういうところで申し上げるとお叱りを受けるかもしれませんけれども、お能を観ているとだいたい、居眠りが出るんですよ。とくに前半は、此

『山姥』後　野村四郎

の眠気と戦うのには、たいへん努力がいる。もう最近では、戦わないことにしている。その眠気に身を任せることにしております。ただですねえ、最後、シテが舞台を去っていく。あの場面だけは、不思議なことに目が、開くんですね。意識が明瞭になってくるんですね。おそらくお能の、私にとっての最大の見どころがその場面なのであって、シテが舞台を去っていく、そしてやがてその後を、ワキがまた背中を見せて、舞台を去っていく、その時なんです。その時、その役者の身体に、「柳は緑、花は紅」が浮かび上がってくる、その身体に風が吹き、雲が流れ、小鳥の声が響いている。そういう自然の風景が舞台にただよい始めている。そのように私には感じられるのです。お能の私にとっての最大の魅力がそういうところにあるんですね。

で、そうすると、さきほどの三段階説にもどりますと、つまりあの死に体から霊体へ、霊体から法体へ、のあの場面ですよ。その時その法体の身体の内部における霊的なものと肉的なものはどういう関係になっているのか。理屈を言うと、そこがふたたび気になるんですね。演ずるのは人間ですよ。煩悩と穢れ多き人間の身体が演じているわけであります。しかし、能役者の背中が、それとは違った風景を観客にたいして、見せている。それが『風姿花伝』の「風」か、「秘すれば花」の「花」か、とも思うんですね。世阿弥さんなかなか味なことをやってくれたなあ、という気がするわけであります。

柳緑花紅と浅田真央

これで、今日私は、与えられた「世阿弥の禅観」というテーマについて、申し上げたいことの、ほとんどを申し上げたのでありますが、最後にですね、ちょっと別の、異風の物語を出さしていただいて、ご参考に供してみたいと思うんであります。それはですね。フィギュアスケートの浅田真央さんの、あのフィギュアスケートの舞の世界のことなんです。私はこれまで、まあみなさん方も同じだと思いますが、オリンピックであれ、世界選手権であれ、浅田さんの、あの演技をずうっと、拝見してまいりました。そしてだんだんにですね、彼女の舞は、世界で第一の水準を示している、彼女の水準に達したスケーターはほかにはどこにも存在しない、こう思うようになりました。たとえ、金メダルを逃しても、銀メダルをとれなくても、そしてたとえ失敗したとしても、彼女の演技は最高峰を示している、そう思うようになりました。なぜか、という問題ですね。私なりの理屈を聞いてください。これは何もフィギュアスケートの場合に限らないのですが、ともかく芸術上の評価、技術上の評価、さまざまな評価の規準が、国際的な規準で決められているようであります。そしてそういう技術、芸術等々の水準でいうと、世界にはすばらしい第一級の選手がたくさんいます。

世界第一級のフィギュアスケーターの演技を観ておりますとですね、最後はですねえ、たとえば、草原を疾走するライオン、大空を滑空する鷲、あるいは山野を駆けめぐるカモシカ。俊敏なその動き、鋭い動き、スピード等々。彼らの演技はみんな、そういうさまざまな、動物や、小動物や、鳥類や、そういう生き物たちの、もっとも美しい、究極の俊敏な姿に還元されていくというのが分かります。その点では、もちろん凄い水準のものであります。しかし浅田真央の場合はそれとはちょっと違うんですね。浅田真央さんの演技のなかで、池の上を走る白鳥のような、そういうじつに美しい姿を見せることはもちろんある。しかし、やがて、彼女の舞の演技はですねえ、そういう生き物たちの俊敏な演技、鋭い動物的な切れ味の演技から離れていく。最終の段階になるとそうした生物的な世界から離脱していく。どこに向かって離脱していくのか。一言でいうと、水の流れのような演技に変わっていく。大空に雲が流れているような光景に変わっていく。そういう軽やかな演技を目指しているスケーターは、浅田真央、ただひとり。そういうふうに私の目には映る。

つまり、生き物の世界を離脱して、自然のなかに溶け込むような演技になっている。さきほどの言葉で言えば、「柳は緑、花は紅」、あの世界です。あるいは、川に流れる水、空を行く雲、行雲流水の演技ですね。ところが、この演技の水準を理解する世界的標準がまだできていない。オリンピックや世界選手権などで、点数を入れる、評価をする専門委員たちが、そういう世界を初めから理解できていない状況がある。そしてまた残念なことに、日本の審判の側も、そういう水準があるということに気づいていない。日本人も気づいていない。そういう脱動物、脱生物の水準というものが芸術の世界にはあるんだ、ということを世界にたいして発信していない。これが何とも残念なことと、私はかねてから思っているんですね。そこで、それでは浅田真央さんがなぜああいう演技を完成させることができたのか、ということになります。もちろん彼女自身の努力も、資質にもよるのでしょう。指導者もよかった、そういうこともあるでしょう。しかしそれ以上に重要なのが、そういう伝統文化、伝統的な芸術の不断の努力の積み重ねがあった、そのなかから生み出された演技なのだろうと、私は思っているんです。

近代的なオリンピック競技のなかで、日本がそこに参加して、そのことによって生み出された、そういう競技の世界だけで生み出されるものではないだろうと思っているんです。そしてそのことを日本人自身が気がついてない。だから、入賞を逸した時に、大事な時に失敗ばかりしているという、無責任で、馬鹿なことを言う人間が出てくるわけです。ちょっと最後、力が入りましたね。私は、世阿弥と、浅田真央のあいだには太い、深い、芸術の地下水脈が通っている、そう思っているんですね。

ちょうど、時間になったようであります。私も、背中を見せて、これでお別れしたいと思います。

「記念能」を語る

大槻文蔵
天野文雄

能の作者について

大槻　みなさま、今日はお忙しいなかをお越しいただきましてたいへんありがとうございます。大槻文蔵です。

　昨年から、世阿弥生誕六百五十年ということで、記念の公演や講演をいたしております。二年目の今年は、世阿弥にかぎらず、世阿弥の前の時代、後の時代の人たち、つまり能役者であり能作者でありますが、その方たちの作品というものはいったいどういう特色があるのかということを考えてまいりたいと思っております。

　ご案内にも書きましたとおり、洋楽、とくに洋楽はですね、ベートーベンの第九とか第五とか第三とか、そういうふうな呼ばれ方で、作者と作品が一体化して、みなさんに伝わっております。日本のものでも、近松の『曽根崎心中』であるとか、『天の網島』であるとか、黙阿弥の何々とか、江戸の時代になってきますと、作者は誰で作品は何でという伝わり方も多くしておりますが、室町頃の能の場合には、この能は世阿弥の作の何々という伝わり方はあまりしておりません。私の若い頃などは、もう何でもかんでも世阿弥でありまして、『羽衣』でも世阿弥だというふうに言われ、謡本《うたいぼん》にも実際にそのように書かれておりましたが、だんだん研究が進んでまいりまして、かなりいろんなことが分かってきておりますが、まだまだ分からない部分がたくさんございます。

　能は室町時代の末頃までに約五百番ぐらい作られています。そのうちで現行曲と申しまして、いまシテ方五流、観世・宝生・金春・金剛・喜多流で常に上演していますもの、謡本が現在発行されていますものをまとめますと約二百五十曲ぐらいですが、それらが現行曲として上演されています。ですから上演されていない、陽の目を見ていない曲がかなりあるということになります。このうち、能の代表曲であり、名曲と言われている能の根幹をなす曲につきましては、室町時代のほぼ五人の作者によって作られたと言って過言ではないと思います。その五人と申しますのは、観阿弥、その子の世阿弥、その子の元雅、それから元雅のお姉さんか妹であろう人の夫である金春禅竹、それから世阿弥の弟の四郎の孫にあたります小次郎信光で、この五人の人たちが代表的な能作者であり、その人たちが路線を敷いたものによって能は出来ていると言っていいかと思います。能作者はこのほかにもいますが、まずこの五人の作者につきまして、天野先生に簡単にご説明いただきたいと思います。

能は一つにあらず
——能の作者を概観する

天野　観阿弥、世阿弥など能の作者についての説明をということですが、その前にお手元の資料について簡単にご説明しておきたいと思います。

まず、「能作史年表」(巻末資料参照)ですが、これはいつ誰がどのような作品を作ったかを年表にしたものです。もとになっているのは平成二十一年に大阪大学出版会から出した『能苑逍遥(中)能という演劇を歩く』の巻末に付録として載せたものですが、この間、私自身の考えも変わっていたり、ほかの方々の研究も進んでいたりで、ずいぶん修正しました。それに加えて、大槻さんからも、この能の制作時期はこの位置でよいのですかというような意見がたくさん出されて、このようなものになりました。結果的に、われわれ二人の合作というものになりました。

この年表は南北朝から始まっていますが、そこから二百年ほど後の室町時代後半までに多くの曲が記

室町時代の能作者（太字部分）

- **金春権守**
  - 金春弥三郎
    - **金春禅竹**（一四〇五〜一四七〇？）氏信 ＝ 女
      - 金春宗筠（一四三二〜一四八〇）
        - **金春禅鳳**（一四五四〜？）

- **観阿弥**（一三三三〜一三八四）清次
  - **世阿弥**（一三六三〜一四四三）三郎元清
    - 女
    - **元雅**（一四〇一〜一四三二）十郎
      - **十郎**（〜一四八三）（越智観世家初世）
    - 元能　七郎
  - 四郎
    - **音阿弥**（一三九八〜一四六七）三郎元重
      - 政盛　長男　又三郎
      - **信光**　七男（一四三五〜一五一六）小次郎
        - **長俊**（一四八八？〜一五四一？）弥次郎

■その他の能作者

観阿弥と同世代の作者
- 金剛権守
- 榎並左衛門五郎
- 喜阿弥（亀阿弥）

世阿弥と同世代の作者
- 井阿弥
- 横尾元久（武士）

世阿弥より後代の作者
- 宮増（二代続いたか）

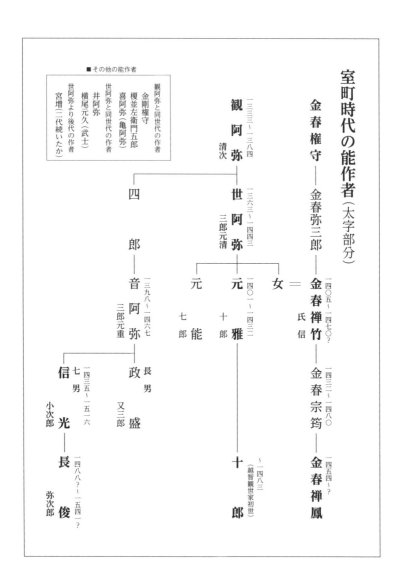

されています。能はこの二百年という長い期間にわたって作られてきたわけです。この年表にはそのあとの江戸時代に作られた能も入っていますが、それらについては今日はふれません。ともあれ、二百年という期間にわたって能が作られてきたのですが、二百年というのはたいへんな期間です。今から二百年前というと天保の改革の時代です。ですからさきほどの梅原先生のお話にもありましたけれども、そのあいだには能の作られ方もかなり変化をしています。

つまり、能にはいろいろな形があるということです。能はけっして一つではなく、時代によって、あるいは作者によって違うわけです。同時代であっても、作者によって作風が異なりますし、同じ作者でも作風に変化があると思います。つまり、能は一曲ごとに個性があるのです。今日はそういうことをお話しできればと思っています。そういうつもりでこの資料を作ったわけですが、いま大槻さんが言われたように、南北朝期から室町時代の能の作者については、明らかになっているケースはそう多くはありません。ということは、作者不明の能がきわめて多いということです。また、能の作者は基本的に能役者ですが、能を作ったことが知られる役者はそう多くはありません。その作者については、これも資料の観世と金春の系図をご覧ください。そこに太字で記されている八人が観世・金春両座で能作の実績が知られている役者になります。

作劇法の変化――二つの視点

天野　いま南北朝期からのおよそ二百年のあいだには、能の作られ方がかなり変化していると申しましたが、それを私なりに整理したのが資料の「能の作劇法の変化」です（二八四頁資料参照）。ここでは能の作劇法の変化について二つの視点を設けています。この一つは「主題」、もう一つは「話法」です。この「主題」と「話法」という視点から、いま大槻さんから紹介された五人の能作者の作風などについてもお話してみたいと思います。

まず、「主題」という視点から、これらの能作者の作品はこんなに異なっているということをお話したいと思います。「主題」というのは世阿弥の能を基準にすると分かりやすいのですが、「恋慕」とか「懐

■能の作劇法の変化―主題と話法から―

【Ⅰ】主題という面から

作意（ねらい）
- 主題〔「恋慕」「懐旧」「祝言」といった作者の観念的なメッセージ〕
- 趣向〔演出、展開、文辞など主題を効果的に表現するための工夫〕

■観阿弥
主題より趣向に重点が置かれる。

■世阿弥
主題が鮮明で趣向とのバランスもよく取れている。

■元雅・禅竹
世阿弥とは異なる。新しい主題が提示される。

■信光・長俊・禅鳳
主題が後退し、または消滅して趣向が中心となる。

【Ⅱ】話法（一人称のセリフ、三人称の物語的な叙述）という面から

〔地謡の役割―地謡部分は誰の言葉か〕
①シテのセリフ〔初同など、きわめて多い〕。
②ワキのセリフ〔多くはロンギ〕。
③三人称の物語的叙述〔小説で言えば「地の文」〕。

■観阿弥
おもに①と②で構成される〔ほとんどが一人称のセリフで構成される〕。

■世阿弥
ほぼ観阿弥の能に同じ。

■元雅・禅竹
世阿弥より③がすこし多い。

■信光・長俊・禅鳳
③の比率がきわめて高い。

旧」とか「祝言」とか、一言で言えるものが世阿弥の作品には多い。たとえば、そういう感情を凝縮した観念的なメッセージというものを私は「主題」と呼ぶことにしています。一方、「主題」と密接にかかわるものに「趣向」というものがある。これは演出とか詞章、あるいは展開における工夫というようなものとお考えください。この「主題」と「趣向」をあわせたものが「作意」つまり作者の「ねらい」と

いうことになるかと思います。これは「作意」や「ねらい」と言ってもよいと思いますし、「構想」と言ってもよいと思います。

この「趣向」についてはすこし具体的に説明しておく必要があると思います。たとえば『敦盛』では、どうして前ジテが草刈の姿で登場するのかというと、それは敦盛が笛を愛好していたからです。『敦盛』には「樵歌牧笛《しょうかぼくてき》とて、草刈の笛樵《きこり》の歌は歌人の詠《えい》にも作りおかれて」とあるように、樵歌牧笛は風雅な景物として和歌や漢詩に謡われています。そういう和歌や漢詩をふまえて、笛を愛好した敦盛の化身なら、その姿は草刈りがふさわしいという発想です。『敦盛』の詞章にあるように、「牧笛」は草刈が吹く笛です。たとえば、これが「趣向」です。

もう一つ、『頼政』の「趣向」についてお話しします。『頼政』の舞台は宇治です。頼政は宇治で亡くなっていますからこれは当然なのですが、じつは作者世阿弥が宇治を舞台にした理由はそれだけではありません。それにはもう一つ、重要な趣向が凝らされています。宇治は京都と奈良の中間で、古くから「中宿《なかやど》」と呼ばれていました。この言葉が『頼政』に出てくるのですが、この「中宿」にはもう一つ「現世」という意味がある。「この世」ということです。つまり、この世は前世から来世にいたる途中の、中間の世界だということで、それはおのずからこの世の無常を意味します。『頼政』の中入《なかいり》前には、「夢の憂世の中宿の」とあって、その後は「宇治の橋守年を経て」と続きます。「中宿の宇治」という続きかたに注意していただきたい。「自分はこのはかない中宿の宇治の橋守だ」というわけです。また、『頼政』では登場した頼政の亡霊が生前の源平の戦いや宇治橋での合戦を「蝸牛《かぎゅう》の角《つの》の争い」だったと述懐しています。これに象徴されている「仮世観」とでも言うべきものが『頼政』の「主題」だと思うのですが、『頼政』の舞台が宇治なのは、そこが頼政最期の場所というだけではなく、そこが「中宿」と呼ばれていることにもよっているわけです。このようにみてくると、この『頼政』の「趣向」は「主題」に直結した趣向となります。これにたいして、『敦盛』の場合はそこまでは一曲の「主題」にかかわっていない趣向ということになるでしょう。ひと口に「趣向」と言っても、それにはいろいろなレベルがあるということです。このような「趣向」は能を能たらしめている重要な要素だと思いますが、これは挙げていったらきりがありませんし、まだ気づかれていない「趣向」もたくさんあると思います。

こういう二つの視点でみていくと、観阿弥の能はどちらかといえば主題よりも趣向のほうに重点が置かれている。これについてはこのあと『自然居士』や『卒都婆小町』についての具体的なお話の時に説明できると思いますが、これが世阿弥になりますと、これがたいへんバランスが取れている。均整が取れているわけです。それが信光以降になりますと——今日は時間の関係であまりお話できないと思いますが——主題が後退するか、消滅してしまう傾向がある。たとえば『安宅』とか『船弁慶』の主題は何かと言われると、世阿弥の能のように即答できない。『安宅』なら、「安宅の関における弁慶の機転、通過後の義経主従の絆、警戒心を抱いたままでの酒宴の場からの脱出」というように、結局、ストーリーを紹介するようなことになってしまう。

かなり大ざっぱですが、たとえば「主題」という点からみると、このような違いがある。また、いまは作者が分かっているものを挙げましたが、世阿弥の周辺には作者不明の、しかし世阿弥的な作品がずいぶんあります。そういうのは、「主題」という点でいうとどうなのか。また、元雅あるいは禅竹はどうなのかという問題もありますが、これは後ほど話題にできるかと思います。

もう一つは、「話法」です。これも資料に載せておきましたので、ご覧ください。能は演劇であり、テキストは戯曲ですが、その詞章は一人称のセリフと三人称の物語的な叙述あるいは作者の言葉、そういう二種の文章で構成されています。このうち、三人称の叙述を私は叙事文と呼んでいますが、能の場合はそこに地謡がかかわってくる。じつはこの地謡がやっかいなんです。

この地謡には資料にも記したように、三つの役割があるのです。一つはシテのセリフです。地謡が謡っていてもシテのセリフというケースがある。これはかなり多い。それから、地謡の謡う詞章がワキのセリフである場合もあります。これはロンギの場合がほとんどです。三つめが三人称の物語的な叙述、叙事文です。

こういう視点から、能作の時代をみてゆくと、観阿弥と世阿弥の時代はほぼセリフで構成されている。つまり、三人称の物語的な叙事文がきわめて少ないんです。すこしはありますけれども。ともかく、叙事文は世阿弥の作品がいちばん少ない。観阿弥までさかのぼると、すこし多いんですね。これが禅竹や元雅になると、世阿弥よりも増えてくる。また、禅竹などは彼の年齢によって叙事文の比率が高くなるような傾向があります。それが時代が降ってきて信光以降になると、三人称の物語的な叙述が俄然増えてくる。さっき例に出された『羽衣』はこの時代の制作ですが、『羽衣』の後半はほとんど三人称の叙事文です。要するに、後半は作者の言葉みたいな文章で展開しています。『船弁慶』しかり、『安宅』しかりです。世阿弥よりも後の能というのは、そういうものがたいへん多いのです。こういう視点でみていくと、あるていど時代や作者による違いがお分かりいただけるのではないかと思います。もちろん、以上はあくまでもいちおうの目安です。これ以上の細かいことは、これからすこしお話できるかと思います。

地謡の変化について

大槻　いまのお話のなかで、地謡の役割というのが出てきましたので、これについて、すこし横道にそれるんですが、申し上げておかないといけないかと思います。いまは、同音というものがないのですね。同音というのは、地謡と役が一緒に謡うのを同音と言っていたのですが、これいつ頃まで続いていましたか。

天野　現在の地謡は世阿弥の時代からずいぶん変化しています。世阿弥の自筆本を見ると、いまの「地」のところに「同」とか「同音」という指定がついています。そこには「地」という指定は見あたりません。それが十六世紀以降の観世流の謡本になると、地謡部分には「同」と「地」の二種の指定が認められます。この「同」と「地」の同居は、近年まで観世流の謡本に継承されていました。現在の大成版の前の昭和版までそうでした。しかし、この「同」と「地」がどう違うのかは早くから分からなくなっていて、「同」も「地」も合唱ということでまったく変わりがない。それで大成版で「地」に統一されたのです。
つまり、観世流の謡本では、室町時代から近年まで、同じ合唱なのにそれを表す用語が二つあった。用語が二つあるということは、それぞれ意味するものが違うはずで、明治時代にはそれに注意した久米邦武のような人もいたのですが、結局、長いあいだその違いが分からなかったのです。それを鮮やかに解明したのが先年亡くなられた表章先生で、表先生によれば、「同」は主としてシテのセリフで、世阿弥時代はその部分をシテはもちろんほかの登場人物や地謡担当の役者が文字どおり同音していた。このうちの地謡の担当者がいまの地謡の源流になるわけですが、当時はシテやワキの謡の補佐的な存在だったようです。また、かつての「地」は主としてワキのセリフで、その場合、ワキはもちろん、シテを除く登場人物や地謡担当の役者が合唱していた、ということになります。また、表先生は、「同」には小説の地の文のような三人称の文章の場合も少なくないことも指摘しています。「同」と「地」には本来そういう違いがあったのが、同じ合唱ということで、やがてその違いが分からなくなってしまったのです。

大槻　現在、地謡とシテ、地謡とワキというような役と地謡が一緒に謡うということはありません。ですが、古くはそれが原形で、それを同音と言っていたわけです。ですから、謡本にも地謡のところに「同」あるいは「地」とあります。「同」や「地」のところは役と一緒に謡っていたということなんですが、それが現在の大成版からは全部……。

天野　「地」に統一されたわけです。もっとも、金春流と喜多流の謡本では、地謡部分は近年まですべて「同」と指定されていました。このうち金春流は現在は「地」で統一していますから、地謡部分を「同」で統一しているのは、現在は喜多流だけです。しかし、観世流の謡本では室町時代から「同」と「地」が同居していたのです。その長い伝統が大成版で終わったわけです。

大槻　観世流につきましては大成版からは「地」に統一しています。そこでは地謡だけが謡うようになっているんです。いま天野先生からお話がありましたように、昔はシテのセリフの部分は、シテが一人で謡う時と、シテと地謡とが一緒に謡う時、ワキの部分も同じです、ワキが一人で謡う時と、ワキと地謡とが一緒に謡う時とがあったわけなんですね。

天野　そうです。本来、シテやワキのセリフに、ほかの登場人物や地謡の担当役者が同音していたのに、肝心のシテなりワキなりが謡わなくなってしまったのがいまの地謡ということになります。完全にそうなったのは江戸時代の初め頃のようで、それから現在に至っているわけです。ですから、さきほども言いましたが、現在の地謡部分については、それが誰のセリフなのか、シテなのかワキなのか、あるいはそのいずれでもない作者の言葉のような叙事文なのかを考える必要があるわけです。私などは、習い性で無意識のうちに、これは誰の言葉かということを考えて能を観ているところがあります。

大槻　地謡だけで謡っていても、これはシテの部分を地謡が謡っている、ここはワキの部分を地謡が謡っている、というふうに思っていただくと、より劇の進行が分かりやすくなるのではないかと……。

天野　そうですね。『井筒』のクセでは、シテは下居《したい》してほとんど謡うことはありませんが、あれはシテが語っている場面とか、ですね。

昨年完結した角川学芸出版の『能を読む』は原文と対訳のかたちで現代語訳がついているのですが、原文では地謡のところも、訳ではそのまま「地」としないで、誰のセリフか判断して、里女なら里女のセリフとしています。また、三人称の叙事文の場合は、二字下げに組んであります。それはすでに戦前の『謡曲大観』で採用されているかたちなのですが、その後の謡曲の現代語訳では採用されていませんでした。それはこの間、能という演劇の詞章構造について、あまり関心がもたれていなかったことの反映かと思っています。

大槻　それでは、今日の本題の作者のところへ入りたいと思います。

本日、お配りしている資料に「能作史年表」としたものがあります。いちばん上が年代で、何年のことかが記されていますが、その年にこの作品ができたと断定できるのは、もうほんの一つか二つしかなくて、ご覧のとおり、「これ以前」とか「この頃」「この年か」、こういうものばかりなんです。いついつ、この作品を作って、ここで上演しましたという記録は皆無に等しく、演能記録はあっても、その時に新しく作られて、書き下ろしであったという確実な証

拠がありません。ですから、まあそれ以前には作られていただろうということで、二段目の「これ以前」とか「この頃」とか「この年か」というような表現になってしまいます。その次の段が「作者の確実な曲」、これはいろんな文献から拾い出されて確実であろうと考えられるものです。まあ、九十パーセントくらいは確実と考えてよろしいですね。

天野　ええ。ここに載っているものはそのくらいの確率でしょうか。とくに世阿弥のものは百パーセントのものが多いですね。

大槻　その次の「可能性のある曲」というのが、これがややこしい。これがいったいどれくらい可能性があるのか。さきほど、天野先生からお話が出ましたが、「観阿弥作」「世阿弥作」「元雅作」という、上の段に載っている「確実な曲」というのはそれでよろしいのですが、本当にこの人が作ったのかなあ、というものも、この「可能性のある曲」に入っています。下の段の「不明」というのはまったく不明なんです。ですけれども、いま申しました観阿弥、世阿弥、元雅、禅竹以外にも、いろんな人が能を作っていたわけでございます。とくに、世阿弥周辺、これは世阿弥グループと言ったりしますが、要するに世阿弥周辺の元雅や元能、それに禅竹なども含まれますが、世阿弥の影響を受けた人たちのことで、そのうちの誰かが作ったのではなかろうかというものがたくさんございます。たとえば、この二段目にあります『多度津左衛門《ただつのさえもん》』という、復曲をさせていただいた曲ですが、まあ、構想なり骨格は世阿弥であろうと思うのですが、いろんな手が加わっているのではなかろうかというような感じがする曲です。この「作者が確実な曲」「可能性のある曲」「作者不明の曲」というのは、どういう線引きなのか、現在どういう観点において論じられているかということについて、天野先生に、もうすこしくわしくお話しいただきたいと思います。

能の作者をどう見究めるか

天野　このうちの「作者不明の曲」というのは、作者についてはほとんど手がかりがない曲です。これらの曲については、ほとんど説も出ていないと思います。それにたいして、研究者によって説が分かれているのが「可能性のある曲」です。そのような説の根拠はだいたい作品の分析が根拠です。ですから、これには研究者の主観が入る余地もありますし、能の見方が違うと、まったく異なる結論が出てきたりします。

　それでは「作者が確実な曲」は何を根拠にしているかというと、これはほとんど世阿弥の著述です。たとえば、年表では「応永三十年以前」として、世阿弥作が確実な曲がたくさん並んでいます。これは応永三十年の世阿弥の芸論『三道《さんどう》』——昔は『能作書』と呼ばれていました——に見えている曲です。これらの曲は七年後の『申楽談儀』にもまとまってかかげられていて、そこで世阿弥が自作だと言っているので確実に世阿弥の作となるわけです。また、年表の応永三十一年の項を見ると、『多度津左衛門』に世阿弥自筆本という注記があります。いまお話に出た世阿弥の可能性がある『多度津左衛門』です。この曲は生駒の宝山寺に世阿弥の自筆本が残っています。世阿弥の自筆だから世阿弥の作と認めたいところなのですが、かならずしもそういうことにはならない。というのは、作風があっさりしているというか、ちょっと浅いというか、そういう印象があるものですから、それで世阿弥作の可能性がある曲にしているわけです。

そのつぎの『阿古屋松《あこやのまつ》』『布留《ふる》』『松浦佐用姫《まつらさよひめ》』も世阿弥の自筆本が残っている曲です。この三曲はいずれも観世家に伝わったもので、『阿古屋松』は世阿弥が『申楽談儀』で自作だと言っていますので、世阿弥作としています。このうち『布留』は世阿弥作とするのが定説です。『申楽談儀』で二度にわたって言及されていますが、自作にたいする口ぶりなので、そう考えてよいでしょう。また、『松浦佐用姫』は本来の曲名は『松浦《まつら》』で、『松浦佐用姫』は昭和三十八年の世阿弥生誕六百年能として観世元正氏のシテで復活された際に採用された曲名です。文辞などは世阿弥的なのですが、世阿弥作かどうかは今後の課題でしょうか。また、作者についての資料としては、『申楽談儀』や『五音』といった世阿弥の芸論がありますが、作者についてはいちおうこういうものをもとにして考えられているのです。

いまのは世阿弥の能についてですが、観阿弥作の能についても世阿弥の著述をもとにしています。ですから確実に観阿弥作とされている曲については、それでまず間違いはないことになります。

また、年表の文明二年のところには、「この年以前」として『定家』『芭蕉』『雨月《うげつ》』が並んでいます。これらは禅竹作が確実な作品ですが、いつ頃の作なのかが分からない。そこで、禅竹は文明二年から文明三年初め頃の没なので、ここに置いたわけです。もっとも、『芭蕉』は若い時の作らしいのですがね。このように、作者は分かっているけれども、作られた時期は作者の没年以前としか分からないというケースがかなり多いのです。

それから年表の十六世紀初めあたりには、『能本作者注文《のうほんさくしゃちゅうもん》』と『自家伝抄《じかでんしょう》』という資料がみえます。これらは「作者付《さくしゃづけ》」と呼ばれるものです。「付」というのはメモという意味なのですが、こういう資料も残っています。しかしこれは世阿弥が活躍していた時代より百年近くも後のものですから、そこで世阿弥作とされていても、ただちに信用できません。戦前から戦後まもない時期までは、この二つの作者付が評価されていて、そこで世阿弥作とされていれば、だいたい世阿弥作と考えられていました。ですから

『野宮』『羽衣』なども世阿弥作とされていたわけです。現在はこの二つの作者付は、世阿弥より後代の能作者についてはそれなりに有効ですが、世阿弥や世阿弥時代の作者資料としては、ほとんど信頼されていません。

　また、『能本作者注文』『自家伝抄』には、あわせて五百曲ほどの能についての作者が記されているのですが、そのなかには作者不明とされている曲もたくさんあります。また、それらの多くが、それ以前の記録や資料に見えていない曲です。つまり、『自家伝抄』なり、『能本作者注文』なりに載っている曲はそれ以前に作られていたということは確かだが、作られた時期がどこまでさかのぼるかということになると分からない場合が多い。また、この中には世阿弥の作品が含まれている可能性もなくはないのです。

　年表はいちおうそんなことを根拠に作られておりまして、最後は江戸時代の明和二年の『梅』で終わっています。これは「明和改正謡本」という観世流の謡本の文句と演出に大改訂を加えた観世元章《もとあきら》の新作能で、観世流だけの上演曲です。もちろん、今日のお話はとうてい『梅』まではゆきませんが。

元能の能作について

大槻　いまの天野先生のお話のように、天野先生はやはり能楽の研究者であり学者ですので、わたしのようにいいかげんなことがおっしゃれませんので、きっちりと石橋を叩いて、こういうものを作っておられるわけなんです。たとえばですね、世阿弥の伝書の、『風姿花伝』の「第三」までが、一四〇〇年にできております。そこには、九つの種類の物真似が書かれております。女とか鬼とか修羅とか法師とかが書かれています。ということは、少なくとも、その頃にはそのくらいの種類の能は出来ていた。いろいろな種類のその物真似に該当する能はやっていたわけですね。と言いますと、ここの一四二三年の応永三十年に、いっぱい固まってありますものは、少なくとも、二十年ぐらいの間に分散できる。それならばいつ出来たかというと、それはいつとは言えないというので、結局『三道』という、応永三十年に書かれたものに多くの作品が載っているので、その『三道』に載っているものを取り上げて、これ以前には出来ていただろうというふうになっているのがこの表ですので、そのようにお読みいただきたいと思います。

天野　その『三道』ですが、そこにはたくさんの曲が載っています。その多くが世阿弥の作品で、世阿弥はこれらを応永年間の模範曲だと言っています。今後、能を作る場合にはこれを模範にしろ、ということです。しかし、これは応永三十年ですから、そのあいだにはもっと多くの能が作られていたはずで、そのうちの秀作をあげているはずです。つまり、散逸してしまった曲も少なくないだろうということです。『風姿花伝』の「第三」までが書かれたのが応永七年ですから、当然それまでにも多くの能が作られていたわけです。

大槻　それで、その『三道』を取り上げますとですね、これ応永三十年に、世阿弥が、元雅の弟の元能という人に伝授した書物なんですね。ということは、元能という人も、なかなか記録がなくて分からないんですが、能を作ってないはずはないとも思われますし、世阿弥からそういう秘伝書を与えられたぐらいですから、かなり能を作る力があったのではないかなと思うのです。ですが、元能の作品がないということは、ほかの世阿弥作に紛れているのか、元雅作に紛れているのか、いやそうではなくて作者不明のところにあるのか。まあこれは、なかなか分からない話でございますね。ただ、私が常々天野先生にしつこいぐらい申し上げるのは、元能の作品がないということ、それから音阿弥の作品がないということ、これはもう不思議でしょうがないと、ずっと折にふれてお話しをしているのですが、どうも、明確なお答えはいただけないんでございます。

天野　これは資料の限界であって、私の能力のせいではないのです（笑）。百年ぐらい後にはまた状況が変わっているかもしれませんが。

　いまおっしゃったように、元能は世阿弥から『三道』を相伝されています。その『三道』は能の作り方についての伝書です。そういうものを世阿弥から与えられている元能が能を作っていないはずはない、というのは当然の疑問だと思います。当時は二十歳前後でも能を作ることはできたと思われますから、現在残っている能のなかに元能の作品があるとは思うのですが、それが分からない。『申楽談儀』には、作者不明の曲やいまは残っていない曲がかなり多くみえていますが、そのなかにも元能の作った能が含まれている可能性は十分にあります。たとえば、『申楽談儀』の「能書くやう」に、やや批判的に言及されている『源氏屋島に下るといふ事』という散逸曲《さんいつきょく》については、岩波文庫の『申楽談儀』では元能作の可能性が指摘されています。散逸曲でなくても、『箙《えびら》』とか『大江山』とか『猩々』とか『知章《ともあきら》』、こういう中に元能の作品が含まれている可能性もあるだろうと思います。しかし、いかんせん、元能には世阿弥などとは違って基準となる作品がないものですから、そこが大きなネックになっています。

大槻　何か確実なものが一曲でも二曲でも出てくると、そこから広がることは考えられますね。

天野　そういうことですね。元能もそうですが、後の音阿弥である元重にも確実な作がないんですね。

世阿弥時代の能の台本はどうなっていたのか

大槻　それと、もう一つ、みなさまもお考えになっていらっしゃるかと思いますが、不思議に思うのは、いったいこの能の台本、詞章というもの、謡本という台本が、どうやって伝わってきたのかと。世阿弥の伝書につきましては、明治四十二年の『世阿弥十六部集』のあとに川瀬一馬先生のでしたか『二十三部集』が出ておりますね。現在は世阿弥の著作は二十一点ということになって、それは日本思想大系の『世阿弥・禅竹』に収められています。かなりのものが残っておりますが、この自筆の謡本というのはたいへん少ないんです。で、世阿弥以外は自筆のものを書かなかったのかとか。たとえば元雅なんかも、自分が作った能を書き残していないのかと。そういうことが、たいへん不思議に思われるんですが。だいたい、その能の台本というのは、いまどういう経緯で、どれぐらい残っていますでしょうか。

天野　狂言の場合には、台本がなくても、ある程度「見取《ど》り」で上演できるように思います。もっとも、これは狂言の演者にお聞きしないと分かりませんが、能の場合は「見取り」では無理だと思いますね。しかも、能の場合は詞章がかなり正確に伝わってきています。と言いますのは、九本が残る世阿弥の自筆能本を現在のものとくらべてみると、曲にもよりますが、『江口』などは部分的な変化はありますが、全体としては大きな変化はありません。その世阿弥の自筆能本と室町時代の写本との間には百年くらい、謡本が残っていない空白期間があります。ですから、いまのお尋ねは、その百年ほどの間やそれ以前は、どうやって詞章が伝えられていたのだろうかという疑問だと思います。その間は台本はどういうことになっていたのかということですね。世阿弥時代の上演記録を見ると、元雅作の『隅田川』や『弱法師』が元雅が亡くなった永享四年（一四三二）に丹波の矢田座が演じています。こういう例に接すると、よく言われるように、当時は著作権のようなものがなかった印象を受けますし、何より台本はどうしたのかということが疑問になります。いまのは元雅が没した年の例ですから、『隅田川』でも『弱法師』でも、制作されてから二年くらいは経っている時期でしょうが、それでもそんなに昔に作られた能でないことはたしかです。しかも異なる座の上演ですから、やはり台本がないと上演できないように思います。ですから、謡本の百年の空白というのは、テキストが残っていないだけのことと考えてよいかと思います。世阿弥の自筆能本は少なくとも三十五番はあったようですから、その後に「見取り」の時代が来るとはとうてい考えられません。

大槻　まあ、たとえば、世阿弥作の『砧』という曲がございますね。世阿弥がかなり自信をもって作って、さきほどの梅原先生のお話にも出てきましたけど、『砧』というのは、世阿弥が演じた形跡はないんですね。私は、世阿弥はやっていないんじゃないかと思うんです。この、自信に満ちた言いっぷりというのも、逆にそういうことが隠されているんじゃないかなというような気がしてならないのですが。ですが、これはその甥の音阿弥がすぐやっているわけなんですね。とくにその頃は、世阿弥の座と音阿弥とはたいへん仲が悪くなっている状況のなかで、すぐ音阿弥がしたっていうのは、いったいどういうようなことで上演が可能だったのかなと思うんですけれどもね。

天野　音阿弥が『砧』を演じたのは、十五世紀中頃の寛正五年ですから、だいぶ後になります。寛正五年の紏《ただす》河原勧進能で演じています。世阿弥が亡くなったってから、二十年くらい後になるでしょうか。
ついでに言えば、世阿弥がほかの役者のために能を作って与えていることも知られています。観世座の座衆に十二五郎《じゅうにごろう》康次という役者がいましたが、彼は文字が書けないので、世阿弥が十二五郎向きの能を作ってやったことが『申楽談儀』にみえます。そういう例に接すると、やはり台本が必要だったのだろうと思います。そもそも、あれほど長くてむずかしい文句を口伝えでというのは、どう考えても不可能だと思いますね。

大槻　それも地謡なんかになりますと何人かで謡いますから、勝手に自分が覚えたものでは揃わないですし。やはり、何か書いたものがあったのではないかなというふうに思われますけれども、まったくそれが伝わってないということですね。

天野　さきほど、世阿弥の自筆能本は三十五本あったと言いましたが、生駒の宝山寺に『世手跡能本三十五番目録』というものが残っています。これは金春家にあったものが、世阿弥の自筆能本や自筆の手紙——佐渡からの手紙など——、禅竹の自筆伝書などを始めとする千点ほどの金春家に伝わった文書の一つです。明治時代に生駒の宝山寺の管長だった人が金春家の出身だった関係で、宝山寺に移されていたのです。この文書のほとんどは、現在は法政大学能楽研究所に移管されていますが、世阿弥の自筆の能本や書状などとともに、『世手跡能本三十五番目録』はいまも宝山寺に保管されています。それによると、世阿弥の自筆の能本は金春家に三十五本あったというのです。しかし、現在、宝山寺には五本しか残っていません。あとは散逸したわけです。能の詞章はやはり台本で伝えられたと考えるのが自然でしょうね。

観阿弥が作った能をめぐって

大槻　それでは、来週からの公演の曲目に沿って作者の特徴をお話しいただきたいと思います。まず第一回目は観阿弥の『自然居士《じねんこじ》』を取り上げますが、現在上演されているかたちと、古いかたちは大きな差異があります。まず『自然居士』のことを、お話しいただきたいと思います。

天野　『自然居士』は上田拓司さんですが、これには「古式」という小書がついていますね。この「古式」はまだ正式に小書とされていないと思いますが、この場合は、通常の『自然居士』にはない、「自然居士の謡」と呼ばれているすこしむずかしい文句が冒頭近くに入ります。このかたちの『自然居士』は昭和三十年代に観世寿夫によって演じられてから、比較的多く上演されていて、大槻さんも何回かなさっています。私も五、六年前でしょうか、こちらで「古式」での上演があった時はすこしお手伝いをさせていただきました。つまり、現在の『自然居士』には二つの演じ方があるのですが、この「古式」のほうが古いかたちなのです。

その「自然居士の謡」は自然居士の自己紹介的な内容になっています。シテの自然居士は鎌倉時代に実在した風狂を旨とする禅僧ですが、そこには禅僧としての覚悟が述べられてもいます。かなり長くて、聞いただけではちょっと理解できないような文句が続いています。だからカットされたのだと思います。カットしたのは世阿弥らしいのですが、しかしそれが入ると、一曲がまことに整合的に理解できます。また、この部分は寿夫さん以来、自然居士の説法の場面に入れられていましたが、今回は居士の登場の場面に入ります。それはこれが自己紹介的な内容だからで、このかたちは五、六年前に大槻さんがなさった時のかたちです。

現在、『自然居士』は遊狂物、芸尽しの能と理解されています。それはそうなのですが、この曲にはもう一つの重要な面があります。「自然居士の謡」には、法のためならば、身を捨てるという覚悟が述べられていますが、現に居士は人買いから少女——下掛りでは男児ですが——を取り返すために、敢然と説法を中断して琵琶湖畔に向かいます。居士は「自然居士の謡」で述べた覚悟どおりの行動をとっているわけです。

また、自然居士は実在の禅僧ですが、その禅の思想の一つに、「善悪不二」「邪正一如」というものがあります。これは観阿弥の『卒都婆小町』や世阿弥の『山姥』にもみえる思想です。実在の自然居士も説法の途中で聴衆の眠りを覚ますための方便として舞を舞ったりしています。その様子を描いた鎌倉時代の絵巻も残っています。そういう実在した禅僧をモデルにした能が『自然居士』なのですが、この能のなかでも、「狂言ながらも法の道」とあって、歌舞音曲も仏法につながっているという文句があります。そこには中国から移入されて間もない時期の清新な禅の思想が込められているわけです。

大槻　それで、その『自然居士』における観阿弥の特徴というのは、どういうふうに出ておりますか。

天野　劇作家としての観阿弥は抜群の能力を持っていたと思いますね。観阿弥の時代にもいい作品が少なくないのですが、そのなかでも観阿弥は頭抜けていると思います。だからこそ大和で活動していた観阿弥が京都に進出できたのだと思うのですが、彼が作った『自然居士』『卒都婆小町』『百万』、現在のものは世阿弥の手が入っていますが、いずれもすばらしい出来です。「狂言ながらも法の道」のように、「主題」という点でも明確なものがある。「趣向」もたいへん巧みです。『自然居士』で言えば、琵琶湖畔まで人買いを追いかけていきますね。そして身を売った子を返せと談判をする。そこで、居士は子供を返す代わりに曲舞《くせまい》を舞うのですが、それが中国の古代における舟の起こりを説いた内容なのです。場所は琵琶湖畔です。人買いたちは琵琶湖畔から船で東国へ行こうとしている場面です。こういう巧みな趣向がそれとなく込められている。もちろん、このような趣向は能では常套的なものですが、それが非常に巧みなのが観阿弥だと思います。

世阿弥があれだけ、父親のことを尊敬しているのは、だいぶひいき目かなと思っていたのですが、そうではなく、やはり観阿弥は偉大な役者であり作者だったのだと思います。

大槻　そうですね。そのあと三回、『実盛』『松風』『山姥』と世阿弥の作品をいたしますけれども、ここで世阿弥とイコールのように考えられている複式夢幻能が続くのですけれども、『実盛』は間違いない複式夢幻能ですね。しかし『松風』は複式と言っていいかどうか、むずかしいところですね。

世阿弥が作った能をめぐって

大槻　そのあたりの世阿弥の特徴と、それから複式夢幻能について、すこしお話しいただきたいと思います。

天野　夢幻能は世阿弥の創案で、観阿弥の時代、南北朝期には生まれていなかったという理解がわりに広まっているようですが、観阿弥の時代にも夢幻能は存在していました。たとえば、『通小町』がそうです。これは観阿弥が改作しているようですが、明らかに夢幻能です。ですから夢幻能は観阿弥の時代からあったのです。あったけれども、その内容は時代によって違いがある。では南北朝期の夢幻能の特色は何かというと、やはり中有《ちゅうう》にさまよっている亡霊の往生という要素が強いですね。『通小町』もそうですし『船橋』もそうです。ところが、世阿弥の時代の夢幻能になると、そういう要素がだんだん希薄になってくる。

観阿弥時代の夢幻能は基本的にシテによる生前のできごとの「再現」と言えます。『通小町』で言えば、四位少将が小町のもとに通ったことが具体的に再現される。『船橋』なら、船橋を渡って逢おうとした男女が、女の親が橋板を外していたために溺れ死んだことが再現されます。ところが、世阿弥の夢幻能になると、そういう具体的な再現ということではなく、シテの「回想」あるいは「感慨」になる。生前のできごとはすでに起きていて、それについていまの自分はこのように思っているという回想とか感慨になるわけです。

『実盛』は再現的な面はなくもないのですが、やはり実盛の回想、感慨が中心になっています。『松風』もそうですね。しかし、『山姥』はそのどちらでもなく、そこでは「善悪不二」という思想が表明されています。『山姥』は『松風』や『実盛』より後の作品で、還暦過ぎの世阿弥の作品です。その頃には、「恋慕」とか「懐旧」という感情を凝縮したテーマとは異なる「思想」と言ってよいものがテーマに据えられるようになるわけです。ひと口に夢幻能と言っても、時代や作者によって大きな違いがあり、同じ世阿弥の作でも年齢による違いがあるということです。

それでは『実盛』はどういう能なのかというと、事典などでは『平家物語』に描かれている実盛の最期を劇化したものという説明が一般的ですが、これはもうすこし踏みこむ必要があります。実盛は老武者として出陣することを忌避し、白髪を黒く染めて出陣します。それで加賀の篠原で討たれた時には誰だか分からなかった。そこで近くの池で首を洗ったところ、実盛だと判明するのですが、そういう老武者実盛の心意気を描いているのが『実盛』です。『実盛』の舞台はこの池のほとりで、そこで説法している遊行上人のところに実盛の亡霊が現れるのですが、注意すべきは、『実盛』では一貫してその姿は遊行上人にしか見えず、前場では上人が名を訊ねてもなかなか名乗らないという設定になっていることです。これは実盛が鬢髪《びんぱつ》を染めて、つまり老齢を隠して出陣したことをそれとなく示した巧みな趣向です。

『実盛』の趣向といえば、もう一つ付け加えておきたいことがあります。これも『平家』に出てくることですが、実盛は錦の直垂を許されて出陣している。錦の直垂は大将が着けるものですから、これは本来なら許されないことでした。しかし実盛は越前が出身地なんです。つまり、そこには「故郷に錦を飾る」という故事がふまえられているわけです。こういうところが世阿弥はうまいし、またそれがたんなる趣向に終わらず、「老武者の心意気」という一曲の主題を支えるかたちになっているところが世阿弥の世阿弥たるところでしょう。

大槻　その、『実盛』を来月、私、させていただくんですけどね。実盛って、すごくダンディーですよね。もう六十を過ぎてですねえ、当時だったら、たいへんな歳だと思うんですけれど。白髪を墨で染めてですね、赤地の錦の直垂を着て、もう、ここが死に場所だと思って出陣していくというのは、すごい心意気だと思いますね。その次、八月、九月と、元雅の作品の『隅田川』『重衡』といたしますが、ちょっとこれのお話を。

天野　『隅田川』『重衡』と続きますね。その前に『松風』の詞章についてすこしお話させてください。『山姥』はやっかいなのでとばします。

『松風』はもとは南北朝期に田楽が演じていた能ですが、じつは能の歴史からいうと、当初は猿楽の能よりも田楽の能のほうが洗練されていたようです。鎌倉末期に北条高時が愛好していたのは田楽の能です。『松風』のもとになった能は『汐汲《しおくみ》』という能らしいのですが、いまは残っていません。南北朝期の田楽の能で現在に残っているものは『雲雀山』とか『蘆刈《あしかり》』がありますが、これらの詞章はたいへん洗練されています。訳そうとすると、簡単にできない。それくらい洗練されています。『松風』もそういう能をふまえているわけです。「熊野、松風、米の飯」と言われる理由はそのあたりにもあるのだろうと思います。

大槻　それは観阿弥が改作してまた世阿弥が手を加えたんですね、『松風』は。

天野　それが戦前からの定説だったのですが、観阿弥による改作にはこれを疑問視する意見もあります。しかし、観阿弥の手になる文句が『松風』には含まれています。もとは田楽能、それに観阿弥や世阿弥がかかわっているので、すこし長い。名曲なんですが、よほどいい舞台でないと、間延びすることにもなる。

大槻　だそうでございます。

天野　勝手なことを言ってすみません（笑）。

元雅が作った能をめぐって

大槻　では元雅へ。『隅田川』『重衡』はいかがですか。

天野　『隅田川』は確実に元雅の作ですが、『重衡』はあくまでも推定です。『重衡』は『申楽談儀』にしばしば言及がありますし、作風からも元雅だろうと考えられていて、とくに異論も出ていません。『隅田川』はみなさんもご存じのように文句なしの名作です。このほかの元雅の作というと、『盛久』『弱法師』がありますね。夭折したせいでしょう、あまり多くありません。もう一つ、『歌占《うたうら》』がありました。『歌占』はたいへん難解な能です。こうしてみると、夢幻能は作っていない。

大槻　『朝長《ともなが》』なんかがどうかというところですね。『朝長』とか『維盛』という曲ですが、どちらもいまの感覚のシテは前後同一人物であって、前場が仮の姿で後に本体が現れるという、そういうのでない形の夢幻能と言ってよいのがこれらの曲ですね。

天野　そうですね。この二曲は元雅作だろうという意見が多いですね。少なくとも、元雅作が確実なもののなかには夢幻能は入っていない。

元雅作の代表とも言える『隅田川』なども、変な言い方ですが、あまり能らしくない。やや現実の肌触りがあるというか、シリアスなものがある。能を観て感激して泣くことはあると思いますが、悲しくて泣くということはほとんどない。そもそも、能はストーリーはどんなに悲劇的でも、直接人の感情に訴えるようには作られていない。しかし、『隅田川』は別ですね。それだけ現実的な肌触りがあるのだと思います。同じような感触は元雅作の可能性がある『朝長』や『維盛』にもありますね。

それにくらべると、世阿弥はもちろんですが、多くの能は「虚構」を基本としている。禅竹の能などはとくにそうです。そういう世界に「現実」を持ち込んだのが元雅のように思います。その典型が『隅田川』ということになるでしょうか。『盛久』などもそうで、たんに平家の武将の悲劇というだけではなくて、たいへん深い痛切さを感じます。それは主人公の信仰と一体に描かれているためかもしれません。『重衡』もそういう面がありますね。

大槻　そうですね、元雅の場合には、どうしても「死」というものが、どこかにイメージとして深くかかわっているように思いますね。それから、とくに親と子というそういう親子の情愛、感情を扱っている。それも薄幸な親と子。世阿弥と元雅とがどういう関係であったのか、というようなことも考えさせられる、そういう親と子というもの、それから死というものが、たいへん深く見つめられているように思いますね。

禅竹が作った能をめぐって

天野　元雅については、お話すればきりがありませんので、次にいきましょうか。

大槻　はい。で、次はちょっと趣が変わりまして、金春禅竹の『野宮』『三輪』というところ。とくに、まあ『三輪』などは、たいへんやっかいな曲なんですが、禅竹作としていかがでしょうか。

天野　むしろ、私のほうからうかがいたいのですが、『三輪』とか『野宮』といった禅竹の作品について、演者としてどんなふうにとらえていらっしゃいますか。

大槻　禅竹の鬘物《かずらもの》としては、たとえば『野宮』『芭蕉』、それから『千手』『熊野』『楊貴妃』とございますね。やはり、世阿弥と全然違う感じがします。たとえば『野宮』と『井筒』をとっても、とにかく禅竹のものはまず、「色」というものを感じます。

天野　色ですか。

大槻　「色」はいろんな色なんですけど、まあ、たとえば色気の「色」もあるとも思います。それから、『芭蕉』なんかだと、もう無色という色があると思うんですね。その無色という色をすごく意識しながら、作っているというふうに思うんです。そういう「色」、たとえば『千手』とか『熊野』っていうのは、まあこれは色気のほうの色がたいへん含まれていて、それも舞台にもう漂うごとくあるんですが、本当はまた違うところを目的にしているというような感じがしますね。

天野　そのあたりは禅竹の能を考える場合には、かなり大事な点かと思いますね。私の場合は研究面からのアプローチですが、禅竹の能の特色の一つに「情調」というものがあると思います。情調つまり「ムード」ですが、そういうものが禅竹の能にはかなり濃厚に感じられる。このことは私より早く京都の味《み》方《かた》健さんも指摘されていることですが、いまおっしゃった「色」は禅竹の能のそういう点と重なるように思います。私の理解と演者である大槻さんの直感が一致したような気がいたします。

たとえば、『野宮』などはその「情調」が濃厚な作品だと思いますが、『千手』で言いますと、この能は春雨がそぼ降るという設定のなかで展開されています。雨がたいへん強調されています。その雨がもたらす「情調」が『千手』一曲を覆っている。もっとも、『千手』が典拠とした『平家物語』でも雨の場面なんですが、『平家』では雨のことは一ケ所くらいしか出てこない。この千手と重衡の話は『吾妻鏡』にもみえますが、『吾妻鏡』はまったく雨には言及していません。ところが禅竹の『千手』は雨を重視している。たとえば、それが情調というものを形成しているように思われます。これは主観も入りやすいので、論証はなかなかむずかしいところですが、そういうことに気づいてみると、禅竹の作品はたいへん魅力的に思われてきて、世阿弥とは異なる世界を開拓したという思いを強くします。それは元雅にも言えることですが。

能作者宮増について

大槻　次に、たいへん問題になってくるところで、さきほどお話しに出てきました『船弁慶』。小次郎信光の『船弁慶』です。まったくこれまでと違うような能が作られたと思いますけれども。梅原先生もおっしゃっているように、能が広がった、それが能の人気としていままで伝わった大きな要因の一つではないかと言っておられます。たしかにそうであると思いますけれども、そこには応仁の乱という時代背景が大きくあるのではないかと私は思うのです。それと、その信光がこういう能を作れたという背景に私は宮増《みやます》という人の存在があるように思うんですね。これが、なかなか分からない人らしくて、天野先生にもお尋ねしても、ちゃんとしたお返事はいただけないんですけれども。たとえば曽我物を作ったんじゃないかとか。もう一つ言えば、『安宅』も作ったのではないかというようなことも聞かれます。世阿弥のちょっと後か、まあ世阿弥と元雅・禅竹のあいだぐらいかと思いますが、その時代の人で、その作ったものがたいへん信光のところへ影響していると私は感じるんですが。

天野　宮増については、私は『能を読む』の第四巻で大槻さんと対談をさせていただいていますが、そこでは宮増の作品やどういう事績の持ち主だったのかについて熱心に尋ねられました。くわしいことはそれをお読みいただきたいのですが、結論から言えば事績も作品もよく分からないのです。

今日お配りしている資料の系図には、禅竹とほぼ同世代かというかたちで宮増の名があります。しかも二代続いた可能性もあるとしています。事績はその程度しか分かっていません。また、彼が作った能についても、曖昧なことが多くはっきりしたことは分かりません。さきほど紹介した十六世紀初頭の『能本作者注文』と、『自家伝抄』には「宮増作」の能が出ているのですが、これがほとんど一致しないのです。『能本作者注文』が宮増作とするのは現行曲では『氷室』『元服曽我』『調伏曽我《ちょうぶくそが》』『鞍馬天狗』です。一方、『自家伝抄』が宮増の作としているのは、これも現行曲を挙げると、『逆鉾《さかほこ》』『放下僧《ほうかぞう》』『摂待』『元服曽我』『小袖曽我』『満仲《まんじゅう》』『夜討曽我』『烏帽子折』『調伏曽我』『大江山』『石橋』で、重なるのが『元服曽我』と『調伏曽我』だけなんです。

こういうことで、宮増について聞かれるとたいへん困るわけです。いま挙げた曲はたとえば『安宅』ふうのものとか信光ふうのものが多いものですから、大槻さんからそういうご質問が出るのは当然だとは思うのですが、しかし、いまのような質問を受けると、大槻さんのほうが研究よりも先へ行っているという感じがします。

大槻　宮増、宮増とばかり申し上げて、みなさんに、お分かりいただけないので、すこしだけ申し上げますと、まず宮増大夫という人がいたと。いたことは確かだろうと言われるんですが、これはワキの上手と言われる人で、宝生方のワキ師・生一《しょういち》小次郎の師らしい。それからもう一人、宮増五郎という小鼓役者がいて、この人は音阿弥の子の観世与四郎の小鼓の師匠です。それから宮増大夫は伊勢の出身であるらしい。これくらいのことしか分からないんですが、『能本作者注文』などの作者付には名前が出てくるし、実際に曲目も挙がってはおりますが、この分からない人がいるんですよね。私はその人の影響がたぶんに信光、その後の『正尊』を作りました長俊あたりにあるのではないかなと。

天野　そう思いますね。あるいは相互に影響があったのではないかとも思います。とくに信光とは時代が重なりますのでね。

作者不明の『景清』について

大槻　最後に、おしまいの『景清』『烏頭《うとう》（善知鳥）』という二回の公演について、これは作者がいまのところ分からない。

天野　それで上演が最後なのですね。

大槻　これについてちょっとお話いただきたいと思います。

天野　『景清』や『善知鳥』は実際には作られた時期がさかのぼる可能性がありますね。

大槻　まあみなさまご存じのような、たいへんな名作でございます。さきほど『善知鳥』の話は梅原先生からもございましたけれど、たいへんな名作なんですが、はっきりとした作者が分からないでいるわけなんです。どうでしょうか。

天野　『景清』と『善知鳥』の前に上演される『三輪』『野宮』『船弁慶』についても、時間があればお話したいところですが、今日はムリですね。

『景清』はたしかに名作だと私も思います。ストーリーとしては親子再会という人情物の現在能ですが、たんなる人情物ではない。シテの景清は平家の落武者で、能では九州の日向で盲目の琵琶語りになっている。それで琵琶語りとしてかつての自分の活躍を語るという趣向が凝らされているのですが、そういう趣向や展開をもって、作者はいったい何を主張しようとしているのかを考える必要があります。終曲部ははるか鎌倉から訪ねてきた娘の人丸と別れる場面ですが、そこに「命のつらさ末近し」という文句があります。これは死ぬことを悲しんでいるのではありません。安心しているのです。自分の余命はいくばくもない。もうこのつらい人生もあとわずかだという感慨なのです。

そうすると、彼が語った平家の武者としての活躍ぶり、それから娘が鎌倉にいて、日向まで訪ねてきた、そういうこともすべて「命のつらさ」ということなのかと私などは理解しています。あの文句の直後に、景清と人丸がちょっと肩をぶつけるようにして入れ替って別れる場面があります。あれは常の演出ではないのかもしれませんが、あの型や「命のつらさ末近し」という一句は一曲をくくるような、そういう位置にあるように思うのです。そう考えると、やはりたんなる人情物ではないことになります。能というのは人情物であっても、たんにお涙頂戴にはとどまらない、もう一つ先というか、深いものがあるのだと思います。

大槻　「命のつらさ末近し」の言葉は、厳しい表現ですが、また生の辛さからの解放だとも思いますね。

みなさま、時間もだいぶ超過してまいりましたけれども、この作者と作品を一致させるというのは、いまお聞きいただきましたらお分かりのように、たいへん至難のわざでございます。天野先生が、こつこつと、初めに申し上げましたように、こつこつとそれを詰めていらっしゃいます。私は横から、無責任に大ざっぱなことを申し上げているのでありますが、かならずやこれからの研究でいろいろ分かってくることと思います。私といたしましては、ぜひ、元能、音阿弥作が見つかることを期待して、本日はこの辺りで終わらせていただきます。ご静聴ありがとうございました。

■能作史年表

この年表は、現在上演されている能がいつ頃制作されたか、あるいはいつ頃までに制作されていたかを整理したものである。能の制作年次は明確に知られるものはごくわずかであり、制作時期はほとんどの場合、「ある時期以前」というていどにしか言えないのだが、それらを主要な廃曲、復曲されたものも含めて年表のかたちに整理して、参考に供することとした。また、廃曲・原曲・復曲には傍線を付し、作者が判明もしくは推定されている作品には【　】内に作者を付記し、世阿弥など主要な作者には▼★◆●の符号を付した。付記や符号がないものは作者不明の作品である。また、現行曲が改作曲の場合は、その原曲には「原曲」と小字で付した。『安犬』『烏帽子折』『老松』『泰山府君』『高砂』『難波』『白楽天』『花筐』『弓八幡』『養老』の制作時期は天野文雄著『世阿弥がいた場所』（ぺりかん社）で提示された推定説に依っている。なお、本年表は、天野著『能苑逍遥（中）能という演劇を歩く』（大阪大学出版会）付載の「能作史年表」に修正を加えたものである。

年		作者の確実な曲	可能性のある曲	作者不明の曲
一三八四年（至徳元年）※観阿弥没	これ以前	▼金札・▼通小町・▼自然居士・▼卒都婆小町・▼横山【以上、観阿弥】 汐汲【喜阿弥】	▼淡路・江口原曲・▼菅丞相・▼求塚原曲・▼吉野静【以上、観阿弥】	藤栄・船橋原曲
	この頃	鵜飼原曲・柏崎原曲【以上、榎並左衛門五郎】 海人・昭君【以上、金春権守】 刈萱・炭焼の能・雲雀山・芦刈原曲【以上、喜阿弥】	雲林院原曲【金剛権守】	笛物狂
一三九一年（明徳二年）※明徳の乱	この年か			小林
一三九三年（明徳四年）	この年か	★養老【世阿弥】		
一三九四年（応永元年）※義持将軍宣下	この頃	★弓八幡【世阿弥】		
一三九七年（応永四年）※小山氏の乱終息	この頃			安犬（笠間の能）
	これ以前か			烏帽子折
一四〇八年（応永十五年）※義満没	この年か	★難波【世阿弥】		

作者について　▼観阿弥　★世阿弥　◆観世元雅　●金春禅竹

一四一三年（応永二十年）※犬王没	これ以前		葵上【犬王】	
一四一四年（応永二十一年）	この年か	★実盛【世阿弥】		
一四一九年 ※応永の外寇	この年か		★白楽天【世阿弥】	
一四二〇年 ※義持大病	この年か	★老松・★泰山府君【以上、世阿弥】		
一四二三年（応永三十年）※『三道』	これ以前	丹後物狂・通盛・守屋【以上、井阿弥】 浮舟【横尾元久】 ★敦盛・★蟻通・★鵜羽・★逢坂物狂・★清経・★恋重荷・★高野物狂・★高砂・★忠度・★土車・★融・★箱崎・★檜垣・★百万・★松風・★盲打・★夕顔・★頼政【以上、世阿弥】 鵜飼・柏崎・船橋【以上、世阿弥改作】 ◆盛久【元雅】	二人静【井阿弥】	花月・東岸居士
一四二四年（応永三十一年）※世阿弥自筆能本	これ以前	★江口【世阿弥】	★多度津左衛門【世阿弥】	
一四二七年（応永三十四年）※世阿弥自筆能本 ※応永三十四年能番組	これ以前	★阿古屋松・★布留【以上、世阿弥】 ◆歌占【元雅】	★松浦佐用姫【世阿弥】 ●仏原【禅竹】	綾鼓・箙・大江山・逆矛・佐保山・猩々・忠信・知章・虎送・松山鏡
一四二九年（正長二年・永享元年）	この年か	★花筐【世阿弥】		咸陽宮
	これ以前	◆弱法師【元雅】	★放生川・★呉服【以上、世阿弥】	梶原二度掛
一四三〇年（永享二年）※『申楽談儀』『五音』	この頃以前	★芦刈・★井筒・★右近・★采女・★砧・★桜川・★須磨源氏・★当麻・★班女・★錦木・★鵺・★野守・★富士山原曲・★六月祓・★八島・★山姥【以上、世阿弥】 ◆重衡・◆隅田川・◆吉野山【以上、元雅】	●姨捨・●西行桜・●玉水【以上、禅竹】 ★三井寺・★実方・★蝉丸・★求塚【以上、世阿弥】	兼平・春栄・攝待・檀風・経盛・唐船・源太夫

一四三二年（永享四年）※元雅没	これ以前		◆維盛・◆朝長【元雅】●敷地物狂【禅竹】	合浦・元服曽我
一四三四年 ※世阿弥佐渡配流	この頃	★関寺小町【世阿弥】		
一四四三年（嘉吉三年）※世阿弥没か ※『能本三十五番目録』	これ以前		●千手・●龍田・●東北【以上、禅竹】	木賊・御裳濯川・松尾・室君
一四四六年（文安三年）※『文安田楽能記』	これ以前			関原与一
一四五二年（享徳元年）	これ以前			貞任・鍾馗・高安・長柄・漢高祖
一四五六年（康正二年）※『歌舞髄脳記』※『五音十体』	これ以前	●大原御幸・●熊野・●雲林院【以上、禅竹】	●邯鄲・●俊寛・●和布刈【以上、禅竹】	
一四六四年（寛正五年）※糺河原観進能	これ以前	●杜若【禅竹】		源氏供養・護法・樒原・舎利・誓願寺・調伏曽我・放下僧
一四六五年（寛正六年）※義政院参能	これ以前	●小塩・●野宮・●三輪【以上、禅竹】	●春日龍神【禅竹】	安宅・善知鳥・葛城・鞍馬天狗・黒塚（安達原）・石橋・天鼓・伏木曽我・三山・夜討曽我
一四六六年（文正元年）※義政御成能	これ以前		●田村【禅竹】	飛鳥川・岩船・景清・籠太鼓
一四七〇年（文明二年）※この頃禅竹没	これ以前	●定家・●芭蕉・●雨月【以上、禅竹】	●賀茂・●小督・●西王母・●玉葛・●松虫・●楊貴妃・●伏見【以上、禅竹】	
一四七八年	これ以前			代主

一四八〇年（文明十二年）※金春宗筠没	これ以前	碁【左阿弥】	道成寺・鐘巻
一四八三年（文明十五年）	これ以前		七騎落
一四八八年（長享二年）	これ以前		鉄輪・経政
一四九一年（延徳三年）	この年	富士山【金春禅鳳】	
一五〇三年（文亀三年）	これ以前	狭衣【三条西実隆】 朝顔【太田垣忠説】	殺生石
一五〇五年（永正二年）※粟田口勧進能	これ以前	嵐山・竹雪・初雪【以上、金春禅鳳】	女郎花
一五一〇年（永正七年）	これ以前		谷行
一五一四年（永正十一年）	これ以前	遊行柳【観世小次郎信光】	車僧
一五一六年（永正十三年）※『自家伝抄』	これ以前	大蛇・久世戸・項羽・皇帝・胡蝶・玉井・張良・巴園・船弁慶・紅葉狩・吉野天人・羅生門・龍虎【以上、観世小次郎信光】	藍染川・阿漕・絵馬・鸚鵡小町・賀茂物狂・木曽・絃上・小袖曽我・白髭・墨染桜・草子洗小町・羽衣・半蔀・橋弁慶・氷室・富士太鼓・藤戸・巻絹・枕慈童・六浦
一五二一年（大永元年）	これ以前	江島【観世弥次郎長俊】	大会
一五二四年（大永四年）※『能本作者註文』	これ以前	大社【観世弥次郎長俊】 三笑【細川成之】 善界【竹田法印定盛】	碇潜・梅枝・祇王・草薙・熊坂・小鍛冶・鷺・志賀・俊成忠度・禅師曽我・大仏供養・竹生島・道明寺・巴・鳥追舟・錦戸・鉢木・満仲

一五三二年（天文元年）	これ以前	生田敦盛【金春禅鳳】	国栖
一五三四年（天文三年）	これ以前		雷電
一五三七年（天文六年）	これ以前		望月
一五四一年（天文十年）※この頃長俊没	これ以前	一角仙人・正尊・東方朔・花軍・輪蔵【以上、観世弥次郎長俊】	
一五四二年（天文十一年）	これ以前		鵜祭
一五四四年（天文十三年）	これ以前		鶴亀
一五四六年（天文十五年）	これ以前		寝覚
一五九四年（文禄三年）※この頃『いろは作者注文』	これ以前		鱗形・住吉詣・大瓶猩々・第六天・土蜘蛛・飛雲・松山天狗
一六五三年（承応二年）			身延
一六八四年（貞享元年）			藤
一六八七年（貞享四年）			雪
一六九八年（元禄十一年）			現在七面
一七〇〇年（元禄十三年）		内外詣【金剛又兵衛長頼】	
一七六五年（明和二年）		梅【観世元章】	

□本書のもとになった大槻能楽堂自主公演企画一覧

【二〇一三年度】

七月十三日（土）
基調講演　「能」に期待する　鈴木忠志
独　吟　足引山　大槻文藏
仕　舞　玉水　観世銕之丞
トーク　世阿弥にどう向き合うか　鈴木忠志　天野文雄　観世銕之丞　大槻文藏

七月二十七日（土）
お話　世阿弥、その生涯　宮本圭造
対談　『頼政』をめぐって　宮本圭造　田中貴子
能　頼政　多久島利之

八月三十一日（土）
お話　世阿弥、その作品と芸風　松岡心平
対談　『恋重荷』をめぐって　松岡心平　田中貴子
能　恋重荷　齊藤信隆

九月二十一日（土）
お話　世阿弥、その理論　渡邊守章
対談　『班女』をめぐって　渡邊守章　田中貴子
能　班女　浅井文義

十二月八日（日）
お話　世阿弥、その先達と後継者　大谷節子
対談　『融』をめぐって　大谷節子　田中貴子
能　融　舞返之伝　武富康之

二月八日（土）
お話　世阿弥、その環境　天野文雄
対談　『井筒を』めぐって　天野文雄　田中貴子
能　井筒　浅見真州

【二〇一四年度】

四月十三日（日）
基調講演　世阿弥と私　梅原猛
仕　舞　芭蕉　片山幽雪
一節切　津島　藤田六郎兵衛
一　調　雲林院　大槻文藏
対談　記念能を語る　曽和博朗　天野文雄　大槻文藏

四月十九日（土）
お話　「年々去来の花」を見せた観阿弥の代表作　松岡心平
能　自然居士　古式　上田拓司

五月二十四日（土）
お話　世阿弥が確立した「軍体」の能

馬場あき子

能　実盛　大槻文蔵

六月二十八日（土）

お話　世阿弥が仕上げた
「幽玄無上」の古作能　天野文雄

能　松風　見留　梅若玄祥

七月二十七日（日）

お話　世阿弥の禅観　山折哲雄

能　山姥　白頭　野村四郎

八月二十三日（土）

お話　元雅が開拓した新しい「詩劇」　増田正造

能　隅田川　多久島利之

九月二十七日（土）

お話　救いのない贖罪を描く
元雅の「修羅」　村上湛

能　重衡　復曲　観世清和

十月二十五日（土）

お話　禅竹の「身に沁む」秋の色　馬場あき子

能　野宮　片山幽雪

十一月二十二日（土）

お話　禅竹の神祇観による「神」の能　天野文雄

能　三輪　観世銕之丞

十二月二十日（土）

お話　信光が拓いた「風流能」の名作　西野春雄

能　船弁慶　重前後之替　武富康之

一月二十四日（土）

お話
能作史の掉尾を飾る長俊の「劇能」　羽田昶

能　正尊　起請文・翔入　赤松禎友

二月二十八日（土）

お話
これ程の能を誰がいつ作ったのか　天野文雄

能　景清　松門之会釈・小返　浅見真州

三月二十一日（土）

お話　中世の罪業感と親子関係　大谷節子

能　鳥頭　友枝昭世

編集をおえて

天野文雄

世阿弥の生涯や世阿弥が作った能について、現在の能楽研究ではどこまで明らかになっているのか、それを能楽堂に来られた方々に理解していただけるような企画を立ててほしい――そんな依頼が長年、復曲や現行曲の見直しなどのお手伝いをしてきた大槻文藏氏からあったのは、平成二十四年の春頃だったろうか。もちろん、平成二十五年の世阿弥生誕六百五十年を念頭においての依頼だったのだが、この年の大槻能楽堂では、これ以外にも、『道成寺』と老女物の連続公演という大きな企画があった。世阿弥生誕記念企画はその一つだったのであり、公益財団法人とはいえ観世流シテ方の大槻文藏氏を理事長とする民間の能楽堂の企画としては、ほとんど奇跡的な企画だったといまにして思う。また、それと銘打ってはいなかった『道成寺』と老女物の連続上演も、当然、世阿弥の生誕記念という意図があったはずである。

こうして、平成二十五年七月の鈴木忠志氏の基調講演をオープニングとして翌年二月まで、「ZEAMIを学び、ZEAMIに学ぶ」をテーマに、世阿弥の能の上演前に一時間の講演とトークをおいた催しが行われたわけである。

しかし、この企画は一年だけでは終わらなかった。大槻能楽堂では、翌平成二十六年度にも、生誕記念企画の続編として、「名作とその作者たち」をテーマに毎月、計十二回の講演つきの上演を企画、催行したのである。世阿弥の生誕年には貞治二年（一三六二）説と貞治三年説があることをふまえてのことで、これも文藏氏の発案だった。この時は、オープニングとして、世阿弥を含む観阿弥から弥次郎長俊まで、さらに作者不明の作品も含め、二百年におよぶ能作の流れについて概説的な話を頼まれたのだが、これは文藏氏との六十分を超える長い対談として行われた。この対談からは、大槻能楽堂を拠点に過去三十年余り、「よい能を低料金で」を理念に意欲的で創造的な活動を展開してきた文藏氏の志の高さを知っていただけると思う。

本書は、このような二年にわたる世阿弥生誕六百五十年記念における講演や対談のうち、世阿弥にかかわるものを登壇者の方々の推敲を経て採録したものだが、編集過程で常に筆者の念頭に去来していたのは、五十年前、昭和三十八年の世阿弥生誕六百年記念における催しとの違いだった。そもそも、五十年前の記念の催しは、もちろん観世流が中心ではあったが、一部、他の四流も参加するような広がりも持っていた。いま、そのおもなものを挙げるなら、まだ大曲《おおまがり》にあった観世会館では六月二十二日、二十三日の両日、それぞれ二部制で、生誕記念のための新作能『面塚《めんづか》』、復曲能『松浦佐用姫《まつらさよひめ》』を含む記念祭能があり、上演前には、古川久、小西甚一、小山弘志、横沢三郎各氏の講演があった。また、新宿伊勢丹において観世会と毎日新聞社共催の資料展『能聖世阿弥展』が催され、そこでは香西精氏、内村直也両氏の講演があり、各界で活躍する諸氏のエッセイを多数掲載した冊子が作成されている。このほか、雑誌『観世』では五回にわたり、研究者とともに観世元正氏や観世寿夫氏なども参加した、いまなお評価が高い座談会「世阿弥の能」を連載し、NHKテレビでは二度にわたり世阿弥特集を組み、文部省主催の芸術祭も日比谷公会堂で二千人を無料招待する開会式を観世寿夫・静夫の『猩々乱』で催している。

これにたいして、平成二十五年の生誕六百五十年には、通常の催しに生誕記念を冠した能会は多くあったが、特別に企画された記念の催しは少なく、国立能楽堂が同年の定例公演・普及公演・企画公演すべてを世阿弥の作品で揃えたのが目立つ程度であった。刊行物では、『観世』や『銕仙』が年間で特集を組んだほかは、京都観世会による研究的な小冊子『世阿弥の世界』の発行、『国立能楽堂』の二回の「月間特集」などがめぼしいところだろうか。

以上は主として能楽界の状況だが、能楽研究も似たようなもので、そのことはすでに平成二十六年一月の『銕仙』に書いているが、要するに、この半世紀のあいだに、能楽をめぐる状況にはかなりの変化があったわけである。そうしたなかにあって、大いに気を吐いたのが大槻能楽堂による二年にわたる記念事業だったのだが、本書はたんに一能楽堂の企画の記録というだけでなく、ここには社会の大きな変化に際会して、ある意味で模索の状況にある今後の能楽のあり方についてのヒントも少なからず含まれていると思う。それだけに、本書が能楽の愛好者はもとより、江湖の文化芸術を愛する多くの方々に読まれることを願ってやまない。

なお、本書は公益財団法人大槻能楽堂の事業の一環として刊行されるものだが、講演のテープ起こしから原稿整理、入稿、校正のすべてにわたって、同能楽堂事務局の松田法枝氏からはひとかたならぬ助力をたまわった。ここに記して感謝の意を表する次第である。

阪大リーブル57

世阿弥を学び、世阿弥に学ぶ

発行日　2016年7月9日　初版第1刷　〔検印廃止〕

監修者　大槻　文藏
〈公益財団法人大槻能楽堂理事長〉

編　者　天野　文雄

発行所　大阪大学出版会
代表者　三成賢次
〒565-0871
大阪府吹田市山田丘2-7　大阪大学ウエストフロント
電話：06-6877-1614（直通）　FAX：06-6877-1617
URL　http://www.osaka-up.or.jp

印刷・製本　株式会社 遊文舎

ISBN 978-4-87259-439-3　C1374

阪大リーブル

HANDAI Live

001 ピアノはいつピアノになったか？ （付録CD「歴史的ピアノの音」） 伊東信宏 編 定価 本体1700円+税

002 日本文学　二重の顔 〈成る〉ことの詩学へ 荒木浩 著 定価 本体2000円+税

003 超高齢社会は高齢者が支える 年齢差別《エイジズム》を超えて創造的老い《プロダクティブエイジング》へ 藤田綾子 著 定価 本体1600円+税

004 ドイツ文化史への招待 芸術と社会のあいだ 三谷研爾 編 定価 本体2000円+税

005 猫に紅茶を 生活に刻まれたオーストラリアの歴史 藤川隆男 著 定価 本体1700円+税

006 失われた風景を求めて 災害と復興、そして景観 鳴海邦碩・小浦久子 著 定価 本体1800円+税

007 医学がヒーローであった頃 ポリオとの闘いにみるアメリカと日本 小野啓郎 著 定価 本体1700円+税

008 歴史学のフロンティア 地域から問い直す国民国家史観 秋田茂・桃木至朗 編 定価 本体2000円+税

009 懐徳堂 墨の道　印の宇宙 懐徳堂の美と学問 湯浅邦弘 著 定価 本体1700円+税

010 ロシア　祈りの大地 津久井定雄・有宗昌子 編 定価 本体2100円+税

011 懐徳堂 江戸時代の親孝行 湯浅邦弘 編著 定価 本体1800円+税

012 能苑逍遥㊤ 世阿弥を歩く 天野文雄 著 定価 本体2100円+税

013 わかる歴史・面白い歴史・役に立つ歴史 歴史学と歴史教育の再生をめざして 桃木至朗 著 定価 本体2000円+税

014 芸術と福祉 アーティストとしての人間 藤田治彦 編 定価 本体2200円+税

015 主婦になったパリのブルジョワ女性たち 一〇〇年前の新聞・雑誌から読み解く 松田祐子 著 定価 本体2100円+税

016 医療技術と器具の社会史 聴診器と顕微鏡をめぐる文化 山中浩司 著 定価 本体2200円+税

017 能苑逍遥㊥ 能という演劇を歩く 天野文雄 著 定価 本体2100円+税

018 太陽光が育くむ地球のエネルギー 光合成から光発電へ 濱川圭弘・太和田善久 編著 定価 本体1600円+税

019 能苑逍遥㊦ 能の歴史を歩く 天野文雄 著 定価 本体2100円+税

020 懐徳堂 市民大学の誕生 大坂学問所懐徳堂の再興 竹田健二 著 定価 本体2000円+税

021 古代語の謎を解く 蜂矢真郷 著 定価 本体2300円+税

022 地球人として誇れる日本をめざして 日米関係からの洞察と提言 松田武 著 定価 本体1800円+税

023 フランス表象文化史 美のモニュメント 和田章男 著 定価 本体2000円+税

024 懐徳堂 漢学と洋学 伝統と新知識のはざまで 岸田知子 著 定価 本体1700円+税

025 ベルリン・歴史の旅 都市空間に刻まれた変容の歴史 平田達治 著 定価 本体2200円+税

026 下痢、ストレスは腸にくる 石蔵文信 著 定価 本体1300円+税

027 セルフメディケーションのための くすりの話 那須正夫 著 定価 本体1100円+税

028 格差をこえる学校づくり 関西の挑戦 志水宏吉 編 定価 本体2000円+税

029 リン資源枯渇危機とはなにか リンはいのちの元素 大竹久夫 編著 定価 本体1700円+税

030 実況《ライブ》・料理生物学 小倉明彦 著 定価 本体1700円+税

031 夫源病 こんなアタシに誰がした 石蔵文信 著 定価 本体1300円+税

032 ああ、誰がシャガールを理解したでしょうか？ CD付 二つの世界間を生き延びたイディッシュ文化の末裔 圀府寺司 編著 定価 本体2000円+税

033 懐徳堂 懐徳堂ゆかりの絵画 奥平俊六 編著 定価 本体2000円+税

034 試練と成熟 自己変容の哲学 中岡成文 著 定価 本体1900円+税

035 ひとり親家庭を支援するために その現実から支援策を学ぶ 神原文子 編著 定価 本体1900円+税

036 知財インテリジェンス 知識経済社会を生き抜く基本教養 玉井誠一郎 著 定価 本体2000円+税

037 幕末鼓笛隊 土着化する西洋音楽 奥中康人 著 定価 本体1900円+税

038 ヨーゼフ・ラスカと宝塚交響楽団 （付録CD「ヨーゼフ・ラスカの音楽」） 根岸一美 著 定価 本体2000円+税

039 上田秋成 絆としての文芸 飯倉洋一 著 定価 本体2000円+税

040 フランス児童文学のファンタジー 石澤小枝子・高岡厚子・竹田順子 著 定価 本体2200円+税

041 東アジア新世紀 リゾーム型システムの生成 河森正人 著 定価 本体1900円+税

042 芸術と脳 絵画と文学、時間と空間の脳科学 近藤寿人 編 定価 本体2200円+税

043 グローバル社会のコミュニティ防災 多文化共生のさきに 吉富志津代 著 定価 本体1700円+税

044 グローバルヒストリーと帝国 秋田茂・桃木至朗 編 定価 本体2100円+税

045 屛風をひらくとき どこからでも読める日本絵画史入門 奥平俊六 著 定価 本体2100円+税

046 アメリカ文化のサプリメント 多面国家のイメージと現実 森岡裕一 著 定価 本体2100円+税

047 ヘラクレスは繰り返し現われる 夢と不安のギリシア神話 内田次信 著 定価 本体1800円+税

048 アーカイブ・ボランティア 国内の被災地で、そして海外の難民資料を 大西愛 編 定価 本体1700円+税

049 サッカーボールひとつで社会を変える スポーツを通じた社会開発の現場から 岡田千あき 著 定価 本体2000円+税

050 女たちの満洲 多民族空間を生きて 生田美智子 編 定価 本体2100円+税

051 隕石でわかる宇宙惑星科学 松田准一 著 定価 本体1600円+税

052 むかしの家に学ぶ 登録文化財からの発信 畑田耕一 編著 定価 本体1600円+税

053 奇想天外だから史実 天神伝承を読み解く 髙島幸次 著 定価 本体1800円+税

054 とまどう男たち―生き方編 伊藤公雄・山中浩司 編著 定価 本体1600円+税

055 とまどう男たち―死に方編 大村英昭・山中浩司 編著 定価 本体1500円+税

056 グローバルヒストリーと戦争 秋田茂・桃木至朗 編著 定価 本体2300円+税

（四六判並製カバー装。定価は本体価格＋税。以下続刊）